요정을 믿지 않는 어른들을 위한 **요정 이야기**

요정을 믿지 않는
어른들을 위한
요정 이야기

W. B. 예이츠 엮음 | 김혜연 옮김

책읽는귀족

_____ 님의

어릴 적 잃어버렸던
요정 친구를 찾아 드립니다.

일러
두기

1   이 책은 예이츠가 편집한 『아일랜드 농민의 요정담과 민담(Fairy and folk tales of the Irish peasantry)』(1888, Walter Scott, London)과, 『아일랜드 요정 이야기(Irish fairy tales)』(1892, T. F. Unwin London), 두 책에 실린 이야기 중 요정 이야기만 따로 모은 책이다.

2   이 책에 나오는 고유명사 중 아일랜드어로 적을 수 있는 고유명사는 위첨자로 아일랜드어를 명시했다. 아일랜드어 발음을 영어로 표기한 것으로 보이거나 원문이 영어인 경우에는 아일랜드어와 구분할 수 있도록 괄호 안에 원문을 명시했다.

3   발음의 한국어 표기는 되도록 아일랜드어를 중심으로 하되, 부득이한 경우 영어식 발음을 따랐다.

4   자주 등장하는 라스(rath)의 경우, 불리는 이름이 여러 가지이고 아일랜드어로는 라^{ráth}라고 발음하나, 글의 흐름을 고려해 영어식 발음인 '라스'로 통일해 표기했다.

5   저자 이름 옆에 '옮김'이라고 표시된 경우, 아일랜드어에서 영어로 옮긴 글이라는 뜻이다.

디오니소스
프로젝트

책읽는귀족은
『요정을 믿지 않는 어른들을 위한 요정 이야기』를
열 번째 주자로 '디오니소스 프로젝트'를 이어간다.
'디오니소스'는 니체에게 이성의 상징인
아폴론적인 것과 대척되는 감성을 상징한다.
'디오니소스 프로젝트'는 고대 그리스 신화에서는
축제의 신이기도 한 디오니소스의 특성을
상징적으로 담아내려는 시도로,
우리의 창조적 정신을 자극하는 책들을 중심으로
디오니소스적 세계관에 의한, 디오니소스적 앎을 향한
출판의 축제를 한 판 벌이고자 한다.
니체는 디오니소스를 통해
세상을 해방시키는 축제에 경탄을 쏟았고,
고정관념의 틀을 깨뜨릴 수 있는 존재로
디오니소스를 상징화했다.
자기 해체를 통해 스스로를 극복하는 존재의 상징이기도 한
디오니소스는 마치 헤르만 헤세의
"새는 알에서 나오려고 발버둥 친다. 알은 새의 세계다.
태어나려고 하는 자는 하나의 세계를 파괴해야 한다"는
의미와 맞닿아 있다.
이제 여러분을 '디오니소스의 서재'로 초대한다.

내 신비로운 친구 G. R.에게
이 책을 바친다.①

Contents

PART 1 무리 짓는 요정들

잃어버린 소중한 친구를 찾아서

　어린 시절, 요정 이야기가 담긴 동화책을 읽은 뒤, 정말로 요정이 있다고 믿었던 때는 누구나 한번쯤 있을 것이다. 땅 밑에 요정의 나라가 있을지도 모른다는 상상을 하기도 하고, 항상 어린아이를 지켜주는 요정이 나도 역시 지켜줄 거라고 굳게 믿기도 했다. 이제 어른이 되었지만, 여전히 어린아이처럼 순수한 마음으로 살아간다면 나를 지켜주는 요정도 떠나지 않을 것이라는 동화를 가끔은 믿고 싶기도 하다.

　하지만 어린 시절의 나는 요정 이야기를 읽다 보면 항상 갈증이 났다. 요정 이야기가 담긴 책들이 눈에 잘 띄지 않던 시절이었기 때문이다. 여섯 살 무렵에는 계속 똑같은 꿈을 반복해 꾸곤 했다. 초록색 고깔모자를 쓴 난쟁이가 경사진 골목길에서 커다란 공을 굴리며 알아들을 수 없는 주문 같은 걸 반복적으로 중얼거리는 꿈이었다. 그 꿈을 자주 꾸고, 너무나 인상적으로 기억에 남아서 오랫동안 꿈에 나왔던 '작은 사람'의 정체를 알 수 있는 책을 찾아 헤매곤 했다. 하지만 그런 책은 찾기 어려웠기에 요정 이야기를 모두 모은 책을 직접 기획하여 출판하기로 했다. 어릴 때 꿈의 발자국을 따라 요정 이야기의 완결판을 소개하고 싶었는데, 이제야 그 꿈을 이룰 수 있게 되어 한결 마음이 가볍다.

이 책은 더 이상 요정을 믿지 않고 살아가는 어른들을 위한 책이다. 어른이 될수록 자신을 지켜주는 요정의 존재를 점점 더 믿지 않게 된 사람들이 이 책을 통해 어릴 때 잃어버린 소중한 친구를 다시 찾을 수 있기를.

사람은 무엇으로 사는가

『요정을 믿지 않는 어른들을 위한 요정 이야기』는 노벨문학상을 수상하기도 했던 아일랜드의 극작가이자 시인인 예이츠가 편집한 『아일랜드 농민의 요정담과 민담(Fairy and folk tales of the Irish peasantry)』과 『아일랜드 요정 이야기(Irish fairy tales)』의 두 책 중, 민담 부분은 제외하고 요정 이야기만 모은 책이다.

　이 책을 통해 아일랜드의 요정 이야기들을 읽다 보면, 우리나라의 옛날이야기 중 도깨비 이야기나 혹부리 영감 이야기가 오버랩된다. 또 심청이가 용궁으로 가는 장면이나, 토끼가 거북이를 따라 용궁으로 가는 이야기도 언뜻언뜻 스쳐지나간다.

　한편으로는, 아일랜드의 역사적 배경을 보면 영국의 지배를 받았던 식민지 상황과, 일본의 지배를 받았던 우리의 역사가 역시 교차되어 보이기도 한다. 어릴 때에는 막연하게 그냥 동화로만 다가오던 요정 이야기가 이제는 참으로 척박했던 그들의 삶을 그대로 비추는 민낯으로 보여서 가슴이 아프기도 하다.

　어쨌든 어릴 적 크리스마스 때 온갖 과자들이 모여 있던 종합선물세트를 받은 것처럼, 요정 이야기들만 잔뜩 모아 놓은 이 책을 읽으면서 자연스럽게 드는 또 하나의 생각은 '인류의 동질감'이다.

　이 지구상에서 살아가는 민족들이 이처럼 서로 공통되는 이야기들을 간직하고 있다는 점에서 인간이라는 존재에 대해 묘한 동질감을 느끼게 되는 것이다. 우리 인류는 모두가 하나라는 생각도 들면서, 개인간, 민족간, 국가간에 서로 전혀 반목할 필요도 없다는 걸 깨닫는다.

　모든 인류가 동심으로 돌아가 옛이야기에 귀를 기울이다 보면, '사람은 무엇으로 사는가'라는 톨스토이의 작품을 굳이 들먹이지 않더라도 어떻게 살아가는 게 옳은 건지도 알 수 있다. 어렸을 때 읽었던 요정 이야기와, 어른이 되었을 때 다가오는 요정 이야기는 비슷한 듯하지만, 또 다르다.

요정 이야기를 통해 옛 사람들이 삶에 가졌던 태도를 되돌아보면, 어른이 되면서 삭막한 경쟁 사회에 마구 던져진 혼란스러움이 가셔질지도 모를 일이다. '선하게 살아야 한다는 것'이 그냥 도덕 교과서에나 나오는 지루한 설교가 아니라, 오랫동안 인류가 살아오면서 체득한 삶의 지혜가 아닐까 싶다.

남을 해코지하고 나쁜 마음을 먹는다면 그 삶은 썩은 고기처럼 악취가 진동할 것이지만, 선한 인품이 풍기는 향기로운 냄새는 세상을 더 아름답게 만들 것이다. 그건 케케묵은 도덕적 설교가 아니라, 인간의 본성에서 비롯된 깨달음이다.

성품에서 배어나오는 악취는 물리적 냄새보다 더 주변 사람들을 피폐하게 하고, 세상을 병들게 한다. 무엇보다도 스스로를 망치게 한다. 이제 어른이 된 사람들이 이 요정 이야기를 읽으면서 그 속에 숨겨진 '삶의 이치'를 깨달을 수 있기를 바란다. 그러면 이 세상은 '좋은 사람들'의 향기로 가득 찬 곳이 될 것이다. 또한 우리가 어른이 되면서 우리 곁을 떠나간 신비한 친구, 요정을 다시 만나게 되는 계기도 될 수 있다.

'복잡한 현재의 문제에서 답을 찾을 수 없다면 과거를 돌아보라'

는 말이 있다. 즉, 인류의 역사를 돌아보면 그 답이 명확하게 보일 수도 있다는 것이다. 그리고 더 나아가 오랜 시간동안 사람들이 무엇을 꿈꾸고, 무엇을 마음속으로 원했으며, 어떤 삶을 살고 싶어 했는지를 알게 된다면 우리의 삶은 달라질 수 있다. 이전보다 훨씬 더 오류가 적고, 만족스럽고, 행복한 삶을 살 수 있을 것이다.

자기 욕심만 채우는 것, 남을 배려하지 않고 핍박하는 것, 그러한 삶들이 얼마나 인간의 삶을 황폐화시키는지 우리는 요정들의 이야기를 통해서 잘 들여다볼 수 있다. 단순히 재미있는 이야기로만 읽지 말고, 그 속에 담겨 있는 옛사람들이 통렬하게 깨달은 삶의 진실과 지혜와 마주할 수 있는 용기를 내기 바란다.

그리고 어릴 적 나처럼 요정 이야기에 목말라 하고 있는 청소년들도 이번 기회에 제대로 한번 요정 이야기에 흠뻑 빠져볼 수 있기를 바란다. 더군다나 우리가 살고 있는 이 시대에는 요정 이야기가 동심을 위한 선물뿐만 아니라, 문화적 콘텐츠로써 스토리텔링의 창조적인 아이템이 될 수 있다는 사실에도 더욱 놀랄 것이다.

2016년 9월
조선우

예이츠의 문화적 독립 운동,
아일랜드 요정 이야기

서문 I.

소 크 라 테 스 의 표 현 을 빌 리 자 면

『아일랜드 농민의 요정담과 민담』의 서문

오래 전, 옥스퍼드와 노리치의 주교를 지낸 코벳 박사는 잉글랜드
에서 요정들이 떠났다고 탄식하며 이렇게 썼다.

"메리 여왕이 다스리던 시절에는"―

"톰이 일을 마치고 집에 올 때도,

시스가 우유를 짜러 일어날 때도,

즐거이 즐거이 요정들의 작은 북 울리고

즐거이 요정들의 발 춤추었네."

그러나 제임스 1세의 시대에 이르자 요정들은 모두 사라졌다. "요

정들은 옛 신앙에 속하며", "그들의 노래는 아베 마리아"였기 때문이다.[01] 반면 아일랜드에는 여전히 요정들이 살고 있어서 착한 사람은 선물을 받고, 악한 사람은 괴롭힘을 당한다. 나는 슬라이고 주(州)에서 한 노인에게 "요정이나 그 비슷한 걸 본 적이 있으십니까?"라고 물어본 적이 있다. "성가시기가 말도 못하지요"라는 대답이 돌아왔다.

더블린 주(州)에서는 한 여인에게 이렇게 물어보았다.

"어부들이 메로우(인어)에 대해 뭔가 알고 있을까요?"

"사실 메로우라면 질색이죠. 악천후를 불러오니까요."

한 외국인 선장은 "여기 유령을 믿는 사람이 있답니다"라며 나와 면식이 있는 키잡이를 지목했다. 그러자 키잡이는 자기가 나고 자란 로세스 마을을 가리키며 말했다.

"저 동네는 집집마다 있어요. 한둘이 아니죠."

확실히 존경을 한 몸에 받고 있어서 '시대정신(the Spirit of the Age)'[02]이라고 불리는 늙은 독단론자의 목소리가 그 동네까지 미칠 리가 없다. 요즘 들어 폐병 환자 같은 모습을 하고 있는 것으로 보아

---

01 코벳 주교는 요정을 가톨릭에 속한 것으로 보았다. 가톨릭을 국교로 지정했던 메리 1세 시대에는 잉글랜드에서도 요정을 볼 수 있었으나, 엘리자베스 1세가 다시 성공회를 국교로 정하면서 점차 사라져 그 뒤를 이어받은 제임스 1세 시대에서는 찾아볼 수 없게 되었다는 것이다. 아베 마리아는 성모 마리아에게 바치는 기도로 역시 가톨릭 신앙을 뜻한다.

02 '시대정신(the Spirit of the Age)'은 윌리엄 해즐릿이 당대의 영국 작가들에 관하여 1825년에 펴낸 책의 제목으로 이후 하나의 표현으로 널리 쓰이게 되었다.

이 '시대정신'은 얼마 지나지 않아 점잖은 무덤 아래 묻히게 될 것이다. 그러면 또 다른 시대정신이 자라나 그와 같은 위치에서 나이를 먹고 크게 존경받겠지만, 여전히 그 동네까지는 영향력을 미치지 못한 채로 그의 뒤를 이어 또 다른 시대정신이 나타나고, 나타나고 또 나타나리라. 실로 '시대정신'이라 불리는 명사들 가운데 누구 하나라도 도시의 신문사나 강의실, 응접실, 장어 파이 가게 밖에서 언급되기는 하는지, 언제 시대정신이 거품에 불과하지 않았던 적이 있기는 하는지 의문이다.

어쨌든 이런 사람들이 한 무리 있다한들 켈트 족은 조금도 바뀌지 않을 것이다. 12세기에 수도사 기랄두스 캄브렌시스(Giraldus Cambrensis)[03]가 서쪽 섬에 사는 사람들은 조금 이교적이라는 글을 남긴 바 있다. 얼마 전에도 한 사제가 이니스터 섬에서 온 사내에게 물었다.

"세상에 신은 몇 분이나 계십니까?"

"이니스터에는 한 분뿐이죠. 하지만 이 동네는 꽤 커 보이네요."

사내의 대답을 듣고 사제는 경악해서 두 손을 들어올렸다. 7세기 전, 기랄두스가 그랬듯이 말이다. 물론 나는 이 사내를 비난하지 않는다. 여러 신을 믿는 편이 신을 아예 믿지 않거나 조금 감정적이고

---

03 기랄두스 캄브렌시스(Giraldus Cambrensis): 12세기 웨일스의 성직자로 헨리 2세의 궁정 사제를 지냈으며 『아일랜드의 지형』이란 저서를 펴냈다.

고집이 세며 19세기에는 맞지 않는 신 하나밖에 없다고 생각하는 것보다 훨씬 낫다. 켈트 족은 앞으로도 그들이 남긴 크롬렉, 돌기둥과 마찬가지로 그리 달라지지 않을 것이다[04] — 사실 언제든 사람이 조금이라도 변하기는 하는지 의심스럽긴 하지만 말이다.

세상에는 단언하는 자도 부정하는 자도, 현자도, 교수도 수없이 많지만, 대다수가 열세 명이 한 식탁에서 식사하게 되거나 소금을 건네받는 상황을 피하고 싶어 한다. 사다리 아래로 지나가는 일도, 까치 한 마리가 바둑판무늬 꽁지를 흔드는 모습을 보는 일도 꺼린다.[05] 물론 이 모든 것을 완강하게 인정하지 않는 빛의 자녀들[06]도 있다. 하지만 한밤에 묘지로 유인하면 신문 기자라고 해도 유령의 존재를 믿을 것이다. 깊이 파고들면 사람은 누구나 몽상가이기 때문이다. 하지만 켈트 족은 굳이 파고들어갈 것도 없는 몽상가이다.

그러나 명심하시길. 이방인은 서쪽 마을에서조차 유령이나 요정 이야기를 전해 듣기 쉽지 않은 법이다. 이야기를 들으려면 교묘하게 끼어들어서 아이들이나 노인들과 친구가 되어야만 한다. 햇빛의 존

---

04 고인돌과 비슷한 옛 아일랜드의 돌무덤. 주변에 돌기둥을 세워 무덤의 위치를 알리고 경계로 삼았다.

05 모두 서양에서 불행을 상징하는 미신에 해당된다. 식탁에서 소금을 건네주면 슬픔도 같이 건네주는 것이라고 하며, 까치의 경우 한 마리만 보이면 불행을 가져온다고 한다.

06 독실한 기독교 신자를 가리킨다 (참고 - 요한복음 8장 12절 "예수님께서 다시 그들에게 말씀하셨다. "나는 세상의 빛이다. 나를 따르는 이는 어둠 속을 걷지 않고 생명의 빛을 얻을 것이다." 테살로니카 신자들에게 보낸 첫째 서간 5장 5절 "여러분은 모두 빛의 자녀이며 낮의 자녀입니다. 우리는 밤이나 어둠에 속한 사람이 아닙니다.").

재 자체에서 비롯되는 중압감을 느끼지 못하는 이들과 점점 줄어드는 중압감에서 머지않아 완전히 벗어나게 될 이들 말이다. 특히 나이 든 여인들이 제일 많은 것을 알고 있지만 쉽게 입을 열지는 않을 것이다. 요정은 아주 비밀스러운 존재라 그들의 이야기를 입에 담았다는 이유만으로도 크게 분노하기 때문이다. 그러고 보면 무덤에 갇힐 뻔하거나, 요정의 돌풍 때문에 몸이 마비된 노파 이야기가 많지 않은가.

바다에서는 그물을 던지고 파이프에 불을 붙이고 나면 나이 많은 이야기꾼이 수다스러워진다. 삐걱거리는 뱃소리에 맞추어 살아온 이야기를 늘어놓는 것이다. 삼하인 전날 밤[07]도 이야기를 듣기 좋고, 예전에는 초상집에서 밤을 지새우는 중에도 여러 이야기를 들을 수 있었다.[08] 하지만 이와 같은 아일랜드식 장례 풍습은 사제들의 반대에 부딪쳐왔다.

아일랜드 교구 조사에 기록된 바에 의하면, 이야기꾼들은 밤에 모이곤 했다. 그리고 누군가 다른 사람들이 알고 있는 이야기와 형태나 내용 면에서 다른 이야기를 알고 있는 사람이 있으면 저마다 자

---

07 켈트 족은 겨울이 시작되는 날인 삼하인(11월 1일) 저녁, 드루이드가 신성한 불을 피우는 종교 의식을 행하였으며 그 전날 밤인 10월 31일에는 세상이 초자연적인 세계와 연결된다고 믿었다. 삼하인에 열린 축제가 오늘날 핼러윈 축제의 기원이 되었다.

08 웨이크(wake): 경야. 아일랜드의 장례 풍습으로 고인이 매장되기까지 적게는 하룻밤, 많게는 2~3일 동안 가족, 친구들이 고인의 곁에 모여 술과 음식을 나누어 먹고 이야기를 나누며 떠들썩하게 보낸다.

기가 아는 대로 이야기를 읊은 뒤 투표에 부쳐 어느 이야기가 제일 좋은지 정했다. 그러면 다른 버전으로 알고 있던 사람도 그 결정에 따라야만 했다. 이런 식으로 민담은 아주 정확하게 전해 내려왔다.

19세기 초반에는 왕립 더블린 협회에서 기나긴 데어드라^{Deirdre} 이야기가 옛날 옛적부터 전해오던 원고들 그대로, 거의 토씨 하나까지 정확하게 낭송되기도 했다. 딱 한 군데가 달랐는데, 이는 글로 적은 원고의 오류임이 명백했다. 이야기를 필경한 사람이 한 구절을 빠뜨렸던 것이다. 하지만 민담이나 음유시인의 이야기가 아닌 요정 전설에서는 이런 정확성을 기대하기가 어렵다. 요정 이야기는 보통 근처 마을이나 요정을 봤다는 그 지역의 유명인을 등장시키는 식으로 많이 바뀌었기 때문이다.

대개 주마다 요정, 특히 유령의 호의를 받거나 괴롭힘을 받았다는 집안이나 유명인이 있다. 골웨이 주(州) 해킷 성의 해킷가(家)는 조상 중에 요정이 있었다고 한다. 슬라이고 주(州) 리사델의 존 오델리도 이런 사람들 중 하나로 그가 쓴 노래 '아일린 아룬(Eileen Aroon)'은 스코틀랜드인들이 훔쳐가서 '로빈 어데어(Robin Adair)'라는 노래로 만들기도 했고, 작곡가 헨델에게 자신이 작곡한 그 어떤 오라토리오보다 이 노래를 작곡하는 편이 더 좋았을 것이라는 극찬을 받기도 했다.[09] '케리의 오도나휴'[10]도 빼놓을 수 없다. 민담은 이런 사람들을 중심으로 재구성되었고 때로는 이를 위해 옛 영웅을 빼기도 했다. 특히 민담은 시인들을 중심으로 모여들었다. 아일랜드에서 시는 신비롭게도 언제나 마법과 연결되기 때문이다.

이와 같은 아일랜드의 민담은 극히 소박하며 노래를 많이 담고 있다. 민담이란 탄생과 사랑, 고통과 죽음으로 이루어진 판에 박힌 삶 속에서 어떤 일이 일어나든 조금도 변화가 생기지 않는 나날이 수백 년이나 이어진 계층의 문학이기 때문이다. 무엇 하나 이들의 가슴 속 깊이 스며들지 않은 것이 없다. 따라서 이들에게는 모든 것이 상징이 된다.

또, 농민들에게는 인간이 태초부터 의지해 온 '삽'이 있는 반면, 도시 사람들에게는 무미건조한데다가 벼락출세한 셈인 '기계'가 있다. 농민들에게는 별다른 일이 일어나지 않는다. 덕분에 그들은 난롯가에 앉아서 기나긴 인생을 살아오며 있었던 일을 곰곰이 생각해볼 수 있다. 우리 도시인들에게는 어떤 일에 의미를 부여하기 위해 시간을 들일 여유도 없고, 마음이 넓은 사람조차 다 담아둘 수 없을 정도로 너무 많은 일이 일어난다. 세계 제일의 달변가는 헐벗은 사막

---

09 *[원주]* 헨델은 한때 더블린에서 살았고, 그때 이 노래를 들었다.

10 5월 1일 새벽이면 케리 주의 한 호수에 나타난다는 옛 켈트 족 족장.

과 작열하는 태양 아래 텅 빈 하늘밖에 가진 것이 없는 아랍인들이라는 말이 있다. 그들에게는 이런 속담이 있다.

"지혜는 세 군데에 깃드니, 하나는 중국인의 손이요, 또 하나는 프랑크인의 두뇌요, 마지막은 아랍인의 혀다."

나는 이 말에서 오늘날 모든 시인들이 추구하나 어떤 값을 치르더라도 손에 넣을 수 없는 소박함의 의미를 찾는다.

내가 아는 전형적인 이야기꾼들 중 가장 눈여겨 볼만한 이는 패디 플린 영감이다. 왜소하지만 반짝이는 눈을 가진 노인으로 B마을[11]의 비가 새는 방 하나짜리 오두막에서 산다. 플린은 이 마을이 "슬라이고 주에서 가장 고귀한[12] — 요정이 자주 나온다는 뜻이다 — 곳"이라고 하지만 다른 사람들은 드러마헤어나 드럼클리프 마을을 손꼽는다. 이 노인이 또 어찌나 독실한 신자인지! 요정 이야기를 시작하기 전에 그가 어쩌다 경건한 신앙심에 사로잡히면 그의 괴상한 용모와 텁수룩한 머리를 살펴볼 시간이 생기기도 한다. 참으로 기묘한 신앙심이다! 성자 콜럼킬[13]이 어머니와 대화를 나누는 옛이야기를 하는 것이다.

---

11   발리소데어(Ballisodare).

12   원문은 gentle. 아일랜드식 영어에서는 gentry가 '요정'을 뜻하며 gentle에도 '요정이 잘 나오는'이란 뜻이 있다.

13   켈트 족을 기독교로 개종시키는 데 앞장섰던 성 콜럼바(St. Columba)의 다른 이름.

"어머니, 오늘은 기분이 어떠세요?"

"전보다 더 나쁘구나!"

"내일은 더 나빠지기를 빕니다."

다음 날.

"어머니, 오늘은 좀 어떠세요?"

"더 나쁘구나!"

"내일은 더 나빠지기를 빕니다."

그 다음 날.

"어머니, 오늘은 어떠세요?"

"훨씬 좋구나. 다행이지 뭐냐."

"내일은 더 좋아지기를 빕니다."

플린 영감은 성자 콜럼킬이 이런 무성의한 태도로 어머니의 기운을 북돋아 주었다고 말할 것이다. 그러고는 필시 그가 제일 좋아하는 주제로 빠져들 것이다. 심판의 날, 신께서는 선한 이에게 상을 주실 때도, 악한 이에게 꺼지지 않는 불길 속으로 들어가라 명하실 때도 똑같이 미소를 지으신다는 이야기다. 신의 밝은 모습에 우울하면서 묵시적인 면이 존재한다는 점이 패디 플린에게는 꽤나 위로가 되는 듯했다.

플린 영감의 밝은 모습 역시 — 아주 눈에 띄기는 했지만 — 그렇게 세속적이지는 않았다. 나와 처음 만났을 때, 영감은 버섯을 요리하고 있었다. 그 다음에는 울타리 밑에서 잠들어 있었는데, 자면서도 미소를 지었다. 플린 영감은 아주 나이가 많았기 때문에 얼굴이 온통 주름투성이였지만 ― 토끼의 눈처럼 날쌘 ― 그의 눈동자는 무수한 주름들 틈에서도 분명 불변하는 이 세상의 것이 아닌 어떤 기쁨으로 빛나고 있었다. 그러나 그의 눈 속에는 기쁨이 비치는 가운데 우울 또한 존재했는데, 그 크기가 기쁨 못지않았으며 순수하게 본능적인 기질에서 비롯된, 동물이라면 모두 지니고 있는 관념적 우울이었다. 늙고, 괴짜인데다가 귀가 조금 먹기까지 해서 세 배는 더 고독했던 플린 영감은 아이들에게 시달리기 일쑤였다.

플린 영감에게 요정이나 정령을 보는 힘이 정말 있는가 하면 전부 동의하지는 않는다. 어느 날 우리는 반쉬에 관해 이야기를 나누었다. 플린 영감은 이렇게 말했다.

"저기 물가에서 손으로 강물을 내리치는 걸 본 적이 있지요."

앞서 요정이 귀찮게 군다고 대답했던 노인이 바로 이 플린 영감이다.

서쪽 마을이라고 해서 회의론자가 아예 없지는 않다. 어느 아침, 손바닥만 한 밭에서 곡식을 한 단씩 묶고 있는 남자를 만난 일이 있다. 그는 패디 플린과는 전혀 달랐다. ― 온 얼굴의 주름 하나하나에 회의가 서려있고 세상을 돌아본 경험도 있었다! ― 게다가 이를 기념하고자 한쪽 팔에는 30cm 정도 되는 모호크 인디언 문신을 새기고 있었다. 동네 신부님은 그를 보고 고개를 저으며 토마스 아 켐피스[14]의 말을 인용했다.

"여행하는 이들이 신앙심을 간직한 채로 고향에 돌아오는 일은 드물답니다."

나는 이 회의론자에게 유령 이야기를 해보았다.

"유령, 세상에 그런 건 전혀 없어요. 전혀요. 하지만 요정은 이치에 맞지요. 악마가 하늘에서 떨어졌을 때, 마음 약한 녀석들을 끌고 와서 불모지에 밀어 넣었거든요. 그게 바로 요정들이란 말입니다. 하지만 요즘은 점점 보기 힘들어지고 있죠. 녀석들이 지상에서 보낼 시간이 끝났단 말이에요. 아시겠죠, 다시 돌아가는 겁니다. 하지만 유령이라니, 말도 안 됩니다! 제가 유령보다 더 믿지 않는 게 뭔지 말씀드리죠. ─ 지옥불이에요."

그는 목소리를 낮추었다.

"이건 수도사나 신부들에게 일거리를 마련해 주려고 만들어낸 것에 불과해요."

그리고는 깨달음이 경지에 오른 사내는 다시 밭일에 집중했다.

아일랜드 민담 수집가들에게는 대단한 장점이 있는데, 이는 우리

---

14 토마스 아 켐피스(Thomas A'Kempis). 독일의 성직자로 기독교 사상의 명저로 손꼽히는 『준주성범』의 저자로 알려져 있다.

의 관점에서 평가한 것으로 다른 이들의 관점에서 보면 큰 단점이기도 하다. 민담을 학문이 아닌 문학으로 만들었고, 인류 초기의 종교나 민속학자들이 찾고자 하는 것들보다는 아일랜드의 농민에 관해서만 이야기한다는 것이다. 학자 대우를 받으려면 수집가들은 식료품점 영수증 같은 양식을 만들어서 수집한 민담을 모두 표로 만들고 요정 왕, 여왕 식으로 항목을 나누어 기입해야 했다.

하지만 수집가들은 그렇게 하는 대신 민중의 목소리, 삶의 고동 그 자체를 찾아냈다. 그 시대에 가장 주목해야 하는 것이 무엇인지 시사하는 이야기들을 찾아낸 것이다. 크로커와 러버는 무모하고 경솔하게 행동하며 고상한 척하는 아일랜드인이란 관념에 사로잡혀서 모든 것을 해학적으로 받아들였다. 당시 아일랜드 문학을 이끄는 추진력은 — 주로 정치적인 이유로 인해 — 민중을 심각하게 여기지 않고 조국을 해학가들의 아르카디아[15]로 생각하는 계층에서 나왔다.

따라서 이들은 아일랜드 민중의 열정도, 슬픔도, 비극도 알지 못했다. 이들이 완전히 틀린 것은 아니었다. 하지만 기껏해야 뱃사공이나 짐마차 마부, 상류층의 하인들 사이에서나 눈에 띄는 무책임한 기질이, 마치 아일랜드 전체를 대표하는 것처럼 단순하게 확대시킨

---

15 아르카디아(Arcadia): 목가적 이상향으로 목동들이 시와 노래를 지으며 평화롭게 살아가는 풍요의 땅을 가리킨다. 동양의 '무릉도원'에 해당된다.

점이 문제였다. 그 결과, 무대 위의 아일랜드인(stage Irishman)[16]이 탄생했다. 이와 같은 거품은 1848년 반란 운동에 참여한 작가[17]들과 대기근[18]의 영향으로 사그라졌다.

이들의 작품은 나태한 지배층의 허세와 함께 천박함을 담고 있었으며, 특히 크로커는 모든 것을 아름답게 ─ 온화한 목가적 아름다움이 보이도록 묘사했다. 반면, 농가에서 태어난 칼턴은 ─ 여기서는 극히 일부만 소개할 수 있지만 ─ 많은 이야기, 특히 유령 이야기에서 유머를 잃지 않으면서도 훨씬 진지한 태도를 보인다. 과거 더블린에서 서점을 운영했던 케네디가 그 뒤를 잇는다.

케네디는 진심으로 요정을 믿는 듯하다. 문학적 재능 면에서는 훨씬 뒤처지지만 그의 이야기는 놀라울 정도로 정확한데, 많은 경우 구전된 그대로 옮긴 것이다. 하지만 크로커 이후 최고의 작품은 레이디 와일드[19]가 쓴 『아일랜드의 옛 전설(Ancient Legends)』이 될 것

---

16 연극(희곡)에 등장하는 아일랜드 사람은 대개 비슷한 특징이 있다. 수다스럽고 잘난 체하며 술을 많이 마시지만, 무일푼이고 겁이 많아 사람들을 적대적으로 대한다.

17 청년 아일랜드 운동(Young Ireland Movement)에 참여한 작가들로 아일랜드 고유의 전통을 알고 이상적인 민족주의를 실현하고자 했다. 1848년 반란을 일으켰으나 성공을 거두지 못했다.

18 1845년부터 약 7년 동안 아일랜드에 감자 잎마름병이 퍼지면서 감자를 주식으로 하던 가난한 소작농들이 대거 굶어 죽거나 기근을 피해 해외로 가는 배 안에서 죽었다. 아일랜드는 농업 국가였으며 인구의 70%가 농민이어서 피해가 클 수밖에 없었고, 영국의 외면으로 상황이 더욱 악화되었다. 이 7년 사이 아일랜드 인구는 800만 명에서 600만 명으로 줄었다.

19 레이디 제인 와일드. 아일랜드 민족주의자이자 시인으로 오스카 와일드의 어머니이기도 하다(레이디 칭호는 남편 윌리엄 와일드 경의 기사 작위에 따른 것이다).

이다.

이 책에서 해학은 연민과 정감에 자리를 내준다. 레이디 와일드는 박해 받는 세월이 거듭되는 동안 켈트 족이 사랑하게 된 순간을 중심으로 그들의 내면을 가장 깊은 곳까지 그려낸다. 온통 꿈에 둘러싸여 요정의 노래를 들으며 영혼과 죽음에 관해 곰곰이 생각하는 여명의 순간 말이다. 진정한 켈트 족이 살아 숨 쉬는 작품이다. 비록 몽상가로서의 일면에 지나지 않는다고 해도.

이들 외에도 아직까지 책으로 펴낸 글은 없지만, 눈여겨봐야 할 작가가 둘 더 있다. 러티샤 매클린톡 양과 더글러스 하이드 씨다. 매클린톡 양은 스코틀랜드 방언이 반쯤 섞인 얼스터 지방의 방언을 정확하고 아름답게 쓸 줄 안다. 또 더글러스 하이드 씨는 현재 게일어로 쓴 민담집을 준비 중인데, 대부분 로스코몬과 골웨이 지방의 게일어 사용자들이 말한 그대로 받아 적은 이야기가 될 것이다. 하이드 씨는 아마도 가장 신뢰할 만한 작가일 것이다. 실제 이야기를 전하는 시골 사람들을 속속들이 잘 알고 있기도 하고, 아일랜드인의 삶에서 일부분만 보는 다른 작가들과 달리, 삶의 요소를 모두 이해하는 작가이기 때문이다. 그의 글은 해학적이지도 비극적이지도 않다. 그야말로 삶 자체다.

나는 하이드 씨가 수집한 이야기 중 일부를 발라드로 써주었으면 한다. 그가 우리 발라드 시인들 중, 토탄 태우는 향기로운 냄새가 느껴지는 듯한 작가들, 다시 말해 윌시와 콜래넌 유파를 잇는 마지막 작가가 될 것이기 때문이다. 토탄[20] 얘기를 하니까 챕북이 떠오른다.

이 책들은 시골집 선반 위에서 토탄 연기 때문에 갈색으로 변한 채로 발견되기 때문이다. 곳곳에서 행상인들이 팔 뿐, 아니 팔았을 뿐, 사사나크(Sassanach)[21]들이 사는 도시의 도서관에서는 찾아볼 수 없는 책들이다. 『근사한 요정 이야기』, 『아일랜드 이야기』, 『요정 전설』은 민중의 요정 문학인 것이다.

아일랜드의 요정 시도 몇 가지 싣는다. 이 시들은 잉글랜드보다는 스코틀랜드 요정 시와 더 유사하다. 잉글랜드의 요정 문학에 나오는 인물들은 대부분 요정이 아니라 아름답게 변장한 인간에 지나지 않는다. 잉글랜드에서는 아무도 요정을 믿은 적이 없다. 요정이란 프로방스에서 온 낭만적 환상에 불과하다. 그래서 잉글랜드에서는 그 누구도 요정들을 위해 문간에 신선한 우유를 내놓은 적이 없다.

이 책을 엮으며 나는 너무나도 한정된 페이지이지만, 그 안에 모든 종류의 아일랜드 민간 신앙을 담아내고자 노력했다. 독자들은 내가 이 모든 주석을 쓰면서도 홉고블린 하나조차 합리적으로 설명하지 않는다는 점을 의아하게 여길지도 모르겠다. 이에 대해 나는 소

---

20 습한 땅에 쌓인 식물이 분해되면서 만들어진 석탄으로 충분히 탄화되지 못했으므로 발열량이 적다.

21 아일랜드, 스코틀랜드 등에서 색슨 족을 부르는 말로 잉글랜드인을 가리킨다.

크라테스의 말을 도피처로 삼고자 한다.[22]

파이드로스   선생님, 보레아스[23]가 오레이튀이아[24]를 납치했다는 일리소스 강변이 이 근처가 아닙니까?

소크라테스   전해오기로는 그렇다네.

파이드로스   바로 여기인가요? 시냇물이 맑고 투명하니 참으로 좋군요. 여기서 처녀들이 노닐 만도 합니다.

소크라테스   내가 알기로는 바로 여기는 아니고 조금 더 내려가서 아르테미스 신전 쪽으로 건너가는 쪽이라네. 거기 보레아스를 위한 제단 같은 것이 있을 걸세.

파이드로스   잘 기억이 안 나는군요. 하지만 답을 듣고 싶습니다, 소크라테스 선생님. 선생님은 그 전설을 믿으시는지요?

소크라테스   현자들이 의문을 품을 테니 나 역시 그들과 마찬가지로 의심한다 해도 이상하지 않겠지. 오레이튀이아가 파르마케이아와 놀고 있을 때 북쪽에서 거센 바람

---

22   [원주] 파이드로스 조웻 역(클래런던 출판)

23   보레아스(Boreas): 그리스 신화에 나오는 북풍의 신.

24   오레이튀이아(Oreithyia): 아테나이의 왕 에렉테우스의 막내딸로 보레아스가 납치해 아내로 삼았다고 전해진다.

이 불어와 그녀를 날려버리니 이와 같은 그녀의 죽음을 보레아스가 데려갔다는 식으로 표현했을 것이라며 이치에 맞게 설명할 수도 있을 걸세. 하지만 여기서 일어난 일이 아니라는 얘기도 있다네. 다른 전설에 따르면, 오레이튀이아는 여기가 아니라 아레이오스파고스에서 납치되었다고 하거든. 물론 이처럼 상징을 이용한 설명이 매우 훌륭하다는 점은 나도 높이 사네만, 이런 설명을 생각해낸 자를 부러워할 건 못 되지. 창의성도 있어야 하고 힘도 많이 들지 않겠는가. 일단 말을 꺼내고 나면 계속해서 켄타우로스며 키마이라의 무시무시한 모습이 어떤 연유로 탄생했는지 설명해야만 할 테니 말일세. 고르곤이며 날개 달린 날쌘 말, 상상조차 하기 어려운 수많은 기이한 괴물들을 모두 설명해야 하겠지. 행여 그자가 이 괴물들을 회의적으로 보고 흔쾌히 하나씩 개연성에 있게 설명해 간다고 해도, 그와 같은 미완의 철학은 그자의 시간을 모두 앗아가 버릴 걸세. 그런데 나한테는 이런 질문에 답을 해나갈 시간이 없다네. 이유가 뭔지 알겠는가? 나는 먼저 나 자신을 알아야 하기 때문이네. 델포이 신전에 새겨진 글귀처럼 말일세.[25] 나 자신도 아직 모르는데 나와는 무관한 문제에 호기심을 품다니 어리석지 않은가. 그러니 나는 이 모든 의문에 작별을 고하겠네. 흔히 생각하는 대로 생각하면 충분하지. 아까도 말했듯이 나는 이런 문제보다는 나 자신에 대해 알고 싶으니 말일세. 나는 진정 뱀의 꼬리를 가진 티폰보다 더 알기 힘들고 격한 감정으로 가득한 놀라운 존재인가, 아니면 본성에 의해 더 신성하고 소박한 운명을 타고난 온화하고 단순한 존재란 말인가?

패트릭 케네디의 『아일랜드 켈트 족의 전설 이야기』와 매클린톡 양의 기고문을 인용할 수 있게 허가해 준 맥밀란 출판사와 『벨그레이비어』, 『올 더 이어 라운드』, 『먼슬리 패킷』[26]의 편집자들에게 감사한다. 『아일랜드의 옛 전설(워드&다우니 출판)』에서 발췌를 허락해 준 레이디 와일드에게도 감사 인사를 전한다. 아직 출판되지 않은 이야기 세 편을 싣게 해 준 더글러스 하이드에게도 여러모로 귀

25　델포이의 아폴론 신전에 새겨져 있던 격언 "너 자신을 알라($\gamma\nu\tilde{\omega}\theta\iota\sigma\epsilon\alpha\upsilon\tau\acute{o}\nu$)"를 말한다.

26　영국의 문학잡지들.

한 도움을 준 점에 감사한다. 알링햄 씨와 그 외 저작권자 여러분들께도 시를 인용할 수 있게 해주신 점 감사드리고 싶다. 알링햄 씨의 시는 『아일랜드의 노래와 시(리브즈&터너)』, 퍼거슨의 시는 실리, 브라이어즈& 워커스 출판사에서 나온 실링 리프린트[27]에서, 내 자작시와 오리어리 양의 시는 더블린, 질&선즈 출판사에서 출간한 시선집, 『청년 아일랜드의 발라드와 시』에서 발췌했다.

— W. B. 예이츠

---

[27] 노동자 계층을 위해 저렴한 가격(1실링)으로 재판된 책.

서문 2.

아 일 랜 드 의 한 이 야 기 꾼 에 관 하 여

『아일랜드 요정 이야기』의 서문

아일랜드 농민들이 여전히 요정을 믿는다고 말할 때면 사람들은 종종 내 말뜻을 의심한다. 위대한 엔진과 방적기가 존재하는 금세기(19세기)에 이미 오래 전에 죽어버린 낭만적이고 아름다운 옛 세계를 조금 되살려보려고 애쓰는 것에 불과하다고 생각하는 것이다. 검은 외투를 입고 물이 든 컵을 들고 다니는 강연가들은 차치하더라도, 윙윙거리며 돌아가는 바퀴소리와 덜커덕거리는 인쇄기 소리 때문에 고블린 왕국이 자취를 감추고 작은 춤꾼들의 발소리가 조용해진 것은 사실이다.

그러나 늙은 비디 하트는 조금도 그렇게 생각하지 않는다. 시대의 흐름에 발맞춘 새로운 의견 따위는 노란색 들꽃으로 장식한, 비디의 갈색 초가지붕 아래까지 퍼져나가지 못했다. 그리 오래 전의 일이 아니다. 나는 벤불빈 산의 기슭에 있는 그녀의 오두막집에서 토탄이 타오르는 난롯가에 앉아 그리들 케이크를 먹으며 그녀에게 친구들, 그러니까 가시로 뒤덮인 푸른 뒷산에 살고 있는 요정들에 대해 이야기해달라고 청했다.

비디는 얼마나 확고하게 요정을 믿고 있었는지 모른다! 게다가 요정들의 심기를 거스를까봐 어찌나 두려워했던지! 비디는 한참동안이나 내게 "전 항상 제 일에 신경 쓰고 요정들은 항상 자기들 일에 신경을 쓰죠"라는 대답밖에 들려주지 않았다.

하지만 평생 그 밑 골짜기에서 사셨던 우리 증조할아버지 얘기를 꺼내면서 일곱 살인가 여덟 살쯤 되었을 때 내가 그녀의 오두막집에 자주 놀러왔다는 사실을 일깨워주자 비디의 입이 열렸다. 적어도 나는 요정들의 언덕이 드리운 그늘 밑에서 산 적이 있으니, 웬 '토로우'들한테(비디는 영국인 관광객들을 경멸조로 이렇게 불렀다) 말해주는 것보다 나한테 말하는 편이 덜 위험할 것이라고 말이다. 그래도 이야기를 마쳤을 무렵 비디는 잊지 않고 이렇게 말했다.

"요정들과 목요일(그날이 목요일이었다)에 신의 축복이 있기를. 그리고 사람들의 눈을 피해 춤을 추며 살고자 하는 분들을 우리가 눈치 채는 바람에 그분들이 화가 나셨다면 그 화도 신의 가호로 피할 수 있기를."

일단 입을 열자, 비디는 아무 거리낌도 느끼지 못하는 듯했다. 번철 위로 몸을 숙이거나 토탄을 휘저을 때면 난롯불이 비쳐서 얼굴이 환히 빛났다. 그녀는 콜로니 마을 부근에서 납치되어 '신사 양반들'(비디는 예의를 갖추기 위해 요정들을 이렇게 불렀다)하고 7년 동안 같이 살았던 여인의 이야기를 해주었다. 고향으로 돌아온 여인에게는 발가락이 하나도 없었다고 한다. 춤을 추다가 다 닳아버렸다는 것이다.

　또 내가 오기 몇 달 전에 근처 그랜지 마을에서도 한 여인이 납치되어 요정 여왕의 아이를 돌보라는 명령을 받은 적이 있다고 했다. 이 사람들에 관한 이야기는 언제나 아주 객관적이고 자세해서 마치 평범한 일을 전하는 것 같았다. 지난 번 축제 때, 그러니까 로세스에서 작년에 열렸던 무도회에서 춤을 제일 잘 춘 남자는 위스키 한 병을 받고, 여자는 리본으로 묶은 케이크를 받았다고 이야기하는 것처럼 말이다.

　비디에게 요정들은 그녀 자신과 그리 다르지 않은 사람들이었다. 오직 모든 면에서 더 멋지고 훌륭할 뿐이다. 요정들에게는 가장 아름다운 거실과 응접실이 있다. 누가 물어보면 비디는 이렇게 말할 것이다. 언젠가 한 노인이 내게 말해주었듯이 말이다. 그녀는 자신이 알고 있는 멋진 말을 있는 대로 다 요정들에게 부여했다. 그녀의 환상은 쉽게 만족되는 수준이라 그리 대단한 말들은 아니라 해도 말이다. 우리 눈에는 그렇게 대단히 멋져 보이지 않는 것도 비디에게는 정말 멋진 것이 되는 것이다.

나무 서까래와 회반죽 바른 천을 덮은 초가지붕 아래로 모든 것이 아늑한 비디의 집에서는 정말 멋질 수밖에 없는 것이다. 우리에게는 그림과 책이 있어서 금과 은은 물론, 왕관도, 휘황찬란한 휘장도 가득한 화려한 요정 나라를 상상할 수 있지만, 비디한테 있는 것이라고는 난로 위에 걸린 자그마한 성 패트릭의 초상 하나와 찬장에 놓인 밝은 색 도자기, 그리고 어린 딸이 벽난로 선반의 개 모양 석상 뒤에 쑤셔 넣은 발라드가 적힌 악보뿐이었다.

그렇다면 우리가 그림책에서 보곤 하는, 이야기책에서 읽곤 하는 환상적인 장관이 비디의 요정들한테는 없다는 것이 이상하지 않은가? 비디는 요정들의 행렬을 만나고도 그 행렬이 밤과 그림자 속으로 사라지기 전까지 농부들의 행렬인 줄 알았다는 농부의 이야기를, 홀연히 사라지기 전까지 부유한 신사의 별장이라고 여겨졌던 웅장한 요정 궁전 이야기를 해줄 테니 말이다.

비디는 천국에 관해서도 이처럼 소박하게 생각했다. 기회가 있으면 천국에 계신 성인들에 관해서도 아주 천진난만하게 이야기하곤 했다. 마치 클룬도킨에 살던 독실한 세탁부 같았다. 이 세탁부는 내 친구에게 성 요셉의 환영을 본 적이 있는데 "아름다운 빛나는 모자를 썼고, 셔츠의 가슴판은 이 세상에서 풀 먹여 다린 적이 없는 것이었다"라고 말했다. 하지만 비디라면 기묘한 시도 뒤섞어서 말할 것이다. 벤불빈과 더블린 근처의 클룬도킨은 전혀 다른 세계이니 말이다.

천국과 요정의 나라 — 비디 하트는 이 두 곳에 자신이 꿈꿀 수 있는 모든 호화로움을 다 부여하고 진심을 다해 믿었다. — 한쪽에는 사랑과 희망을 담아, 다른 한쪽에는 사랑과 두려움을 담아서 — 날이 가고 계절이 가도록 영원히. 성인과 천사, 요정과 마녀, 유령이 나타나는 가시나무와 성스러운 샘. 이런 것들이 그녀에게는 여러분과 나에게 있어 책, 연극, 그림이나 마찬가지였다. 사실, 책이나 그림을 훨씬 뛰어넘는 것이었다. 우리들 중 너무나도 많은 사람들이 상상력 없는 평범한 사람이 되는 반면, 비디의 마음속에는 영원히 음악이 가득했으니 말이다. 어느 화창한 날 비디는 이렇게 말했다.

"여기 문간에 서서 산을 보면서 하느님이 좋으신 분이라고 생각해요."

그리고 요정에 대해 이야기할 때도 나는 그녀의 목소리에서 조금 애정이 묻어나는 것을 느꼈다. 요정들은 언제나 젊고, 언제나 축제를 벌이며, 그녀에게 덮쳐와 뼛속 깊이 통증을 채워나갈 늙음과는 언제나 거리가 멀다. 그래서 비디는 요정을 사랑한다. 또한 요정들은 작은 아이들과 너무나도 닮지 않았는가.

요정들을 믿지 않는다면 아일랜드의 농민들이 그렇게 시(詩)가

가득한 삶을 살 수 있었을까? 도니골 지방의 시골 처녀들이 아름다운 전설과 슬픈 이야기 덕에 땅과 바다를 사랑스럽게 여기지 않았다면 내륙으로 일하러 떠나며 땅 위에 무릎을 꿇고 바다에 입을 맞추었을까? 노인들은 이런 속담을 중얼거리곤 한다.

"호수에게 백조가, 말에게 굴레가 무겁지 않듯, 인간도 자기 안의 영혼을 무겁게 느끼지 않는다."

수많은 요정들이 그들 가까이에 있지 않았다면 노인들이 삶을 이처럼 유쾌하게 받아들일 수 있었을까?

1891년 7월, 클룬도킨에서
— **W. B. 예이츠**

PART 1
무리 짓는 요정들

—

『아일랜드 농민의 요정담과 민담
(Fairy and folk tales of the Irish peasantry)』중에서

CHAPTER 1
요정

●●● 요정을 뜻하는 아일랜드 말은 **쉬오크**^{sidheóg}로 **반쉬**^{Bean Sidhe}

의 '**쉬**^{sidhe}' 발음에서 파생된 말이다. 복수로 지칭할 때는 **디니 쉬**^{daoine}

^{sidhe}(요정들)라고 한다.[28]

요정이란 무엇인가? 농민들은 "구원 받을 만큼 선하지도 버림받

을 만큼 악하지도 않은 타락 천사"라고 말한다. 아마의 서(the Book of

Armagh)[29]에는 '지상의 신들'이라고 적혀 있다.

아일랜드의 골동품 수집가들은 "아일랜드의 토착신, **투아하 데 다난**^{Tha-}

---

28 현대 아일랜드어에서는 sidhe가 아니라 sí로 적는다.

29 9세기 아일랜드에서 라틴어로 쓰인 책으로 아일랜드의 수호성인, 성 패트릭에 관한 글과 신약 성서
등이 적혀 있다.

tha Dé Danann[30]이 더는 숭배를 받지도, 공물을 받지도 못하게 되면서 대중들의 상상 속에서 점점 키가 줄어들어 이제는 겨우 몇 뼘 정도가 된 것"이라고 한다.

그리고 그 증거로 요정 왕들의 이름이 옛 다누 신족의 영웅들 이름과 같고, 요정들이 특히 자주 모이는 곳이 다누 신들이 묻힌 곳이라고 설명한다. 또 투아하 데 다난은 과거에 **슬루아 쉬**sluagh sidhe나 **마르크라 쉬**Marcra sidhe, 즉 요정 무리나 요정 행렬이라 불리기도 했다는 것이다.

한편, 요정이 타락한 천사라는 증거도 많다. 이들의 본성을 살펴보면 선한 이는 선으로 대하고 악한 이는 악으로 대하는 식으로 태도가 급변하며, 모든 매력을 다 갖추었으되 오로지 양심만 없으니 모순적이다. 또 금방 감정이 상하는 편이므로 요정들 이야기는 많이 하지 않는 것이 좋으며, '신사'라고 부르거나 좋은 사람을 뜻하는 **디니 마하**daoine maithe 라고만 불러야 하지 다른 이름을 써서는 안 된다.

하지만 기분이 좋아지는 것도 금방이라 요정들을 위해 밤사이 창턱에 우유를 조금 내놓은 사람이 있으면 그 사람에게 불행이 다가오지 못하게 최선을 다해 막아준다. 전반적으로 민간 신앙을 살펴보면 이들에 관해서 가장 많이 알 수 있다. 민간 신앙에서는 요정들을 천상에서 내쳐졌으나, 악의 없이 악행을 저질렀기 때문에 지옥에 떨어지는 것을 면한 존

---

30 여신 다누의 자손들로 다누 신족이라 불리는 신들을 말한다.

재로 설명한다.

요정들은 '지상의 신'일까?[2] 그럴지도 모른다! 여러 시인들과 모든 신비주의, 오컬트 작가들이 시대와 국가를 막론하고 동일한 주장을 해왔다. 이들에 의하면 눈에 보이는 것 뒤에는 의식이 있는 존재가 사슬처럼 이어져 있되, 이 존재들은 천상이 아니라 지상에 속하며 타고난 모습이 없어서 내키는 대로 모습을 바꾸기도 하고, 보는 이의 마음에 따라 변하기도 한다.

사람은 이 숨어 있는 존재들과 영향을 주거나 받지 않고는 손조차 들어 올릴 수 없다. 눈에 보이는 세상은 단지 이들을 감싸고 있는 껍질에 지나지 않는다. 우리는 꿈속에서 요정들 사이로 들어가 함께 놀기도 하고 싸우기도 한다. 어쩌면 이 변덕스러운 존재들은 가혹한 시련에 처한 인간의 영혼일지도 모른다.

요정이 모두 작다고만 생각해서는 안 된다. 요정에게는 모든 것이, 심지어는 체격까지도 변덕스럽기 때문이다. 아마도 요정들은 마음에 드는 키와 체형을 선택하는 듯하다. 연회를 열어 맛있는 음식을 먹으며 서로 다투기도 하고, 사랑을 나누기도 하며 세상에서 가장 아름다운 음악을 연주하는 것이 요정들이 주로 하는 일이다.

부지런히 일하는 요정은 단 하나, 구두장이 **레프라한**leipreachán(영어식으로 읽으면 레프러컨 –옮긴이 주)뿐이다. 아마도 춤을 추다보면 요정들의 신발이 금세 닳아버리기 때문이리라. 발리소데어 마을 근방에는 요정들과 7년 동안 함께 살았다는 왜소한 여인이 있다. 고향에 돌아왔을 때 그녀는 발가락을 모두 잃은 상태였다. ― 춤을 추다가 다 닳아버렸던 것이다.

요정들은 해마다 5월 전야와 한여름 전야, 11월 전야, 이렇게 세 번 큰 축제를 연다.[31] 5월 전야에는 7년에 한 번씩 도처에서 요정들의 싸움이 벌어지는데, 대부분 플레인아번(plain-a-bawn, 아름다운 평원)에서 벌어진다. (거기가 어디든 말이다.) 추수를 하면서 제일 잘 익은 이삭을 서로 차지하려고 싸우는 것이다.

이 싸움을 직접 본 적이 있다는 노인에게 듣자하니 요정들이 싸움터 한가운데에 있던 초가집의 지붕을 다 뜯어버렸다고 한다. 근처에 있는 사람들에게는 그저 거대한 소용돌이 바람이 지나가면서 모든 것을 공중으로 날려버리는 것처럼 보였으리라. 하지만 바람이 지나가는 길에 짚이나 나뭇잎이 빙글빙글 돈다면 이는 요정들이 지나간다는 뜻이다. 따라서 농민들은 모자를 벗고 "요정들에게 신의 축복이 있기를"이라고 말한다.

세례자 요한을 기리기 위해 언덕마다 모닥불을 피우는 한여름 전야는 요정들이 가장 흥겨워하는 날로, 가끔은 아름다운 인간 처녀를 신부로

---

31 5월 전야는 4월 30일로 독일에서는 마녀들이 브로켄 산에 모인다는 '발푸르기스의 밤'이라 부른다. 한여름 전야는 낮이 가장 긴 날, 하지 전날을 말한다. 기독교 도입 후로는 세례자 요한 축일(6월 24일) 전날을 가리킨다. 11월 전야는 10월 31일, 핼러윈을 가리킨다.

삼기 위해 납치하기도 한다.

반대로 11월 전야는 요정들이 제일 침울한 날이다. 옛 게일 족의 계산에 의하면 겨울이 시작되는 첫 번째 밤이기 때문이다. 요정들은 유령들과 춤을 추고 **푸카**^{púca}도 모습을 드러내며 마녀들은 주문을 만든다. 소녀들은 악마의 이름으로 탁자에 음식을 차린다. 그러면 미래 남편의 생령이 창문으로 들어와 음식을 먹는다고 한다. 11월 전야가 지나면 블랙베리는 더 이상 먹을 만한 것이 못 된다. 푸카가 망쳐놓기 때문이다.

요정들은 화가 나면 요정 화살을 쏘아서 사람이나 소를 마비시킨다. 반면, 기분이 좋을 때는 노래를 한다. 이 노래를 듣고 상사병에 걸려서 말라 죽는 가엾은 소녀들도 많다. 아일랜드에서 예부터 전해오는 아름다운 곡조 상당수가 요정들의 음악을 엿듣고 얻어낸 것이다.

현명한 농부라면 요정들이 사는 **라스**(rath)³² 근처에서 "아름다운 소녀가 우유를 짜네(The Pretty Girl milking the Cow)"라는 노래를 흥얼거리지 않는다. 요정들은 자기들 것을 빼앗기는 것도, 서툰 인간의 입에서 자기들 노래를 듣는 것도 다 싫어하기 때문이다. 아일랜드의 마지막 음유시인이라는 카롤란도 라스에서 자고난 이후부터 요정의 선율이 머릿속을 떠나지 않았고 덕분에 위대한 음유시인이 되었다고 한다.

---

32 흙이나 돌을 이용해 원형으로 담을 쌓은 옛 요새를 말한다. 영어식 발음은 '라스(rath)'이며 포트(fort), 포스(forth) 등 여러 이름으로 불린다. 아일랜드어로는 **라**^{ráth}라고 발음한다. 이 책에서는 독자들의 혼동을 막기 위해 '라스'로 통일해 표기했다.

그렇다면 과연 요정들이 죽기도 할까? 블레이크는 요정들의 장례식을 보았다고 한다.[33] 하지만 아일랜드에서는 요정을 불멸의 존재로 본다.

— W. B. 예이츠

---

[33] 영국의 시인이자 화가. 블레이크는 영국의 작가 윌리엄 헤이레이의 집에서 열린 모임에서 옆자리에 앉은 부인에게 요정 장례식 목격담을 들려준 일이 있다. 밤에 정원에서 글을 쓰고 있는 중 작게 소리가 들려와서 보니 큰 꽃잎이 움직이고 있었고, 그 아래로 녹색과 회색 옷을 입은 작은 요정들이 장미 꽃잎 위에 뉘인 시신을 짊어지고 있었는데, 시신을 땅에 묻은 뒤 사라졌다고 한다.

1. 요 정 들

월리엄 앨링험

높이 솟은 산 위,

골풀 우거진 골짜기 아래,

우리 감히 사냥하러 못 가지

작은 사람들 두려우니.

작은 사람들, 좋은 사람들

모두 함께 무리지어 가네.

녹색 옷, 빨간 모자

흰 부엉이 깃털!

바위투성이 해변을 따라 내려가면

요정의 집 있지.

요정들 먹는 바삭바삭 팬케이크

노란 파도 거품으로 만들었네.

갈대숲 속에도 요정이 살지,

검은 산 속 호숫가.

개구리들이 보초를 서네,

밤새 자지도 않고.

높고 높은 언덕 위

늙은 임금이 앉았다.

백발의 왕 이제 너무 늙어

이치를 거의 가리지 못하네.

하얀 안개 다리로

왕, 콜럼킬 호수 건너니

위풍당당한 여행길

슬리브리그에서 로세스까지 이어진다.

음악을 연주하며 올라갈 때는

별이 빛나는 추운 밤.

저녁을 함께 들러 가네,

화려한 북극광의 여왕하고.

작은 사람들, 어린 브리짓을 훔쳐갔네

7년이란 세월 동안.

브리짓 다시 돌아오니

친구들 모두 죽고 없어.

작은 사람들, 잽싸게 다시 데려갔지,

밤이 지나고 날이 밝기 전에,

작은 사람들, 그녀가 깊이 잠든 줄만 알았네

브리짓, 슬픔을 못 이기고 죽었건만.

그 후로 작은 사람들

호수 깊이,

나뭇가지, 나뭇잎 침대에 그녀를 뉘여 놓고

깨어나기만을 기다린다.

바위투성이 산비탈,

아무것도 없는 늪지를 지나

작은 사람들, 가시나무를 심었네,

여기저기 재미삼아.

사람이 주제넘게

심술부리며 이 나무 파내면

뾰족하고 뾰족한 가시들 있으리라,

그날 밤 침대 속에.

높이 솟은 산 위,

골풀 우거진 골짜기 아래,

우리 감히 사냥하러 못 가지

작은 사람들 두려우니.

작은 사람들, 좋은 사람들

모두 함께 무리지어 가네.

녹색 옷, 빨간 모자

흰 부엉이 깃털!

2. 프랭크 마틴과 요정들

윌리엄 칼턴

마틴은 마르고 창백한 사람으로 타고난 체질이 허약해서 병자처럼 보였다. 머리는 밝은 적갈색이었고 수염은 대개 깎지 않고 내버려두었다. 새하얗고 가냘픈 손이 눈에 띄었는데, 아마도 병약한 탓에 쉽고 편한 일을 하기 때문일 것이다. 마틴은 모든 면에서 이성적이고 냉정하며 합리적이어서 다른 사람들과 다를 바가 없었다. 하지만 요정 이야기만 하면 유별나게 광기를 띠었고 요지부동이 되었다. 그의 눈빛이 아주 사나우면서도 공허했던 것과, 좁고 긴 관자놀이가 얕고 수척했던 것이 확실히 기억난다.

그때 마틴은 딱히 불행하게 살고 있었던 것도 아니었고, 사람들이 생각하는 것과는 달리 요정에 대한 광기 때문에 고통 받거나 공포에 사로잡혀 고생하는 일도 없었다. 오히려 마틴과 요정들은 아주 친하게 지냈고, 요정과 대화를 나누는 일이 ― 유감스럽게도 비참할 정도로 일방적인 대화였지만 ― 마틴에게는 크나큰 즐거움이었음이 분명했다. 그때마다 유쾌한 웃음소리가 들려왔던 것이다. 적어도 마틴한테서는 말이다.

"어이, 프랭크. 요정을 봤다며? 언제 본 거야?"

"쉿! 조용히 해. 지금 작업장에도 스무 명 정도 있으니까. 저기 베틀 바디 위에도 늙은 꼬마 요정이 앉아 있잖아. 다들 내가 천을 짜는 동안 흔들흔들 베틀을 타고 놀려 하거든. 귀찮은 녀석들이지만 살아 있는 것치고 이만큼 꾀 많은 놈들도 없을 거야. 그게 요정이지. 봐, 또 하나 풀이 든 통[34] 쪽에 있잖아. 저리 가, 쬐끄만 게. 젠장, 안 비키면 멍이 들게 해줄 테니까. 어이! 그만 해, 이 도둑놈아!"

"프랭크, 요정들이 안 무섭나?"

"이 내가! 글쎄, 뭐 때문에? 녀석들은 절대로 나한테 아무 짓도 못 하는 걸."

"그게 무슨 소리야?"

"난 요정들을 막아주는 세례를 받았단 말이야."

"그건 또 무슨 말이지?"

---

34 *[원주] 밀가루 등을 쑤어 만드는 풀의 일종으로 털실에 발라서 둥근 모양을 고르게 유지하고, 베틀 바디와 마찰하며 실이 해어지는 걸 막는다.*

"그러니까 우리 아버지가 나한테 세례를 주는 신부님한테 요정을 막을 수 있게 기도해달라고 했거든. 신부님들은 부탁을 받으면 거절을 못하니까 정말 기도를 해줬단 말이지. 거 참, 그게 아주 득이 됐단 말이야(기름 가만 놔두지 못해, 이 식충이야 — 보라고, 저 쬐끄만 도둑놈이 내 기름을 다 먹어치우네). 녀석들이 나를 요정 왕으로 세우고 싶어 하거든."

"그게 가능하단 말이야?"

"거짓말이라고는 요만큼도 안 했다니까. 뭐하면 요정들한테 직접 물어보지 그래, 대답해 줄 테니."

"요정은 크기가 얼마나 되나, 프랭크?"

"아, 아주 쪼그만 녀석들이야. 녹색 외투를 입고 조그만 신발을 신고 있는데 이게 또 엄청나게 예쁘다니까. 저기 두 녀석이 도투마리[35] 위로 뛰어가네. 저 녀석들은 나랑 알고 지낸 지 좀 되지. 저기 짧은 가발을 쓴 나이 든 녀석은 짐잼이라고 하고, 삼각모를 쓴 녀석은 니키 닉이라고 해. 니키는 피리를 분단 말이야. 니키, 한 곡 들려줘 봐! 안 그러면 혼내준다. — 자, '에른 호숫가'를 불어보라고. — 쉿, 이제 조용히 — 들어 봐!"

가엾은 마틴은 최대한 빨리 천을 짜는 와중에도 항상 연주에 귀

---

35 베틀에서 날실을 감아두는 부분.

를 기울였고, 정말로 음악 소리가 들려오는 것처럼 연주를 즐기는 듯한 모습이었다.

하지만 우리가 존재하지 않으리라 여기는 것이 실재하며, 우리에게 즐거움을 안겨주는 것보다 더 큰 행복의 원천이 되지 못하리라고 누가 말할 수 있겠는가? 작자는 기억이 안 나지만 이런 시가 있다.

신비하네, 그대의 법도.
환상은 눈에 보이는 것보다 아름다워.
그 풍경, 자연은 그린 적 없으니
상상이 그린 듯 극히 아름답다.

아직 예닐곱 살을 넘기지 못했을 무렵, 나는 호기심 반, 두려움 반에 사로잡혀서 프랭크가 좋은 사람들(요정들)과 나누는 이야기를 들으려고 그가 일하는 곳을 찾아갔다. 프랭크는 거의 끊임없이 움직이는 베틀의 북처럼 아침부터 밤까지 쉬지 않고 혀를 놀렸다. 또 그에 대해 하나 잘 알려진 사실은 밤에 자다가 깨는 일이 있으면 반드시 손부터 이불 밖으로 내밀고, 침대 위의 요정들을 밀어내는 듯한 시늉을 한다는 것이었다.

"저리 가, 이 도둑놈들아. 침대에서 내려가, 날 좀 내버려 두라고. 니키, 지금이 몇 신데 피리를 부는 거야, 잠을 잘 수가 없잖아. 자, 이제 비켜. 말 잘 들으면 내일 좋은 걸 줄 테니까. 그래, 내일도 풀을 쑬 거란 말이야. 예의바르게 굴면 솥바닥에 눌어붙은 걸 줄게. 그래, 그렇지. 저런! 가엾은 것들. 저 녀석들은 얌전한 녀석들인데. 다들 가 버렸네. 빨간 모자 쓴 놈만 남았군. 나랑 같이 있고 싶은 게지."

그리고 이 악의 없는 요정 편집광은 다시 순수한 꿈나라로 돌아가는 것이다.

이 무렵 아주 놀라운 일이 일어났고, 덕분에 가엾은 프랭크는 이웃들 사이에서 상당히 중요한 인물이 되었다고 한다. 역시 미키 맥로리에 살고 있는 프랭크 토머스라는 사내는 나도 그가 처음으로 연 무도회에 참석했다가 본 적이 있는데, 이 무도회에 관해서는 다른 이야기에서 자세히 적은 바 있다.

이 사내에게는 아픈 아이가 하나 있었다. 어떤 병이었는지, 얼마나 위중했는지는 기억나지 않는다. 토머스네 집은 박공지붕으로, 박공을 단 한쪽 벽이 타우니라고 부르는 라스(정식 이름은 토나 포스)를 마주보고 있는, 아니 그 안까지 들어서는 모양새였다. 요정들이 산다고 하는 라스였다. 남쪽에는 녹색 풀로 덮인 자그마한 둔덕이 두세 개 있었는데, 세례를 받지 못하고 죽은 아이들의 무덤이라고 해서 내게 특히 황량해 보였던 곳이기도 했다. 마을 사람들도 위험하고 불운이 따라붙을 수 있으니 가까이 가지 않는 편이 좋다고 여겼다.

여하튼 한여름의 일이었다. 해가 질 무렵, 토머스네 아이가 병마와 싸우고 있는 사이 라스 쪽에서 톱질하는 소리가 들려왔다. 퍽 이상한 일이었으므로 잠시 후 토머스네 집에 있던 사람 몇몇이 살펴보러 나갔다. 도대체 누가 그런 곳에서 톱질을 하는지, 그 늦은 시간에 뭘 자르고 있는지 궁금했던 것이다. 다들 알다시피 그 지방 사람이라면 감히 그곳에서 자라는 산사나무를 꺾지 않을 터였다. 그러나 사방을 두루 살펴보아도 톱이나 톱질하는 사람의 흔적조차 찾을 수 없으니 놀랄 노릇이었다. 자연적인 존재든, 초자연적인 존재든 사실상 자신들을 빼면 아무도 보이지 않았다.

그들이 집으로 돌아가 의자에 막 앉으려는 찰나 다시 톱질 소리가 10m도 채 안 떨어진 곳에서 들려왔다. 집 주위를 둘러보았지만 결과는 다르지 않았다. 라스 안쪽에 서있자니 이번에는 움푹 꺼진 곳에서 톱질 소리가 들려왔다. 깊이가 150m쯤 되는 구덩이였는데, 속까지 훤히 들여다보였지만 아무도 보이지 않았다. 살펴보러 나온 사람들 중 일부가 곧장 구덩이 아래로 내려갔다. 가능하다면 이 이상한 소리의 정체가 무엇인지, 보이지 않는 톱질이 의미하는 바가 무엇인지 알아보기 위해서였다.

바닥에 발을 디디고 보니 이제는 톱질소리에 더하여 망치질하는 소리까지 들렸다. 게다가 못 박는 소리는 오히려 위쪽에서 들려왔다. 반면, 위에 남아있던 사람들에게는 여전히 구덩이 안에서 소리가 들려왔다. 사람들은 의견을 나눈 뒤, 빌리 넬슨네로 사람을 보내

프랭크 마틴을 데려오기로 했다. 고작 80에서 90m밖에 되지 않는 거리였다. 프랭크 마틴은 라스에 도착하자마자 일말의 망설임도 없이 수수께끼를 풀어주었다.

"요정들이네. 내 눈에는 보인다고. 바쁘게 일하고 있어."

"하지만 요정들이 톱으로 뭘 자른단 말인가, 프랭크?"

"어린 아이용 관을 짜고 있는 걸. 벌써 몸통은 다 만들었고, 이제 못으로 뚜껑을 달고 있네."

그날 밤, 앓던 아이가 죽었다. 전해오는 이야기에 따르면, 다음날 저녁 관을 짜러 온 목수가 토머스네 집에서 탁자를 가져다가 라스 안에 놓고 임시 작업대로 삼았다고 한다. 그리고 그가 관을 짜기 위해 톱질을 하고 못질을 하는 소리는 전날 저녁 들려왔던 소리와 정말이지 똑같았다고 한다. 더하지도 덜하지도 않고 딱 그대로였다는 것이다. 아이가 죽었던 일이나 관을 짜던 일은 나도 기억하고 있다. 하지만 요정 목수의 이야기는 아이를 묻고 몇 달 뒤까지 마을에 퍼지지 않았던 것 같다. 프랭크는 어디로 보나 우울증 환자 같은 모습이었다. 내가 그를 처음 봤을 때 그는 아마도 서른네 살 정도였으리라. 하지만 기골이 허약하고 체질도 병약했으므로 몇 년 더 살지 못했을 것이다. 실로 흥미롭고 관심이 가는 사람이었다. 그가 외지인들을 가리키며 "저 사람 눈에도 좋은 사람들이 보이는군"이라고 말할 때는 나도 종종 한자리에 있곤 했다.

3. 신부님의 저녁 식사

T. 크로프턴 크로커

이쪽 방면을 잘 아는 사람들은 좋은 사람들, 다시 말해 요정들은 천상에서 쫓겨나 이 세상에 발을 디디고 살게 된 천사들이라고 한다. 쫓겨난 천사들 중에서도 죄를 더 많이 지은 무리들은 더 깊은 곳, 훨씬 더 끔찍한 곳으로 추락했다고 본다. 어쨌든 9월 말경, 달빛이 밝은 밤이 오면 코크 주 서쪽 인치길라 마을 근처에 춤을 추거나 갖가지 신나는 장난을 치느라 여념이 없는 요정 무리가 나타났다.

인치길라는 병사들의 주둔지였지만, 그래도 가난한 마을이었다. 하긴 이 마을처럼 큰 산과 메마른 암벽에 둘러싸인 곳이라면 어디든 가난에 시달릴 터였다. 그러나 원하는 것은 무엇이든 손에 넣을 수 있는 요정들에게 가난은 대수로운 일이 아니었다. 요정들의 관심은 오로지 인적이 드문 곳을 찾는 것뿐이었다. 행여 사람이 나타나 흥을 깨뜨리지 않을 만한 곳 말이다.

어느 날 요정들은 강가의 근사한 잔디밭에 둥글게 모여 서서 더할 나위 없이 즐겁게 춤을 췄다. 폴짝폴짝 뛸 때마다 달빛을 받은 빨간 모자가 흔들렸다. 그 발놀림이 얼마나 가벼운지 발치의 이슬방울이 바르르 떨리는 일은 있어도 굴러 떨어지는 법은 없었다. 아무리 폴짝거려도 말이다. 요정들은 이렇게 한껏 뛰놀았다. 빙글빙글 까딱까딱 춤을 추는가 하면, 강에 뛰어드는 녀석도, 갖은 동작을 선보이는 녀석도 있었다. 그때 누군가 소리쳤다.

"멈춰라, 멈춰, 그 북소리.

우리 놀이 끝낼 때가 왔네.

냄새가 나니

장담할 수 있지

신부가 이쪽으로 오고 있다!"

요정들은 누구 하나 예외 없이 최대한 잽싸게 몸을 숨겼다. 디기탈리스의 녹색 잎 아래로 숨으면 조그만 빨간 모자가 빠끔히 드러나는 모양이 작은 종처럼 보여서 진홍빛 꽃이 피었다고밖에 생각할 수 없었다. 바위 그늘이나 블랙베리 나무 밑, 강둑 아래에 모습을 감추기도 했고, 이런저런 구멍이나 틈이 있으면 그 안에 들어가기도 했다.

목소리를 높여 경고한 요정의 말은 틀리지 않았다. 호리건 신부님이 조랑말을 타고 오는 모습이 강가에서도 보이기 시작했던 것이다. 신부님은 밤이 늦었으니 오두막이 보이면 묵어가야겠다고 생각하고 있었다. 그리고 더멋 리어리의 집이 보이자 "여기 모든 이에게 은총이 있기를"이라고 말하며 안으로 들어갔다.

말할 것도 없지만, 호리건 신부님이라면 어디에서든 대환영이었다. 이 고장에서 신부님만큼 신앙심 깊고 인망 높은 사람은 없었으니 말이다. 하지만 더멋은 저녁 식사로 대접할 것이 없어서 참으로 난처했다. '할망구'(더멋은 이제 스무 살을 갓 넘긴 아내를 이렇게 불렀다)가 불 위에 솥을 걸어놓고 감자를 삶고 있긴 했지만, 곁들여서 낼 것이 아무것도 없었기 때문이다. 그때 강에 쳐놓은 그물 생각이 났다. 그리 오래 두지 않았으니 물고기가 잡혔을 리는 없었지만 더멋은 이렇게 생각했다.

'그래도 밑져야 본전이지. 다름 아닌 신부님께 대접하려고 하는 거니까 어쩌면 내가 가기 전에 한 마리 잡힐지도 모르잖아.'

강가로 내려가 보니 그물 안에는 지금까지 한 번도 본 적이 없을 정도로 훌륭한 연어가 한 마리, '넓디넓은 리 강'의 반짝이는 물을 가르며 펄떡이고 있었다. 하지만 더멋이 그물을 당겨 꺼내려고 하자

도대체 어찌된 일인지, 누구의 소행인지 알 길도 없이 연어는 그물을 빠져나가 버렸다. 그리고 마치 아무 일도 없었다는 듯 유유히 흐르는 강물을 따라 헤엄쳐 갔다.

더멋은 비참한 기분에 사로잡혀서 연어가 물살을 가르고 지나간 자리를 바라보았다. 달빛을 받아 반짝이는 것이 마치 은색 실을 한 가닥 늘어뜨린 듯했다. 더멋은 성이 나서 오른손을 휘두르고 발을 구르며 울분을 토해냈다.

"이런 약삭빠른 악당 놈! 어딜 가든 밤낮으로 불행이 뒤따를 거다! 사람을 속여먹다니 염치라는 게 있으면 부끄러운 줄 알아야지! 네놈 따위 잡아봐야 좋지도 않았을 게 뻔하다! 사악한 힘을 빌렸다는 걸 모를 줄 아냐! 그물 당길 때 엄청난 힘으로 버티는 걸 보고 진즉 악마의 힘인 줄 알았다!"

"그건 거짓말이지."

신부님이 오는 모습을 보고 흩어져서 숨었던 요정 중 하나가 더멋 리어리 쪽으로 다가오며 말했다. 요정 무리가 그 뒤를 따르고 있었다.

"반대편에서 그물을 당긴 건 우리들인데, 채 스무 명이 안 됐으니까."

더멋이 놀라서 작은 요정을 바라보고 있자, 요정이 계속해서 말했다.

"신부님께 대접할 저녁 식사는 걱정할 필요 없어. 가서 우리 대신 한 가지만 물어봐 주면 곧바로 식탁 위에 진수성찬이 차려질 테니까."

"난 당신들하고는 볼일이 없소."

더멋은 단호하게 대답했다. 그리고 조금 머뭇거리다가 덧붙였다.

"말씀은 정말 고맙지만 고작 저녁 한 끼 때문에 당신들, 아니 당신들 같은 부류들에게 자신을 팔 정도로 바보는 아니오. 게다가 호리건 신부님은 내 영혼을 더 귀하게 여기시는 분이라 당신들이 뭘 내놓든 간에 내가 그걸 얻자고 영혼을 담보로 맡기는 건 바라지 않으실 거요. 그러니 이 얘기는 여기서 끝이오."

작은 요정은 더멋의 뻣뻣한 태도에도 굴하지 않고 끈질기게 부탁해 왔다.

"예의 바른 질문이니까 딱 하나만 신부님께 물어봐 주지 않겠어?"

더멋은 잠시 생각했다. 그럴 수밖에 없었다. 예의 바른 질문이라면 누구에게도 해가 될 것 같지 않았던 것이다.

"예의 바른 질문이라면 거절할 수 없겠소, 요정 양반. 하지만 당신네들이 말한 저녁은 절대로 받지 않을 테니까, 그건 명심하쇼."

곳곳에서 나머지 요정들이 뛰어나와 작은 요정 대변인 옆에 몰려들었다.

"그러면 호리건 신부님께 마지막 심판의 날이 오면 우리 영혼도 구원받을 수 있는지 물어봐 줘. 선량한 그리스도교 신자들의 영혼과 마찬가지로 구원받을 수 있냐고 말이야. 부탁이니까 신부님이 뭐라고 하시든 곧바로 와서 알려주면 좋겠어."

더멋은 집으로 돌아갔다. 식탁에는 감자가 올라와 있고, 마음씨 착한 아내가 그중에서도 제일 큰 것을 호리건 신부님께 건네고 있었다. 먹음직스러운 것이 잘 익은 빨간 사과 같았고, 김이 모락모락 피어오르는 것이 서리가 내린 밤에 먼 길을 달려온 말과 같았다.

더멋은 주저하다가 말을 꺼냈다.

"저, 신부님, 주제넘지만 감히 하나만 여쭤 봐도 되겠습니까?"

"말해 보게."

"저, 그러니까 말입니다. 이런 말씀 드리자니 송구합니다만, 저 좋은 사람들(요정)들의 영혼도 마지막 날 구원받을 수 있을까요?"

"누가 자네에게 그런 걸 물어보라고 시켰나, 리어리?"

호리건 신부가 엄한 눈빛으로 똑바로 바라보자 더멋은 도저히 견딜 수가 없었다.

"절대 거짓은 아뢰지 않겠습니다. 사실 대로만 말씀드리죠. 좋은 사람들이 직접 저한테 물어보고 오라고 시켰습니다. 강둑 아래에서 만났는데 수천 명은 될 겁니다. 제가 돌아가서 답을 전해주길 기다리고 있어요."

"꼭 돌아가서 전하게. 알고 싶은 것이 있다면 직접 날 만나러 오라고. 그러면 내 어떤 질문이든 아주 기꺼이 대답해 줄 터이니."

더멋은 신부님의 말씀을 따라 요정들에게로 돌아갔다. 요정들은 신부님이 뭐라고 대답했을지 궁금해서 더멋의 주위로 우르르 몰려나왔다. 요정들에게 둘러싸인 더멋은 아주 용감한 사람이라도 된 듯, 큰 소리로 신부님의 말씀을 전했다. 하지만 신부님 앞에 직접 가야만 한다는 말을 듣자 요정들은 순식간에 달아나 버렸다. 그 많은 요정들이 여기저기, 이쪽저쪽으로 순식간에 흩어지자 가엾은 더멋은 어안이 벙벙했다.

잠시 후 정신을 차린 더멋은 오두막집으로 돌아왔고 호리건 신부님과 함께 퍽퍽한 감자를 먹었다. 신부님은 요정의 일을 그리 대단치 않게 여겼지만, 더멋에게는 굉장히 어려운 문제로밖에 보이지 않았다. 그래서 호리건 신부님의 말씀에는 그 많은 요정들을 단번에 쫓을 수 있는 힘이 있건만 저녁으로 곁들여 낼 것이 없다니, 하는 탄식만 나왔다. 그리고 그물에 좋은 연어가 걸렸는데 그렇게 놓쳐버려 몹시 아깝다는 생각만이 계속해서 머릿속을 맴돌았다.

4. 라그나네이의 요정 샘

새뮤얼 퍼거슨 ③

구슬프게, 구슬프게 노래하라 —

"오, 들어보렴, 엘렌, 사랑하는 누이야,

나를 도울 방도가 전혀 없단 말이냐,

끝없이 한숨짓고 눈물 흘려야 한단 말이냐?

날 버린 그이는 어찌하여

희망은 앗아가되 추억은 앗아가지 않았는가?

오, 들어보렴, 엘렌, 사랑하는 누이야,

(구슬프게, 구슬프게 노래하라) —

나는 슬레미시 언덕으로 가련다.

요정들의 산사나무를 뽑아버리련다.

그리고 요정들이 마음대로 하게 두리.

행운을 불러오든 불행을 불러오든 상관없지

그리해서 요정들 내 추억을 없앤다면,

아직까지 내 마음을 온통 차지하고 있는 추억을!

(구슬프게, 구슬프게 노래하라) —

요정들은 조용한 종족.

백합처럼 하얗단다.

창백한 얼굴 같은 건 아무렇지도 않아,

꿈만 같은 곳을 헤매고 있는 걸.

그렇게 추억이 지워진다면 —

애나 그레이스[36]가 함께라면 좋았을 텐데!"

구슬프게, 구슬프게 노래하라!

내 비통한 이야기 들어보렴 —

흐느끼는 엘렌 콘에게

누이가 낮은 목소리로 속삭이네,

엘렌의 하나뿐인 누이, 사랑스러운 우나.

동이 트기 전 침대 속에서 —

---

36 새뮤얼 퍼거슨의 「요정 가시」 참조.

엘렌 슬픔에 잠겨 느릿느릿 대답한다 —

"오, 우나, 우나,

(내 비통한 이야기 들어보렴) —

부디 그 부정(不淨)한 슬픔에서 벗어나기를,

듣고 있으면 내 가슴마저 부서지는 슬픔에서.

원한다면 내가 도울게.

— 라그나네이의 요정 샘 —

더 가까이 누워 줘, 나 이렇게 떨고 있으니 —

우나, 현명한 여인[37]이 하는 말을 들은 적이 있어

(내 비통한 이야기 들어보렴) —

이슬이 맺히기 전,

진정한 처녀가 그 얼음처럼 찬 물에

깨끗한 손을 넣어 세 번 가슴을 씻고,

고사리 세 뿌리 뽑은 뒤,

샘 가장자리를 세 차례로 돌면

곧바로 눈물과 한숨을 잊는다고 해."

내 비통한 이야기 들어보렴!

---

37 Bean feasa. 요정에 관련된 일과 약초 등을 잘 아는 여인을 가리킨다. 요술사(fairy doctor)라고도 불린다.

아아, 모두 슬프고 슬프구나!

"오, 엘렌, 다정한 누이야,

원컨대 나와 함께 언덕으로 가자

내 그 축복받은 의식을 증명해 보일 테니!"

자매 조용조용 자리에서 일어났으나

어머니는 자리에 누운 그대로,

조심스레 보살펴 줄 어머니 없이 갔구나.

(아아, 모두 슬프고 슬프구나!)

자매는 곧 요정의 샘에 이르렀다네.

산이 눈, 그 맑고 차가운 잿빛 눈

쓸쓸한 고지 위로 크게 뜨고 있는 곳.

둘이서 얼마나 오래 서 있었는지는 말해봐야 소용없지.

마침내 동이 틀 무렵이 되니

사랑스러운 우나 봉긋한 가슴을 드러내고,

(아아, 모두 슬프고 슬프구나!)

움츠러드는 가슴 위로 세 번

반짝이며 미끄러지네,

알 듯 말 듯 흐르는 요정의 물결.

이제 의식에는 고사리 세 뿌리가 필요하니

우나, 빙 둘러 자란 고사리를 뽑고

샘 주위를 돌아 용감히 운명에 맞선다.

아아, 모두 슬프고 슬프구나!

요정의 속박에서 저희를 모두 구하소서!

엘렌, 샘 가장자리에서 누이의 얼굴을 본다

두 번, 세 번, 그리고 그것이 마지막 —

샘도 언덕도 처녀도 빙빙 돌더니

모두 어슴푸레 서서히 사라진다!

"우나! 우나!" 그대 외치리라,

슬픈 누이여! 그러나 팔조차 다리조차

(요정의 속박에서 저희를 모두 구하소서!)

사랑스러운 우나 다시는 볼 수 없네.

이제 우나 환상 속의 저택에서 걷고 있으니,

사람의 눈은 볼 수 없는 곳!

오! 경계가 사라질 수 있단 말인가,

방패보다도 벽보다도 더 강한 경계가?

누가 알았으랴, 줄라 다우너가 아니라면?

(요정의 속박에시 저희를 모두 구하소서!)

보라, 텅 빈 기슴 푸르고

떨어질 구덩이 따위 어디에도 없으니

그래 ─ 샘을 찬찬히 바라보아도

아무것도 없네, 오로지 매끄러운 조약돌뿐,

빙글빙글 도는 작은 지푸라기뿐.

그대 서둘러 집으로 돌아가 기도하리,

요정의 속박에서 저희를 모두 구하소서.

5. 타 이 그 오 케 인 (타이그 오카한) 과 시 체[38]

더글러스 하이드 옮김

●●● 더글러스 하이드 씨에게서 이 멋진 이야기를 받고 어디에 넣어야 할지 고심했다. 유령 이야기가 좋을까, 요정 이야기가 좋을까? 이 이야기를 요정 이야기에 넣은 이유는 여기 나오는 유령과 시체는 사실 **피쇼크**^{piseog}, 즉 요정의 마법으로 만들어진 것이지 진짜 유령이나 시체가 아니기 때문이다.

아일랜드에서는 이런 환상에 얽힌 이야기를 종종 들을 수 있다. 나도 이 이야기에 나오는 것처럼 방탕하게 산 적이 있다는 사내를 만난 일이 있다. 그 역시 어둠이 짙게 내린 어느 날 밤, 환상을 보았다. 이 이야기

---

38 [원주] 이 책에 실린 더글러스 하이드의 이야기는 모두 처음으로 출판되는 것이며, 모두 출간을 앞두고 있는 그의 아일랜드어 책, 『이야기 책(Leabhar Sgeulaigheachta)』(더블린, 길 출판사)에 실릴 예정이다.

에 나오는 것만큼은 아니지만 그래도 성격이 완전히 달라질 정도로 무시무시한 환상이었다고 한다. 사내는 이후로 밤에 외출을 자제하게 되었다. 또 누군가 갑자기 말을 걸면 놀라서 덜덜 떨기 일쑤였다. 겁 많은 괴짜가 된 것이다. 사내는 주교를 찾아가 성수를 뿌려달라고 부탁했다. 주교는 이렇게 답했다.

"그건 어쩌면 일종의 경고일지도 모르네. 하지만 위대한 신학자들이 말씀하시기를 유령을 본 사람은 세상에 존재하지 않는다고 하더군. 일단 유령을 보면 누구든 살아남지 못하니 말일세."

— W. B. 예이츠

옛날 리트림 지방에 한 청년이 살았다. 그는 부유한 농부의 아들로, 몸도 튼튼하고 성격도 활발했다. 그의 아버지는 돈이 아주 많았고 아들을 위해서라면 돈을 아끼려들지 않았다. 그 결과, 아들은 어른이 되어서도 일하기보다 놀기 더 좋아하는 사람이 되었다. 자식이라고는 하나뿐이었던 농부는 아들을 너무 사랑해서 아들이 기뻐하는 것이라면 무엇이든 다 허락해주었다.

청년은 돈을 펑펑 쓰게 되었고 금화 쓰기를 남들이 은화 쓰듯 했다. 집에는 코빼기도 보이지 않았지만 주변 20km 이내에 축제나 경주, 모임 따위가 열리면 기필코 모습을 드러냈다. 아버지 집에서 자는 일 역시 드물었고, 언제나 이집 저집 전전하는 것이 마치 그 옛날의 숀 부이(Shawn Bwee)처럼 '셔츠 가슴팍에 모든 여자들의 사랑'을 담고 있는 듯했다.

그에게는 키스를 하는 것도, 키스를 받는 것도 일상다반사였다. 잘생긴 외모 덕에 그가 시선을 고정시키기만 하면 넘어오지 않는 여자가 없었던 것이다. 누군가는 이 청년을 두고 이런 **란**[rann](노래)까지 지었다.

이 악당을 보게나, 이집 저집 입맞춤 하러 다니네.

놀랄 것도 없지, 원래 그런 놈이니.

늙은 고슴도치처럼 밤만 되면 재빨리 움직이네,

여기서 저기로. 잠은 낮에나 잔다지.

결국 청년은 아주 방탕하고 제멋대로 구는 사람이 되었다. 밤에도, 낮에도 아버지 집에는 들리지 않았다. 매일같이 여기에서 저기로, 이 집에서 저 집으로 **켈리**[Céilí](밤나들이) 다니느라 정신이 없었다. 그런 청년을 두고 동네 노인들은 고개를 가로저으며 서로에게 이렇게 말하곤 했다.

"노인장이 죽고 나면 저 집 땅이 어떻게 될지는 뻔하구먼. 아들놈이 1년도 안 돼서 날려먹겠지. 저놈 손에 들어가면 땅도 얼른 벗어나고 싶을 걸."

청년은 허구한 날 도박과 카드놀이, 술에 빠져서 살았지만 농부는 아들의 나쁜 습관을 그다지 신경 쓰지 않았다. 그러니 야단을 치는 일도 없었다. 하지만 어느 날, 늙은 농부의 귀에 우연히 아들에 관한 소문이 들려왔다. 동네 처녀 하나의 평판을 망쳐놓았다는 이야기였다. 농부는 잔뜩 화가 나서 아들을 불러다 놓고 조용히 알아듣기 쉽게 말했다.

"**아빅**^A mhic (내 아들아), 너도 알다시피 지금까지 이 아비는 널 무척 사랑했다. 네가 하려고 하는 일은 뭐가 되든 반대하지 않았고, 용돈도 넘치도록 줬지. 죽은 뒤 이 집과 땅은 물론, 내 전 재산을 네게 물려주지 않겠다고 생각한 적은 한 번도 없었다. 그런데 오늘 너에 관한 소문을 듣고 아주 넌더리가 났다. 그런 소문의 주인공이 너라니 얼마나 참담했는지 말로 다하지 못하겠구나. 이 자리에서 분명히 말하는데, 그 처녀랑 결혼하지 않으면 집이며 땅이며 내 재산은 전부 조카한테 물려주겠다. 너처럼 내 재산을 나쁜 짓 하는 데 쓸 것 같은 사람한테는 누가 되든 절대 물려주지 않을 생각이다. 그럴싸한 말로 여자들을 구슬린 다음에는 모른 척하다니. 그 처녀랑 결혼해서 함께 내 땅과 재산을 물려받을지, 아니면 결혼하지 않고 이 모든 걸 포기할지 결정하거라. 둘 중 어떤 선택을 했는지 아침에 대답해 다오."

"아니! 그게 무슨 말씀이세요! 아버지, 저한테 이러시면 안 되죠.

저처럼 좋은 아들이 어디 있어요. 그리고 제가 결혼 안 할 거라고 누가 그래요?"

하지만 농부는 아들을 상대하지 않고 그대로 자리에서 일어났다. 청년은 아버지의 말이 빈말이 아님을 잘 알고 있었다. 아버지는 조용하고 선한 사람이지만, 한번 입 밖에 낸 말은 반드시 실천에 옮기는 사람이기도 했던 것이다. 아버지만큼 고집 센 사람은 온 나라를 뒤져도 또 없으리라.

청년은 어떻게 해야 할지 확신할 수 없었다. 소문의 처녀를 정말 사랑하기도 했고 언젠가 그녀와 결혼하고 싶기도 했다. 하지만 그런 생각을 하고 있으면 마음이 금세 다른 쪽으로 기울었다. 지금까지 그래왔듯이 술 마시고 카드놀이 하며 놀러 다니고 싶다는 생각이 들었던 것이다. 게다가 결혼을 강요하면서 말을 안 들을 땐 유산도 없다고 협박한 아버지한테 화가 났다.

"아버지는 진짜 생각이 없다니까. 메리랑 결혼할 준비도 다 됐고, 오히려 빨리 하고 싶은 게 누군데. 이런 식으로 협박을 하니까 당분간은 결혼하고 싶다는 생각이 안 들잖아."

청년은 너무 흥분한 나머지 둘 중 어느 쪽을 선택할지 결정을 내리지 못했다. 그래서 열을 식히기 위해 집에서 나와 밤길을 걸으며 파이프에 불을 붙였다. 청명한 밤이었다. 청년은 걷고 또 걸었다. 발걸음을 재촉하다보면 고민을 잊을 수 있었기 때문이다. 반달이 떠서

환했고 바람도 전혀 느껴지지 않았다. 밤공기도 고요하고 포근했다. 청년은 거의 세 시간이나 걷고서야 불현듯 밤이 깊어 돌아갈 때가 왔음을 깨달았다.

"이런! 생각 없이 걷다보니 이렇게 됐군. 한 열두시쯤 됐겠는데."

혼잣말이 채 입 밖으로 나오기도 전에 길 앞쪽에서 여러 사람의 목소리와 발걸음 소리가 들려왔다. 청년은 중얼거렸다.

"이렇게 밤늦게, 그것도 이렇게 인적 없는 길에 대체 누구지."

청년은 그 목소리에 귀를 기울였다. 여러 명이 서로 이야기를 나누는 것은 알겠지만, 뭐라고 하는지는 알 수가 없었다.

"오, 세상에! 아일랜드어도 영어도 아니잖아. 그렇다고 저 사람들이 프랑스인일리도 없고!"

청년은 몇 미터 더 앞으로 가보았다. 그러자 밝은 달빛 아래로 목소리의 정체가 확연히 드러났다. 작은 요정 한 무리가 청년 쪽으로 걸어오고 있었던 것이다. 무언가 크고 무거운 것을 짊어진 채로 말이다.

"와, 미치겠네! 설마하니 좋은 사람들(요정)은 아니겠지!"

머리카락이 한 올 한 올 쭈뼛 서고 뼛속까지 덜덜 떨려왔다. 요정들이 자기 쪽으로 빠르게 다가오고 있었던 것이다.

청년은 다시 요정들을 살펴보았다. 스무 명 정도였는데, 제일 큰 요정도 키가 100cm를 넘지 않았다. 백발의, 나이가 아주 많아 보이는 요정도 일부 있었다. 하지만 아무리 살펴봐도 요정들이 뭘 짊어지고 있는지는 알 수 없었다. 수수께끼는 요정들이 청년 옆에 멈춰 서고서야 밝혀졌다. 바닥에 무거운 짐을 던져 놓으니 한눈에 그 정체를 알아볼 수 있었던 것이다. 다름 아닌 시체였다.

그 와중에 백발의 나이 든 요정이 말까지 걸자, 청년의 몸이 죽은 사람의 몸처럼 차가워졌다. 온몸에 피 한 방울 흐르지 않는 느낌이었다.

"지금 너랑 마주치다니 운이 좋았군. 안 그런가, 타이그 오케인?"

겁에 질린 타이그는 세상을 다 준다고 해도 말 한 마디 입 밖에 내기는커녕 입술조차 움직이지 못할 지경이었다. 대답이 없자 백발의 요정이 다시 말했다.

"타이그 오케인, 우리가 딱 좋을 때 만났다고 생각하지 않나?"

타이그는 아무 말도 하지 못했다.

"타이그 오케인, 이번이 세 번째네. 우리가 딱 좋을 때 만났으니 행운이라고 생각하지 않나?"

그래도 타이그는 침묵을 지켰다. 대답하기가 두려웠고, 혀가 마치 입천장에 꽁꽁 묶여 있는 듯했기 때문이다. 백발의 작은 요정은 돌아서서 동료 요정들을 바라보았다. 반짝이는 작은 눈에 즐거운 기색이 역력했다.

"자, 타이그 오케인이 한 마디 말도 없다는 건 우리 마음대로 할 수 있단 말이지. 타이그, 타이그. 형편없는 인생을 살고 있는 타이그. 이제부터 우리가 널 노예로 부릴 수 있겠어. 시키는 대로 하는 게 좋을 거야. 우리한테 맞서봐야 아무 소용없을 테니까. 시체를 들어.”

타이그는 너무 두려운 나머지 간신히 한 마디만 내뱉을 수 있었다.

“싫어요.”

놀라기는 했어도 고집 세고 굽힐 줄 모르는 타이그의 성격은 평상시와 다르지 않았던 것이다.

“타이그 오케인이 시체를 안 들겠다는데.”

늙은 요정이 마치 마른 나뭇가지 한 묶음을 부러뜨리는 듯한 소리로 사악한 웃음을 흘리며 말했다. 그리고 금이 간 종을 쳤을 때와 같이 거칠고 낮은 목소리로 다시 말했다.

“타이그 오케인이 시체를 안 든다니까, 들게 해주라고.”

말이 채 끝나기도 전에 요정들은 모두 왁자지껄 웃고 떠들며 불쌍한 타이그를 둘러쌌다. 타이그는 어떻게든 도망치려 했지만 요정들이 뒤따라왔다. 허겁지겁 뛰어가는 타이그 앞에서 요정 하나가 발을 내밀었고, 타이그는 그 발에 걸려 길가에 쌓아둔 잡다한 것들 위로 넘어졌다. 그가 미처 일어나기도 전에 요정들이 달려들어 누군가는 손을, 누군가는 발을 잡고 옴짝달싹 못하게 했다. 타이그는 그대로 얼굴을 땅에 붙이고 있을 수밖에 없었다.

그러자 요정 예닐곱이 시체를 들고 옮겨 와 타이그의 등 위에 올렸다. 등과 어깨가 시체의 가슴에 짓눌렸고 시체의 팔이 목에 둘러졌다. 요정들은 조금 뒤로 물러서서 타이그가 일어날 수 있게 했다. 타이그는 입에 거품을 물고 욕지기를 내뱉으며 일어나 몸을 흔들었다. 시체를 떨쳐버릴 심산이었다. 하지만 실로 놀랍고 두려운 일이 아닐 수 없었다. 시체의 팔이 목을 단단히 감싸고 있는데다가 두 다리마저 엉덩이를 꽉 조이고 있는 것이 아닌가. 아무리 힘차게 떨쳐내려 해도 소용이 없으니 말이 안장을 떨쳐내지 못하는 것과 다르지 않았다. 끔찍한 공포가 타이그를 사로잡았다. 이제 끝장이라는 생각만 들었다.

'아아! 영원히 끝장났구나. 내가 지금까지 방탕하게 살았기 때문에 좋은 사람들(요정들)이 나한테 이런 마법을 쓸 수 있는 거겠지. 하느님, 성모님, 성자 베드로 님, 바울 님, 패트릭 님, 성녀 브리짓다 님, 절 이 고난에서 구해주시면 앞으로 사는 동안 마음을 고쳐먹겠습니다. ─ 메리랑도 결혼하겠습니다.'

백발의 요정이 다시 다가와서 말했다.

"이봐, 타이그. 내가 시체를 들랄 때 안 드니까 어떻게 됐지? 억지로 들게 됐잖아. 그럼 말이야, 내가 시체를 묻으라고 시켜봤자 또 말을 안 들을 테니 억지로 묻게 해야겠군!"

"뭐든지 시키는 대로 하겠습니다. 모두 다 하겠어요."

상황을 파악하기 시작한 타이그가 대답했다. 극도의 공포에 사로잡히지 않았다면 그의 입에서 이렇게 예의바른 대답이 나오는 일은 없었을 것이다.

　백발의 요정은 다시금 웃음소리인지 아닌지 알 수 없는 소리를 내며 웃었다.

　"이제 좀 진정하기 시작했군, 타이그. 장담하는데 나하고 볼일이 끝날 때쯤이면 아주 침착해질 거야. 자 잘 들으라고, 타이그 오케인. 내가 시키는 대로 뭐든 잘 해내야지, 안 그러면 후회하게 될 테니까. 등에 짊어진 시체를 템폴 데무스로 가져 가. 반드시 교회 안까지 가져가서 교회 한가운데에 무덤을 만드는 거야. 그러려면 바닥의 포석(鋪石)을 들어 올렸다가 다시 제자리에 되돌려놔야 하지. 그리고 파낸 흙은 전부 밖으로 내가야 해. 처음 들어갔을 때랑 똑같이, 누가 봐도 어디가 달라졌는지 알 수 없게 하란 말이야. 하지만 이게 끝이 아니야. 어쩌면 교회 안에 시체를 묻지 못할 수도 있거든. 벌써 잠자리를 차지한 사람이 있을 수 있는데, 그 사람이 이 시체랑 한 자리에 누우려 할 것 같지는 않단 말이야. 그러니까 템폴 데무스에 시체를 묻어도 된다는 허락을 받지 못하면, 캐릭해드 비크오루스로 가져가서 교회 묘지에 묻어야 해. 만약 그 안에 들어갈 수 없으면 시체를 템폴 로난으로 가져가. 거기 교회 묘지도 닫혔으면 임로그 파다로 가야지. 거기서도 시체를 묻지 못한다면 킬 브리다에 가져가는 수밖에 없다고. 거기라면 아무 방해도 받지 않고 시체를 묻을 수 있을 거야. 어느 교회에서 시체를 묻게 허락해 줄지는 말해주지 못하지만 어딘가 한 군데에서는 분명 허락해 줄 테니까. 일을 제대로만 해주면 우리 모두 은혜를 잊지 않을 거야. 너도 괴로워할 일 없을 거고. 하지만 꾸물거리거나 게으름 피우기만 해봐. 가만 두지 않을 테니까."

백발의 요정이 말을 마치자 동료 요정들이 서로 손뼉을 마주치고 웃으며 소리쳤다.

"글릭! 글릭! 휘! 휘! 서둘러, 서둘러, 동이 틀 때까지 여덟 시간 남았다. 해가 뜰 때까지 시체를 못 묻으면 끝장이야."

요정들은 주먹질하고 발길질하며 타이그를 떠밀어 길을 떠나게 했다. 타이그는 걸어야만 했다. 그것도 요정들이 쉬는 것을 허락하지 않았으므로 빨리 걸어야 했다.

그날 밤 타이그는 질척질척한 길, 오물투성이 외딴 길, 꼬불꼬불 험한 길까지 걸어보지 않은 길이 없겠다는 생각이 들 만큼 걷고 또 걸었다. 밤길은 때때로 짙은 어둠에 사로잡혔다. 구름이 달을 가릴 때마다 눈앞에 칠흑 같은 어둠이 내려왔다. 타이그는 툭하면 넘어졌다. 다칠 때도 있었고 무사할 때도 있었지만 언제든 즉시 일어나 다시 발길을 재촉해야만 했다. 가끔 고개를 내민 달이 환하게 빛날 때 뒤를 돌아보면 요정 무리가 뒤따라오고 있었기 때문이다.

요정들의 말소리도 들려왔다. 이야기를 나누기도 하고 크게 소리치거나 갈매기 무리가 그러듯 괴성을 지르기도 했다. 하지만 그들의 대화를 엿들어서 자신의 영혼을 구할 수 있다고 한들 타이그가 알아들을 수 있는 말은 단 한 마디도 없었다.

얼마나 걸었는지 짐작도 할 수 없었다. 그때 요정 하나가 소리쳤다.

"멈춰!"

타이그가 멈춰 서자 요정들이 모두 그를 둘러쌌다. 백발의 요정이 말했다.

"저기 말라 죽은 나무들 보여? 템폴 데무스는 저 나무들 사이에 있어. 저긴 너 혼자 들어가야 돼. 우린 따라갈 수 없거든. 여기 남아 있어야 한단 말이야. 그럼 용감하게 가 봐."

살펴보니 반쯤 무너진 폐허에 높은 담이 보였고, 담 안쪽으로 잿빛 교회가 서 있었다. 주위에는 말라 죽은 나무가 열 그루가량 여기저기 서 있었다. 나무에는 잎도 잔가지도 없었지만, 벌거벗은 가지를 구불구불 뻗은 모양새가 마치 사람이 화가 나서 위협하려고 팔을 휘두르는 것처럼 보였다. 타이그는 어쩔 수 없이 교회 쪽으로 발걸음을 옮겨야 했다. 교회까지는 200에서 300m 떨어져 있었지만 타이그는 묵묵히 걸었다. 그리고 교회 바깥 대문에 이를 때까지 결코 뒤를 돌아보지도 않았다.

드디어 목적지에 다다랐다. 낡은 문이 쓰러져 있었기에 손쉽게 안으로 들어갈 수 있었다. 타이그는 그제야 따라오는 요정은 없는지 뒤를 돌아보았다. 하지만 때마침 구름이 달을 가리는 바람에 주위가 다 깜깜해져서 아무것도 보이지 않았다. 타이그는 경내로 들어가 교회 건물까지 이어지는 길을 따라갔다. 길은 온통 풀로 뒤덮여 있었다. 하지만 막상 교회에 이르고 보니 문이 걸려 있었다. 아주 크고 튼튼한 문이어서 어떻게 해야 할지 갈피를 잡을 수 없었다. 고민 끝에 겨우겨우 칼을 꺼내 행여 나무가 썩지는 않았는지 문에 꽂아보았지만 멀쩡한 것으로 드러났다.

'이제 어떻게 해볼 도리가 없잖아. 잠긴 문을 열 수가 없으니까.'

이런 생각이 채 마음속에 떠오르기도 전에 타이그의 귓가에서 누군가 속삭였다.

"문 위나 담장 위에서 열쇠를 찾아보게."

타이그는 기겁했다.

"누구세요?"

주변을 둘러보며 외쳤지만 아무도 보이지 않았다. 그때 또다시 귓가에 속삭이는 소리가 들려왔다.

"문 위나 담장 위에서 열쇠를 찾아보게."

이마 위로 식은땀이 흘러내렸다.

"뭐야 이건. 대체 누가 말을 거는 거야?"

그러자 목소리가 대답했다.

"나다. 네가 짊어진 시체. 내가 말하고 있다!"

"말을 할 수 있으세요?"

"가끔씩은."

타이그는 열쇠를 찾아 나섰다. 정말로 담 위에 열쇠가 있었다. 타이그는 너무 겁에 질린 탓에 한마디도 더 하지 못하고 최대한 빨리 문을 활짝 연 다음 시체를 짊어진 채 안으로 들어갔다. 내부는 칠흑같이 어두웠고, 가엾은 타이그는 이제 몸을 덜덜 떨기 시작했다.

"초를 밝히게."

시체가 말했다.

타이그는 힘겹게 주머니에 손을 넣어 부싯돌과 부시를 꺼냈다. 그 다음 불꽃을 일으켜서 주머니에 있던 타고 남은 천 조각에 불꽃을 옮기고 잘 타오르게 바람을 불었다. 그러고 나서 주위를 둘러보니 교회는 아주 오래 된 듯했다. 군데군데 벽이 무너져 있었고, 창문은 깨졌거나 금이 가 있었으며, 나무로 만든 미사석은 썩어 있었다. 쇠로 만든 낡은 촛대가 예닐곱 개 남아 있는 것을 본 타이그는 그중 하나에서 양초 토막을 찾아내 불을 붙였다. 그러고도 타이그는 계속 이 기묘하고 무시무시한 곳을 두리번거렸다. 그러자 차가운 시체가 귓가에 속삭였다.

"어서 날 묻어 주게. 어서 묻어 주게. 바닥에 삽이 있으니 땅을 파게."

타이그는 제단 근처에서 삽을 찾아 들고 삽날을 통로 중앙의 포석 밑에 밀어 넣었다. 그리고 손잡이에 온몸의 체중을 실어서 포석을 들어 올렸다. 일단 하나를 들어내자 그 주변 포석을 들어내는 일은 수월했다. 포석 아래의 흙도 부드러워서 삽질하기 좋았다. 하지만 서너 번 흙을 퍼내자 삽날 끝이 사람의 살처럼 부드러운 것에 닿은 느낌이 들었다. 타이그는 그 주위의 흙을 서너 번 더 퍼냈다. 그러자 그곳에 묻힌 또 다른 시체가 모습을 드러냈다.

'한 구멍에 두 시체를 묻는 건 절대 안 되겠지.'

타이그는 생각했다.

"등 뒤에 있는 시체 양반, 여기 묻어드려도 될까요?"

시체는 대답이 없었다.

"잘됐군. 마음의 평화를 얻은 모양이네."

타이그는 이렇게 중얼거리며 다시 땅 속으로 삽을 밀어 넣었다. 덕분에 또 다른 시체의 몸에 상처가 났던 모양이다. 무덤 속에서 시체가 벌떡 일어나더니 끔찍한 목소리로 크게 외쳤다.

"후! 후!! 후!!! 가! 가!! 가버려!!! 안 그러면 넌 죽은, 죽은, 죽은 목숨이야!"

그리고 시체는 다시 무덤 속으로 들어갔다. 훗날 타이그는 이날 밤 불가사의한 일을 수도 없이 겪었지만 이것만큼 무서운 일은 없었다고 털어놓았다. 머리털이 빳빳한 돼지털 마냥 꼿꼿하게 일어섰고 식은땀이 얼굴 위로 줄줄 흘러내렸다. 온몸의 뼈란 뼈는 다 후들거려서 그대로 쓰러질 것만 같았다.

하지만 시간이 좀 지나자 타이그는 좀 더 대담해졌다. 두 번째 시체가 잠자코 누워 있었던 덕분이다. 타이그는 시체 위에 흙을 덮고 땅을 잘 고른 뒤 조심스레 포석을 원래대로 돌려놓았다.

'이제 다시 일어나지 못하겠지.'

이렇게 생각하며 타이그는 통로를 따라 문 쪽으로 자리를 조금 옮겼다. 그리고 포석 서너 개를 들어내 다시 땅을 팠다. 그리 오래 지나지 않아 셔츠 말고는 실오라기 하나 걸치지 않은 노파의 모습이 드러났다. 노파는 그 전의 시체보다 더 기운이 넘쳤다. 타이그가 흙을 더 퍼내기도 전에 벌떡 일어나 소리를 지르기 시작했던 것이다.

"호, 이 버릇없는 놈아! 하, 이 버릇없는 놈아! 그놈은 어디 있다 이제 와서 누울 자리가 없다는 게야?"

불쌍한 타이그는 놀라서 뒷걸음질 쳤다. 아무 대답도 돌아오지 않자 노파는 부드럽게 눈을 감더니 생기를 잃고 조용히, 그리고 서서히 땅 속에 다시 몸을 뉘였다. 타이그는 그 전의 시체와 같이 노파를 다시 묻고 그 위에 포석을 얹었다.

이번에는 문 옆을 파기 시작했다. 하지만 한두 삽 뜨기도 전에 남자의 손이 눈에 들어왔다.

"이거야 원, 더 팔 거 없겠군. 더 한들 무슨 소용이 있겠어?"

타이그는 손 위로 다시 흙을 덮고 포석을 원래 자리에 되돌려 놓았다.

교회를 나서는 타이그는 마음이 심히 무거웠지만, 그래도 문을 닫아걸고 열쇠를 원래 있던 곳에 되돌려놓았다. 그리고 문 근처에 있는 비석에 걸터앉아 생각을 하기 시작했다. 이제 어떻게 해야 할지 막막했다. 타이그는 두 손에 얼굴을 묻고 슬픔과 피로에 젖어 울음을 터뜨렸다. 이제 살아서 집에 돌아가기는 틀렸다고 확신했기 때문이다.

다시 한 번 목을 꼭 감고 있는 시체의 팔을 풀어보려고 했지만, 마치 나사로 조여 놓은 것처럼 단단히 붙어 있어서 풀리지 않았다. 게다가 풀려고 하면 할수록 점점 더 세게 목을 감싸왔다. 타이그가 다시 비석에 걸터앉으려 하자, 죽은 시체의 차갑고 소름끼치는 입술이 움직였다.

"캐릭해드 비크오루스."

그제야 요정들의 지시가 떠올랐다. 지금 이곳에 시체를 묻을 수 없다면 캐릭해드 비크오루스로 가져가라고 했다.

타이그는 자리에서 일어나 주변을 둘러보고 말했다.

"어디로 가야할지 모르겠는데요."

이 말이 떨어지기가 무섭게 시체가 돌연 목을 감고 있던 왼손을 들어 올려 어느 길로 가야 하는지 가리켜보였다. 타이그는 손가락이 뻗고 있는 쪽으로 향했다. 묘지에서 나와 바퀴자국이 여기저기 패인

돌투성이 옛길에 접어들었다. 어디로 갈지 몰라 다시 발걸음을 멈추니 시체가 다시금 앙상한 손을 들어 또 다른 길을 가리켰다. 낡은 교회에 올 때 지나왔던 길이 아닌 다른 길이었다. 타이그는 시키는 대로 그 길을 따라갔고, 갈림길에 접어들면 시체가 계속해서 손을 뻗어 손가락으로 가야 할 길을 알려주었다.

여러 갈림길과 꼬불꼬불하고 좁은 옛길을 지나니 마침내 길가에 있는 오래된 묘지가 눈에 들어왔다. 하지만 이번에는 교회도 예배당도, 다른 건물도 보이지 않았다.

"묻어 주게, 저 묘지에 날 묻어 주게."

타이그는 오래된 묘지 쪽으로 다가갔다. 한 20m쯤 남기고 눈을 드니 수백, 수만의 유령이 나타났다. 남자도, 여자도, 아이도 있었다. 유령들은 담 위에 빙 둘러 앉기도 했고 묘지 안에 서 있기도 했다. 왔다 갔다 뛰어다니기도 하고 타이그를 손가락으로 가리키기도 했다. 입을 열었다 닫았다 하는 모습은 보였지만, 뭐라고 하는지 알아듣기는커녕 아무 소리도 들을 수 없었다.

타이그는 앞으로 가기가 겁이 나서 그 자리에 멈춰 섰다. 그런데 그가 걸음을 멈추니까 유령들도 잠잠해지고 더는 움직이지 않았다. 타이그는 유령들이 그가 들어오지 못하게 막으려 한다는 것을 깨달았다. 1에서 2m 더 다가가자 유령들 모두 서둘러 그가 가려는 곳으로 몰려왔다. 발 디딜 틈 없이 몰려서 있어서 그럴 마음이 있다고 한들 도저히 뚫고 지나갈 수 없을 정도였다. 물론 뚫고 지나갈 마음도 없었던 타이그는 낙심하고 의기소침해져서 오던 길을 되돌아갔다. 하지만 100m인가 200m쯤 가니 다시 어디로 가야할지 알 수 없었다. 그러자 귓가에 시체의 목소리가 들려왔다.

"템폴 로난."

그리고 빼빼 마른 손이 또다시 길을 가리켰다.

지칠 대로 지쳤지만 걸어야만 했다. 길은 가깝지도, 고르지도 않았다. 유난히 어두운 밤이라 앞으로 나아가는 것조차 힘들었다. 셀 수 없이 넘어지고 온몸에 멍이 들었다. 마침내 묘지 한가운데 서 있는 템폴 로난이 지척에 나타났고, 타이그는 그리로 다가갔다. 이번에는 아무 문제도 없고 안전할 것 같았다. 담 위를 살펴보았지만 유령은 물론이고 그 어떤 것도 보이지 않았기 때문이다.

드디어 아무 방해도 받지 않고 등에 짊어진 짐을 내려놓을 수 있는 것이다. 하지만 안으로 들어가려는 순간, 타이그는 문턱에 걸려 넘어졌고, 미처 몸을 일으키기도 전에 보이지 않는 무언가에 붙잡혔다. 그 알 수 없는 존재는 타이그의 목과 손발을 멍이 들 정도로 세게 움켜쥐고 마구 흔들더니 죽기 직전까지 목을 졸랐다. 그러고는 그의 몸을 들어 올려 100m 정도 끌고 가 오래된 배수로에 내동댕이 쳤다. 시체는 여전히 등에 달라붙은 채였다.

타이그는 몸도 마음도 너덜너덜해져서 일어났다. 하지만 다시 가기는 두려웠다. 아무것도 보이지 않는데 무언가가 자신을 끌고 가서 집어 던졌으니 당연했다.

"등 뒤에 있는 시체 양반, 저 묘지로 다시 들어가야 할까요?"

하지만 시체는 대답하지 않았다.

"다시 가지 말란 뜻이군요."

이제 타이그는 정말 어떻게 해야 할지 모르는 상황이었다. 그때 시체가 귓가에 속삭였다.

"임로그 파다."

"이런 제기랄! 꼭 거기까지 데려다 줘야 합니까? 이렇게 계속 걷게 시켰다가는 내 장담하는데, 당신을 짊어진 채로 쓰러지고 말거요."

어쨌든 타이그는 시체가 가리키는 쪽으로 향했다. 대체 얼마나 걸었는지 타이그 자신도 알지 못할 무렵 등 뒤에서 시체가 갑자기 그를 꽉 잡고 말했다.

"저기!"

살펴보니 조금 낮은 담이 있었다. 군데군데 너무 많이 무너져서 담이라고도 볼 수 없을 정도였다. 담이 있는 곳은 길에서 안쪽으로 들어가면 있는 너른 들판 위였다. 네 귀퉁이에는 바위에 가까운 큰 돌이 서너 개 있을 뿐, 묘지나 매장지를 나타내는 흔적은 없었다.

"여기가 임로그 파다예요? 여기 묻어드릴까요?"

"그래."

"하지만 무덤이나 비석이 안 보이는데요. 돌무더기만 있어요."

시체는 대답하지 않고 가죽만 남은 길다란 손을 뻗어 방향을 가리키기만 했다. 타이그는 시체가 가리키는 쪽으로 걸어가면서도 바로 전에 있었던 일이 생각나서 엄청 겁에 질려 있었다. 훗날 그가 한 말에 따르면 "심장이 입 밖으로 튀어나올 지경"이었다. 작고 낮은 사각형 모양의 담까지 15에서 20m쯤 남았을 무렵이었다.

별안간 번갯불이 번쩍하고 나타났다. 노란색과 붉은색 불꽃이 밝게 빛나는 가운데 한 줄기 푸른 선이 보였다. 번갯불은 담 주위를 한 방향으로 빙빙 돌았는데, 마치 구름 속을 오가는 제비처럼 날쌨다. 게다가 지켜보면 볼수록 점점 더 빨라져서 마침내 밝게 타오르는 화염 고리가 오래된 묘지를 둘러싼 모양새가 되었다. 불에 타죽지 않고서는 그 누구도 안으로 들어갈 수 없게 된 것이다.

타이그는 태어나서 그때까지, 그리고 그 후로도 그렇게 경이로운 광경이나 화려한 장관은 보지 못했다. 번갯불이 빙빙 돌자 희고 노랗고 파란 불꽃이 튀었다. 처음에는 가는 선에 지나지 않았던 번갯불은 서서히 폭이 넓은 띠 모양이 되었고, 그 폭과 높이가 점점 더 커졌다. 그와 함께 불꽃도 점점 더 화려해져서 나중에는 이 세상에 존재하는 모든 색깔을 볼 수 있을 정도가 되었다. 이렇게 빛나는 번갯불도, 이렇게 밝게 타오르는 불길도 처음이었다.

타이그는 경이에 사로잡혔다. 하지만 너무 지쳐서 반죽음이 된 데

다가 담 쪽으로 다가갈 용기조차 남아있지 않았다. 또 눈앞이 뿌옇게 흐려지고 현기증이 느껴져서 지친 몸을 달래기 위해 큰 돌 위에 앉아야만 했다. 불빛 말고는 아무것도 보이지 않았다. 그리고 불빛이 섬광보다 빠르게 묘지 주변을 빙빙 돌면서 내는 윙윙 소리 말고는 아무것도 들리지 않았다.

타이그가 돌 위에 앉아 있자 다시 한 번 귓가에 속삭이는 목소리가 들려왔다.

"킬 브리댜."

시체는 타이그가 비명을 지를 정도로 그의 몸을 꽉 조였다. 타이그는 다시 일어섰다. 아프고 지친 몸이 떨려왔지만, 시체가 가리키는 방향으로 걸음을 옮겨야 했다. 바람은 차고 길은 험했다. 등에 짊어진 시체도 무거웠고 밤도 어두웠다. 타이그 자신도 지칠 대로 지쳐있었기에 조금만 더 멀리 가야 했다면 시체 밑에 쓰러져서 틀림없이 유명을 달리했으리라.

마침내 시체가 손을 뻗고 말했다.

"저기 묻어 주게."

타이그는 생각했다.

'여기가 마지막 장소야. 백발의 요정이 어디 한 군데에는 시체를 묻을 수 있을 거라고 했으니까, 여기라면 틀림없을 거야. 여기에서도 묻지 못하게 할 리가 없어.'

아침을 알리는 한 줄기 빛이 동쪽에 희미하게 모습을 드러냈고 구름이 붉게 물들어가기 시작했다. 하지만 달이 지고 별도 없어서 주위는 그 어느 때보다도 더 어두웠다.

"서두르게, 서두르게!"

시체가 외쳤다. 타이그는 있는 힘을 다해 묘지로 들어갔다. 벌거 벗은 언덕 위, 무덤 몇 개만 있는 작은 묘지였다. 열려 있는 문으로 대담하게 들어갔지만 그를 건드리는 것은 아무것도 없었다. 또한 아무 소리도 들리지 않았고, 아무것도 보이지 않았다. 타이그는 묘지 한가운데까지 가서야 걸음을 멈추고 무덤을 팔 삽이나 가래가 없는 지 주위를 둘러보았다.

고개를 돌리고 주변을 살피는데 문득 놀라운 것이 눈에 들어왔다. 새로 판 무덤이 바로 앞에 있었던 것이다. 타이그는 무덤으로 가서 안을 들여다보았다. 무덤 속에는 검은 관이 놓여 있었다. 구덩이 속 으로 기어 내려가 뚜껑을 여니 (예상했던 것과 같이) 관 속은 텅 비어 있었다. 타이그가 구덩이에서 기어 올라와 가장자리에 발을 디디자 마자 여덟 시간도 넘게 그의 등에 매달려 있던 시체가 목을 감고 있 던 팔을 느슨하게 풀고, 엉덩이를 조이던 정강이에서도 힘을 빼더니 뚜껑을 열어둔 관 속으로 툭 떨어졌다.

타이그는 무덤 가장자리에서 무릎을 꿇고 감사 기도를 올렸다. 그 러고는 조금도 지체 없이 관 뚜껑을 원래대로 돌려놓은 다음 그 위에 두 손으로 흙을 퍼 올렸다. 흙을 다 채운 뒤에는 두 발로 뛰기도 하고 발을 구르기도 하면서 땅을 단단하게 다졌다. 이제 묘지를 떠날 수 있었다.

시체를 다 묻자 금세 태양이 고개를 내밀기 시작했다. 타이그는 제일 먼저 큰길로 돌아가 주변에 쉬어갈 집이 없는지 찾아보았다. 간신히 여관 하나가 눈에 들어왔다. 타이그는 침대에 누워 잠들었다가 밤이 되어서야 겨우 깨어났다. 하지만 음식을 조금 먹고는 또다시 잠에 빠져들어 다시 눈을 떴을 때는 아침이었다. 돈을 내고 말을 빌려서 집으로 돌아와 보니 그곳은 집에서 40km나 떨어진 곳이었다. 그 먼 길을 하룻밤 사이에, 그것도 시체를 등에 짊어지고 걸었던 것이다.

그가 고향을 떠났다고 생각했던 동네 사람들은 모두 타이그가 돌아온 것을 보고 크게 기뻐했다. 다들 어디에 갔냐고 물어봤지만 타이그는 아버지 외에는 그 누구에게도 진실을 얘기하지 않았다.

그날부터 타이그는 다른 사람이 되었다. 결코 과음하는 법이 없었고 카드놀이를 해서 돈을 잃는 법도 없었다. 무엇보다도 세속적인 유혹에 흔들리거나 밤늦게 혼자 밖에 나가는 일도 없었다.

집으로 돌아와서 보름도 되지 않아 타이그는 사랑하는 메리와 결혼했다. 흥겨운 결혼식이었다. 그 후로 그는 행복한 사람이 되었다. 우리 모두 타이그처럼만 행복할 수 있기를.

6. 패디 코코란의 아내

윌리엄 칼턴

패디 코코란의 아내는 몇 년이나 도무지 알 수 없는 병에 걸려 고생하고 있었다. 아픈가 하면 아프지 않고, 그렇다고 해서 건강한가 하면 건강하지도 않았다. 또 남편을 사랑하는 부인네들이 되고 싶은 모습인가 하면 전혀 그렇지 않기도 했다. 실제로 대체 어디가 안 좋은 것인지 아는 사람은 아무도 없었다.

항상 가슴이 아프다고 하는데, 패디 코코란에게는 정말 큰 부담이 아닐 수 없었다. 여름만 되면 신의 도움으로 가슴의 통증이 덜한 날조차 그 통증을 이겨낼 만한 식욕이 생기지 않았던 것이다. 결국 그녀는 믿을 수 없을 정도로 연약해졌다. 구운 양고기나 스테이크 등 약간의 고기만 입맛을 돋울 뿐 식욕이라고는 전혀 없어서 음식을 입에 대지도 못했다. 정말이지 가엾은 노릇이었다.

말린 감자나 시큼한 버터밀크를 조금 곁들여볼 기분도 전혀 들지 않았고, 몸 상태가 나쁠 때는 더 식욕이 없었다. 하지만 그녀와 같은 상태의 여성에게도 신께서 뜻하신 바 있으니!(가엾은 패디는 아내가 아픈 것이 아니라 원래 '이런' 상태였다고 믿게 되었다. 하지만 예전에 그녀는 소금을 약간 뿌린 감자만으로도 만족했다. ─ 주님께 영광 있으라! ─ 그것도 최고로 잘 만든 감자 요리로 여기면서 말이다. 그런데 왜 먹지 못하게 된 것일까?)

사실 패디의 아내는 이런 것에 그다지 신경 쓰지 않았다. 유일한 위안이 있었기 때문이다. 남편과 함께 지낼 시간도 얼마 남지 않았다는 사실이다. 다시 말해 남편이 고생할 날도 그리 길지 않으리란 뜻이었다. 그러니 뭘 먹느냐는 그리 중요한 문제가 아니었다. 하지만 가슴의 통증 때문에 가끔씩 고기를 조금 먹어주지 않으면 안 된다는 사실은 그녀 자신도 알고 있었다. 정말이지 남편마저 고기를 아까워한다면 또 누가 있어서 고기를 구해주길 바랄 수 있단 말인가?

어쨌든 앞서 얘기했듯이 허약해진 아내는 한참동안 침대에 누워서 지냈다. 남자, 여자 가리지 않고 갖은 부류의 의사며 돌팔이까지 모두 만나보았지만 조금도 나아지지 않았다. 그리고 이런 나날이 계속되자 가엾은 패디는 아내에게 '약간의 고기'를 계속 먹이는 것조차 힘든 처지에 몰렸다.

그렇게 7년이 다 되었을 무렵, 어느 추수하는 날의 일이었다. 패디의 아내가 통증에 괴로워하며 부엌 난로 근처 침대에 누워 있는데, 몸집이 아주 작은 여자 하나가 말쑥한 빨간색 망토를 쓰고 들어오더니 난롯가에 앉았다. 그리고 이렇게 말했다.

"그러고 보니 키티 코코란, 당신 여기 한참이나 누워 지냈군. 7년이 다 되어 가네. 하지만 나을 기미라고는 안 보이고."

"아아, 그래요. 사실 저도 지금 그렇게 생각하면서 슬퍼하던 참이에요."

"그건 당신이 나빠. 정말이지 거기 누워서 지내게 된 건 다 당신 잘못이라고."

키티가 대답했다.

"어머, 그게 무슨 말이에요? 방법이 있었던들 내가 여기 이러고 있었겠어요? 내가 좋아서 이러고 몸져누웠단 말이에요?"

"아니, 그런 말이 아니야. 그럼 진실을 말해주지. 지난 7년 동안 우리는 당신 때문에 화가 났어. 우리, 요정들 말이야. 내가 기껏 생각해서 당신이 아픈 이유를 알려주러 왔으니까 곰곰이 생각해 보라고. 당신이 아파 누워 있는 동안 아침저녁으로 씻고 나면, 당신 자식들이 그 물을 꼭 해가 뜨기 전이랑 해가 진 직후에 문 밖에다가 내다 버렸잖아? 그게 딱 우리가 거길 지날 때란 말이야. 하루 두 번. 그러니까 이제부터 다른 시간에, 다른 데에다가 버리도록 해. 그럼 씻은

듯이 나을 테니까. 일러준 대로 하지 않으면, 뭐, 지금처럼 지내겠지. 사람의 힘으로는 고칠 수 없을 거야."

이렇게 말하고 여자는 작별을 고하더니 사라져버렸다.

그처럼 간단한 방법으로 몸이 나을 수 있다니 키티는 기뻐하며 즉시 요정의 가르침을 따랐다. 그 결과, 다음날 키티는 태어난 이래 가장 건강한 몸이 되었다.

7. 쿠신 루

J.J. 캘러넌 옮김

이 노래는 라스에 강제로 붙잡힌 어린 신부가 불렀던 노래이다. 아일랜드에는 둥글게 돌담을 쌓아 만든 오래된 라스④가 흔한데, 좋은 사람들(요정)이 모이기 좋아하는 곳으로 알려져 있다.

어린 신부는 아기를 달래서 재우는 척하며 라스 밖으로 나와 멀지 않은 곳에 한 아가씨가 있는 것을 보고 이 노래를 반복해 들려준다. 그리고 자신의 처지를 남편에게 전하여 요정들의 마법을 깨뜨릴 강철 단검을 가져오게 해달라고 부탁한다.

— **W. B. 에이츠**

잘 자거라, 우리 아가! 바스락바스락 나뭇잎

여름 산들바람의 입김에 흔들리고

요정의 노래, 감미로운 곡조

부드럽게 주위를 맴도네.

잘 자거라! 흐느끼는 꽃들

향기로운 눈물 우리 아가 머리에 떨구고

사랑이 담긴 목소리 꿈나라로 이끄니

우리 아가 베개는 엄마 가슴.

잘 자거라, 우리 아가!

지루하고 고독한 시간 흘렀구나,

이 저택에 끌려온 뒤로.

높이 솟은 홀에서는 즐거운 연회 열리고

웃음소리 온 벽 너머로 울려 퍼지건만.

잘 자거라, 우리 아가!

처녀들, 아름다운 신부들

화려한 저택 안에 가득하다네.

백발에 주름투성이 현자도 잔뜩,

나이 들어 허리 굽은 노부인도 잔뜩.

잘 자거라, 우리 아가!

오! 이 두려움의 노래를 들은 이여,

탄식하는 이의 집에 소식을 전해주오.

마법의 날로 만든 칼을 가져오라 남편에게 말해주오.

칼날 번득이면 그 섬광에 주문이 풀릴지니.

잘 자거라, 우리 아가!

서두르길! 내일 다시 해가 뜨면

증오로 가득 찬 주문 다시금 나를 속박할 테니.

그러면 나는 저 집에서 벗어나지 못하리,

시들어가는 심장에서 생명이 사라질 때까지.

잘 자거라, 우리 아가!

잘 자거라, 우리 아가! 바스락바스락 나뭇잎

여름 산들바람의 입김에 흔들리고

요정의 노래, 감미로운 곡조

부드럽게 주위를 맴도네.

8. 흰 송어 - 콩 마을의 전설

S. 러버

아주 먼 옛날, 호수 너머의 성에 아름다운 아가씨가 살고 있었습니다. 아가씨는 왕자님과 결혼을 약속한 사이였답니다. 그런데 어느날 갑자기 왕자가 살해되었고, 시체마저 호수에 버려지는 일이 일어났습니다. 그러니 당연하게도 왕자는 아름다운 아가씨와 한 약속을지킬 수 없었지요. ─ 정말 마음 아픈 일이었습니다.

약혼자를 잃은 아가씨는 제정신을 잃고 말았습니다. 이 가엾은 아가씨도 우리들처럼 마음씨가 착했거든요. 아가씨는 그리움에 나날이 수척해지더니 결국에는 자취를 감추고 말았습니다. 그 누구도 아가씨의 모습을 볼 수 없었습니다. 사람들은 아가씨가 요정들에게 잡혀갔다고 생각했지요.

그런데 선생님, 머지않아 저기 저 강 속에 흰 송어가 한 마리 나타
났답니다(신의 축복이 있기를!). 사람들은 이 송어를 어떻게 받아들여
야 할지 알 수 없었습니다. 이렇게 '하얀' 송어는 전무후무했으니까
요. 그리고 세월이 흐르고 흘렀습니다. 송어는 처음 나타난 곳에 그
대로 머물렀습니다. 선생님이 방금 보셨던 그곳에요. 저는 세월이
얼마나 흘렀는지 모릅니다. 사실, 마을에서 나이가 제일 많은 노인
장도 기억하지 못하거든요.

그래서 결국 사람들은 이 송어가 요정이 틀림없다고 생각하게 되
었습니다. 요정이 아니라면 대체 뭐겠습니까? 그러니 흰 송어에게
해를 입히는 사람은 아무도 없었지요. 그런데 이 부근에 군대가 들
어오면서 성질머리가 나쁜 병사들이 그걸 보고는 요정 따위를 믿는
다며 사람들을 비웃는 게 아니겠습니까. 특히 그중 하나는 (빌어먹을
놈. 이런 말을 하는 저를 용서하소서!) 송어를 잡아서 저녁으로 구워먹
겠다고 맹세까지 했답니다. 불한당 같으니!

이 병사의 악행을 어찌 생각하실는지요? 병사는 정말로 송어를
잡아서 집으로 가져갔습니다. 그리고 프라이팬을 꺼내 그 작고 예
쁜 송어를 올렸습니다. 송어는 마치 하느님을 믿는 사람처럼 비명을
질렀습니다. 친애하는 선생님, 짐작하신 것처럼 병사는 배가 끊어질
듯이 포복절도했답니다. 참으로 피도 눈물도 없는 악당이었지요.

그리고 한쪽이 다 구워졌겠다 싶자 송어를 뒤집었습니다. 어떻게

됐을 것 같습니까. 그게 어찌 된 일인지 하나도 구워진 흔적이 없
더란 말입니다. 물론 병사도 구워지지 않다니 참 '이상한' 송어라고
생각했습니다. 그런데도 "그럼 좀 이따가 한 번 더 뒤집어야지"라고
말했답니다. 신앙심도 없는 주제에 자기한테 무슨 일이 벌어질지는
생각해보지도 않았던 게죠.

어쨌든 한쪽이 다 구워졌다고 생각한 병사는 송어를 다시 뒤집었
습니다. 아이고, 이것 보게나. 이쪽도 하나도 안 구워진 것이 반대쪽
하고 전혀 다른 게 없지 뭡니까.

"운도 없군. 정말 놀라운데. 귀여운 것, 네가 꾀를 좀 쓰나 본데 한
번 더 구우면 그만이야."

병사는 이렇게 말하고는 송어를 자꾸만 뒤집었습니다. 하지만 예
쁜 송어에는 불이 닿은 흔적이라고는 조금도 생기지 않았습니다.

"이야!"

병사가 자포자기해서 말했습니다. ― (정말로, 선생님. 이 악당은 철
저히 될 대로 되라는 심정이었습니다. 아무리 애를 써도 송어를 구울 수 없
었으니 해서는 안 될 일을 하고 있다는 사실을 눈치 챘지도 모르지요.)
어쨌든 병사는 이렇게 말했습니다.

"이야, 대단한 송어구만 이거. 어쩌면 겉은 그저 그래도 안은 잘
구워졌을지도 모르겠군. 불에 그슬린 고양이처럼 겉보기야 어떻든
맛만 있으면 되니까. 어차피 한입거리고."

그러고는 병사는 송어를 맛보기 위해 자리에서 일어나 포크와 나이프를 가져왔습니다. 송어는 칼을 대자마자 죽음을 부르는 듯한 비명을 질렀습니다. 한번 들으면 목숨이 빠져나가는 것 같은 기분이 드는 비명이었습니다. 송어는 프라이팬에서 펄떡 뛰어올라 바닥으로 떨어졌습니다. 그리고 그 순간, 송어가 떨어진 자리에 아름다운 아가씨가 나타났습니다. 이렇게 아름다운 사람은 본 적이 없을 정도였지요. 아가씨는 흰 옷을 입고 머리에 황금 띠를 두르고 있었습니다. 팔에서는 한 줄기 피가 흘러내렸습니다.

　"보세요. 당신이 칼로 베는 바람에 이렇게 됐잖아요. 나쁜 사람 같으니."

　아가씨가 병사에게 팔을 내밀며 말했습니다. 병사는 눈이 멀 것만 같았습니다.

　"강 속에서 시원하고 편안하게 살도록 그냥 내버려둘 수 없었나요? 내게 맡겨진 소임을 꼭 방해해야 했나요?"

　자, 이제 병사는 젖은 자루 속에 들어간 개처럼 덜덜 떨다가 겨우 더듬더듬 입을 열었습니다. 목숨만 살려 달라, 용서해 달라, 소임을 다하고 계신 줄 몰랐다, 군인으로 산 지 오래라 감히 건드리면 안 되는 줄도 몰랐다 등등 변명을 구구절절이 늘어놓았죠. 그러자 아가씨가 말했습니다.

　"그때 난 정말로 의무를 다하고 있었어요. 내가 진정 사랑하는 분이 강을 따라 날 보러 오시기를 기다리고 있었단 말이에요. 내가 없는 동안 그 분이 다녀가셔서 뵙지 못하는 일이 생긴다면 당신을 작은 피라미로 바꿔버리겠어요. 그리고 물이 흐르는 한, 풀이 자라는 한 영원히 괴롭히겠어요."

피라미가 된다니 이제 다 죽었구나 싶었던 병사는 자비를 베풀어 달라고 빌고 또 빌었습니다. 아가씨는 이렇게 대답했습니다.

"나쁜 짓은 이제 그만두도록 하세요. 그러지 않으면 너무 늦었다고 후회하는 날이 올 테니까요. 앞으로는 선량한 사람이 돼서 고해성사도 꼬박꼬박 보도록 하세요. 자, 그럼 날 원래 있던 곳으로 데려가 줘요. 날 잡은 그 강으로요."

"오, 고귀하신 아가씨. 아가씨처럼 아름다운 분을 어떻게 물에 빠뜨릴 수 있겠습니까?"

그러자 병사가 채 한 마디도 더 꺼내기 전에 아가씨의 모습은 사라지고 바닥에는 한 마리 작은 송어만 남아있었습니다. 병사는 깨끗한 접시에 송어를 올리고는 아가씨가 안 계신 동안 연인이 다녀갔다면 큰일이라고 생각하며 목숨을 부지하고자 급히 뛰기 시작했습니다. 뛰고, 뛰고 또 뛰어서 동굴에 도착한 병사는 강에 송어를 던져 넣었습니다. 그러자 강물이 잠시 동안 피처럼 붉게 변했습니다. 아마도 칼에 베였기 때문에 피가 퍼졌다가 강물에 씻겨간 것이겠지요.

아직도 이 송어에는 작고 붉은 점이 남아 있답니다.[39]

자, 선생님. 그날부터 병사는 다른 사람이 되었습니다. 잘못된 행동거지를 바로잡고, 고해성사도 매번 보게 되었으며, 일주일에 세 번 정진하는 날을 정해 고기를 먹지 않았습니다. 그렇게 무서운 일을 당했으니 물고기는 정진일은 물론이고 언제든, 이런 표현은 좀 실례지만, 병사의 뱃속에 들어가는 일이 없었다고 합니다.

어쨌든 병사는 말씀드린 대로 다른 사람이 되었습니다. 그리고 머지않아 군대에서 나와 끝내는 은둔자가 되었습니다. 사람들이 말하길 '언제나 흰 송어의 영혼을 위해 기도했다'고 하더군요.

이와 같은 송어 이야기는 아일랜드 전역에서 흔히 들을 수 있다. 여러 성스러운 샘에 이렇게 축복 받은 송어가 살고 있기 때문이다. 슬라이고의 길 호수 주변에 있는 샘에도 송어가 한 마리 살고 있다.

한번은 어떤 이교도가 이 송어를 석쇠 위에 올린 적이 있다고 하는데, 그때의 석쇠 자국이 아직도 남아 있다. 이 송어는 오래 전 그 샘을 축성한 성자가 풀어 놓았다고 전해진다. 요즘은 신앙심이 깊으며 고해성사를 보고 죄를 보속한 사람에게만 보인다.

— W. B. 예이츠

---

39 *[원주] 송어의 옆구리에는 실제로 붉은 점이 있다.*

9. 요정 가시 - 얼스터 지방 민요

새뮤얼 퍼거슨

"일어나렴, 우리 애나, 그 지긋지긋한 물레 앞에서.

아버지는 언덕에 나가셨고 어머니는 주무신단다.

바위산으로 올라 하이랜드 릴 춤을 추자

절벽에 자라는 요정 가시 주위에서."

애나 그레이스네 문 앞에서 소녀들 외쳤네,

녹색 치마 입은 명랑하고 예쁜 소녀 셋.

애나 지긋지긋한 물레 옆에 실패를 내려놓았다,

네 소녀 중 애나가 가장 아름다워라, 나 생각하네.

고요한 저녁 희미한 빛 사이로 흘낏흘낏
저 멀리 드러난 목덜미와 발목 우유빛으로 물결치듯 움직이네.
자장가 노랫소리마냥 느릿느릿 흐르는 시내 뒤로 하고
무시무시한 환상처럼 하늘 위로 높이 솟은 바위산을 오른다.

손에 손을 잡고 노래를 부르며
소녀들 겁도 없이 비탈길을 올라
쓸쓸히 고운 자태 뽐내는 마가목 앞에 이르니
옆에는 회색빛, 요정의 산사나무.

호리호리 높다란 물푸레나무 사이에 선 산사나무.
쌍둥이 손녀를 무릎에 올린 노부인 같구나.
잿빛 어슴푸레한 머리 위로 마가목 열매 주렁주렁
보기에도 달콤한 붉은 입맞춤.

명랑한 네 소녀 나란히 거니니
둘씩 짝지은 사랑스러운 소녀들 사이로 당당한 마가목 줄기 뻗고
스치듯 날아가는 새들처럼 소녀들 꼬불꼬불 미로를 헤쳐 나간다.
오, 새들도 이들처럼 즐거이 노래하지 못하리라!

그러나 은빛 안개의 침묵 장엄하고
메아리조차 없는 정적 소녀들의 목소리를 삼키네.
저녁은 꿈꾸듯 요정의 언덕에 고요를 내리니
으스름 더욱 꿈만 같아라.

그리고 하나씩 하나씩 주저앉네, 마치 하늘 위 종달새 목소리
기세 좋게 나는 매 그림자가 탁 트인 숲을 가를 때 그러하듯
소녀들 목소리를 낮추며 웅크린다,
불현듯 찾아온 공포에 가슴 두근거리며.

어찌된 일인가 하니 위로는 하늘에서 아래로는 녹색 땅에서
물푸레나무에서, 그 사이에 선 늙은 산사나무에서
희미한 마법의 힘 숨에 섞여 들어왔기 때문이지.
그렇게 소녀들 함께 풀밭에 주저앉았네.

말없이 몸을 웅크린 채 살며시 몸을 나란히 붙이고
푹 숙인 아름다운 목덜미 위에 서로 사랑스러운 팔을 감았더니
벌거벗은 팔 드러나, 감추려 해도 소용없는 일.
그러면 다시 움츠린 목덜미 드러날지니.

이렇게 소녀들 서로 끌어안고 엎드려 고개를 숙이니
부드러운 가슴 위로 들리는 고동 소리
— 사람의 소리는 오로지 이것뿐 —
소녀들에게 들려오는 조용한 요정 무리의 나긋나긋 발소리,
마치 돌고 도는 하늘 위의 강물 소리.

비명조차 지르지 못하고, 기도조차 입에 올리지 못하고,
그러나 말없는 세 소녀, 공포 격렬하고 격렬하다 —
아름다운 애나 그레이스 소리 없이 끌려가는 듯해도
감히 눈을 들어 볼 수 없음이라.

소녀들 땋은 머리에 감긴 애나의 금빛 머리칼,
끌려가는 머리 따라 늘어지다
기어이 떨어지고 마는 곱슬머리를 느낀다.
몽롱한 팔 위로 미끄러지며 풀리고 마는 애나의 팔을 느낀다.
허나 이리 된 까닭을 돌아볼 수 없네.

희미한 마법 너무나도 무겁게 의식을 짓누른다,
고통스럽고 위태로운 놀라움으로 가득한 밤 내내.
두려움도 경이도 떨리는 눈을 열지 못하네,

차가운 땅 위의 팔다리 일으키지 못하네.

밤에서 벗어난 대지가 이슬 젖은 얼굴을
저 아래 요정의 산과 계곡에 남김없이 드러낼 때까지의 일.
노란 아침 햇빛 밀려와 안개가 사라질 때
소녀들의 몽환경도 사라지리.

새하얗게 질린 얼굴로 세 소녀 나는 듯 급히 산을 내려가
자기네 슬픈 이야기 걱정하던 친구들에게 전하나 헛되구나 —
그리움에 잠긴 소녀들 1년도 지나기 전에 세상을 떠나고
애나 그레이스는 다시 볼 수 없었다네.

10. 녹그래프턴 전설

T. 크로프턴 크로커

    옛날 옛적, 음산한 갤티 산맥 산자락의 아헐로라는 비옥한 산골짜기에 등 위로 커다란 혹이 달린 불쌍한 사내가 하나 살고 있었다. 혹이 어찌나 큰지 마치 몸을 동그랗게 숙이고 어깨 위에 혹을 올려놓은 것처럼 보였다. 머리도 혹의 무게에 심히 짓눌려 있었기에 앉을 때면 무릎 위에 턱을 올려서 머리를 받쳐야만 했다.

    이 고장 사람들은 인적이 드문 곳에서 그와 마주치기를 그리 달갑게 여기지 않았다. 가엾은 사내는 갓 태어난 아기만큼이나 순수해서 악의라고는 찾아볼 수 없었고, 남에게 해를 끼칠 줄도 몰랐다. 하지만 너무나도 기형적인 겉모습 때문에 도저히 사람으로 보이지 않았던 것이다. 게다가 마음씨 나쁜 사람들이 그에 관해 이상한 소문을 퍼뜨린 것도 한몫했다. 그가 약초와 마법에 일가견이 있다는 소문이었다. 하지만 확실한 것은 짚과 골풀을 엮어 모자나 바구니를 만드는 솜씨가 뛰어나서 그걸로 생계를 이어나가고 있다는 사실뿐이었다.

사내는 '루즈모어'라는 별명으로 불렸다. 언제나 작은 밀짚모자를 쓰고 다니는데, 이 모자를 '요정의 모자'라고도 부르는 루즈모어(디기탈리스) 가지로 장식했기 때문이다. 그가 엮어 만든 모자나 바구니는 다른 사람들이 만든 것보다 더 높은 가격에 팔려나갔다. 아마도 이를 시기한 누군가가 나쁜 소문을 지어내 퍼뜨린 듯했다.

어쨌든 루즈모어가 케어라는 아름다운 마을을 떠나 카파로 돌아오던 어느 날 밤의 일이었다. 루즈모어는 등에 달린 큰 혹 때문에 아주 천천히 걸어야 했으므로, 길 오른편에 녹그래프턴의 오래된 고분이 나타났을 무렵에는 이미 밤이 꽤 깊어 있었다. 지칠 대로 지친 루즈모어는 아직도 갈 길이 멀어서 밤새 걸어야 한다고 생각하니 도통 마음이 편하지가 않았다. 그래서 잠시 쉬어가고자 고분 아래에 앉아 처량하게 달을 바라보았다.

"엄숙한 구름에 감싸여 하늘에 오르니, 마침내
그 누가 봐도 명백한 여왕이여,
베일을 걷어 비할 데 없는 빛을 발하시고

어둠 위로 은빛 망토를 벗어 던지시네."

얼마 지나지 않아 이 세상의 것이라고는 생각할 수 없는 신나는 선율이 루즈모어의 귓가로 들려왔다. 이처럼 황홀한 음악은 들어본 적이 없었다. 마치 수많은 목소리가 서로 다른 목소리와 아주 기묘하게 어우러지고 뒤섞여서 하나의 목소리가 된 듯했다. 저마다 다른 선율로 노래하고 있는데도 말이다. 가사는 이러했다.

데 루안, 데 모르트, 데 루안, 데 모르트, 데 루안, 데 모르트
(월요일, 화요일, 월요일, 화요일, 월요일, 화요일)

이 뒤로는 잠깐 멈췄다가 처음과 똑같은 가락이 다시 되풀이되었다.

루즈모어는 행여 아주 미미한 음 하나라도 놓칠세라 숨마저 죽여가며 열심히 귀를 기울였다. 노랫소리는 고분 안쪽에서 들려오는 것이 분명했다. 하지만 처음에는 몹시 매력적이었던 선율도 계속 똑같은 노래가 조금도 달라지지 않고 되풀이되자 싫증이 나기 시작했다. 그래서 '데 루안, 데 모르트'가 세 번 나온 다음에 쉬는 부분을 틈타 앞의 선율에 맞추어 한층 높은 음으로 '아구스 데 캐딘(그리고 수요일도)'이라고 노래했다. 그리고 이어서 고분 안쪽의 목소리와 함께 '데

루안, 데 모르트' 부분을 노래하다가 다시금 쉬는 부분에 이르자 '아구스 다 캐딘'이라고 덧붙여 가락을 완성했다.[5]

이 노래는 요정의 노래였다. 녹그래프턴의 요정들은 루즈모어가 덧붙인 가락을 듣고 몹시 기뻐하며 자기들보다 음악성이 훨씬 뛰어난 인간을 데려오자고 즉석에서 결정했다. 작은 루즈모어는 엄청난 속도의 회오리바람에 휩쓸려 요정들 사이로 실려 왔다.

가벼운 지푸라기처럼 빙글빙글 도는 루즈모어의 움직임에 박자를 맞춰 세상에서 가장 달콤한 음악이 들려오고, 그렇게 고분 안쪽에 내려선 루즈모어의 눈에는 놀라운 광경이 펼쳐졌다. 그를 다른 모든 음악가들보다 더 높이 평가한 요정들이 최고의 경의를 표했던 것이다. 시중들 하인을 붙여주는 것은 물론, 그의 마음에 들 만한 것은 무엇이든 다 해주며 따뜻하게 환영해 주었다. 간단히 말하자면, 그가 이 땅에 처음 나타난 인간이라도 된 것처럼 대했다.

곧이어 루즈모어는 요정들 사이에서 큰 회의가 열리고 있는 것을 알아차렸다. 그때까지 요정들이 아주 정중하게 대해주었는데도 루즈모어는 잔뜩 겁에 질렸다. 그러자 요정 하나가 나서서 루즈모어에게로 다가가 이렇게 말했다.

"루즈모어! 루즈모어!

의심하지도 말고, 슬퍼하지도 말길.

당신이 등 뒤에 달고 있던 혹

이제 사라지고 없으니.

바닥을 내려다보면

혹이 보이지 않는가, 루즈모어!"

　이 말을 듣자 작고 불쌍한 루즈모어는 정말 행복한 기분에 사로
잡혔고 몸이 아주 가벼워진 것만 같았다. 고양이와 바이올린 노래[40]
에 나오는 암소처럼 한 번 뛰어오르면 달이라도 뛰어넘을 것만 같
았다. 정말로 혹이 어깨에서 떨어져 땅 위에 뒹구는 것을 보았을 때
의 기쁨은 이루 말로 다할 수 없었다.

　루즈모어는 이제 늘 숙이고 있던 머리를 들어보기로 했다. 단, 지
금 서 있는 큰 연회장의 천장에 머리를 부딪칠 수도 있었기 때문에
아주 조심스레 들었다. 모든 것이 놀랍고도 기뻐서 루즈모어는 자꾸
만 여기저기 두리번거렸다. 모든 것이 갈수록 더 아름다워 보였다.
휘황찬란한 광경에 압도당한 루즈모어는 현기증을 느꼈고 눈앞이
흐려졌다. 그리고 마침내 쓰러져서 깊은 잠에 빠져들었다.

　다시 깨어났을 때는 이미 태양이 밝게 빛나고 새들이 달콤하게

40　영국의 동요. 가사는 다음과 같다.
　　헤이 디들 디들 / 고양이와 바이올린 / 암소는 달을 뛰어넘고 / 재미난 광경에 / 강아지 웃는다 / 접
　시는 숟가락과 함께 달아났네.

노래하는 한낮이었다. 루즈모어는 녹그래프턴 고분 밑에 누워 있었고, 주위에서는 암소며 양들이 평화롭게 풀을 뜯고 있었다. 루즈모어는 우선 기도부터 올린 뒤, 제일 먼저 손을 등 뒤로 가져가 혹을 더듬어보았다. 하지만 혹은 전혀 느껴지지 않았다. 루즈모어는 자신을 아주 자랑스럽게 바라보았다. 이제 그는 작고 날렵한 몸매의 잘생긴 청년이 되었던 것이다. 게다가 머리부터 발끝까지 새 옷을 차려입고 있었는데, 아마도 요정들이 만들어준 모양이었다.

루즈모어는 발걸음도 가볍게 카파로 향했다. 마치 평생을 춤의 대가로 살아온 듯, 한 걸음 한 걸음 가볍게 뛰어오르며 걸었다. 아무도 혹이 없는 루즈모어를 알아보지 못했다. 따라서 만나는 사람마다 자기가 바로 그 루즈모어라는 걸 믿게 하는 것도 아주 큰일이었다. 사실 겉모습만 보면 그 둘은 같은 사람이 아니었으니 말이다.

당연하게도 그리 오래 지나지 않아 루즈모어의 혹 이야기는 널리 퍼져나갔다. 그리고 이 이야기를 들은 사람들은 누구 하나 빠짐없이 깜짝 놀랐다. 멀리 떨어진 고장에서도, 신분이 높든 낮든 상관없이 모두 루즈모어의 이야기를 했다.

어느 날 아침, 루즈모어가 마음 편히 오두막집 문 앞에 앉아 있는데, 한 노파가 와서는 카파로 가는 길을 알려줄 수 있겠냐고 물었다.

"알려드릴 것도 없답니다, 할머니. 여기가 바로 카파예요. 누구를 찾아오셨죠?"

"나는 워터퍼드 주의 디시즈라는 마을에서부터 루즈모어라는 사람을 찾아 여기까지 왔다우. 들자하니 요정들이 그 사람 혹을 없애줬다고 해서 말이지. 내 친구한테 아들이 하나 있는데, 그 아들한테도 혹이 있어서 그것 때문에 죽을 거라고 하거든. 그러니까 루즈모어랑 똑같은 마법을 쓸 수 있으면 혹이 떨어지려나 해서 말이우. 자, 이제 내가 왜 이렇게 멀리까지 왔는지 아시겠수? 그 마법이란 게 뭔지 알아내려는 거라우."

원체 본성이 착했던 루즈모어는 노파에게 자신이 겪은 일을 아주 자세하게 알려주었다. 노래의 가락을 높여 불러서 녹그래프턴의 요정들을 기쁘게 한 일이며, 어깨에서 혹이 떨어진 일, 또 새 옷을 얻은 일까지 남김없이 말해주었다.

노파는 무척이나 고마워하며 기쁘고 편안한 마음으로 돌아갔다. 그리고 워터퍼드 주의 친구 집으로 가서 루즈모어에게 들은 이야기를 남김없이 전했다. 두 노파는 등에 혹이 난 왜소한 아들을 마차에 태우고 다시 카파까지 길을 떠났다. 아주 긴 여행이었지만 혹만 떼어낼 수 있다면 아무래도 좋았다. 밤이 될 무렵 녹그래프턴에 도착한 노파들은 아들을 오래된 고분 밑에 남겨두고 가버렸다.

혹이 난 사내는 잭 매든이라고 했다. 루즈모어와 달리 날 때부터 괴팍하고 교활한 사내였다. 얼마간 고분 밑에 앉아 있으니 머지않아 안쪽에서 예전보다 훨씬 감미로운 곡조가 들려왔다. 요정들이 루즈모어가 덧붙인 방식대로 노래를 불렀기 때문이다.

데 루안, 데 모르트, 데 루안, 데 모르트, 데 루안,

데 모르트, 아구스 데 캐딘.

이제 노래에는 쉬는 부분이 없었다. 잭 매든은 어서 혹을 떼어버리고 싶어서 마음이 급했다. 그래서 요정들이 노래를 끝내는 것을 기다리지도 않았고, 루즈모어가 부른 것보다 더 높은 선율을 덧붙일 적당한 기회를 찾으려 하지도 않았다. 그래서 요정들이 쉬지 않고 같은 노래를 일곱 번 반복하자, 박자도 노래의 분위기도 신경 쓰지 않았다. 또 가사가 적당히 어우러지게 할 궁리조차 없이 그저 목소리만 높여서 노래했다. '아구스 데 캐딘, 아구스 데 헤나(그리고 수요일도. 그리고 금요일도.)' 하루보다는 이틀이 나을 것이고, 루즈모어가 새 옷을 한 벌 받았다면 자기는 두 벌을 받겠다고 생각했기 때문이다.

노래를 채 마치기도 전에 잭 매든은 엄청난 힘에 의해 고분 속으로 옮겨졌다. 요정들은 몹시 화가 나서 그를 둘러싸고 저마다 날카롭게 소리를 지르기도 하고, 비명을 내지르기도 하며 이렇게 외치기도 했다.

"우리 노래를 망친 놈이 누구냐? 우리 노래를 망친 놈이 누구냐?"

그리고 한 요정이 앞으로 나서서 말했다.

"잭 매든! 잭 매든!

네 가사 어울리지 않는구나,

우리 즐기던 곡조에.

네가 이 성에 온 이유,

우리가 선사할 슬픈 삶일지니.

이제 혹 두 개를 달고 다녀라, 잭 매든!"

그러자 스무 명의 힘 센 요정이 루즈모어의 혹을 가져와 불쌍한 잭 매든의 등에 달린 혹 위로 내려놓았다. 혹은 제일 솜씨 좋은 목수가 8cm 길이의 못을 박아 고정한 것처럼 단단히 들러붙었다. 그 다음 요정들은 그를 자기들의 성에서 쫓아냈다.

다음날 아침, 아들을 데리러 온 잭 매든의 어머니와 친구는 그가 반죽음이 돼서 고분 밑에 누워 있는 것을 발견했다. 등에는 또 다른 혹까지 달려 있었다. 놀란 두 노파는 서로 얼굴을 바라보기는 했지만, 자기들 어깨 위에도 혹이 달라붙을까봐 무서워서 아무 말도 하지 못했다.

그들은 불쌍한 잭 매든을 집으로 데려왔다. 둘 다 전에 없이 낙담한 표정에 무거운 마음이었다. 새로 생긴 혹의 무게와 긴 여행의 피로가 겹쳐서 잭 매든은 곧 세상을 떠났다. 들려오는 이야기로는 다시금 요정의 노래를 들으러 가는 사람이 있다면 무서운 저주가 내릴 것이라는 유언을 남겼다고 한다.

11. 도니골의 요정

러티샤 매클린톡

그래요. 요정들의 기분을 상하게 하는 것은 분명 좋지 않아요. 요정들은 화가 나면 야박해질 수 있거든요. 반면, 친절하게 대해주면 최고로 좋은 이웃이 될 수도 있죠.

저희 이모가 하루는 혼자 집에 있었는데 불 위에 큰 솥을 올려놓고 물을 끓이고 있었대요. 그런데 작은 요정 하나가 굴뚝에서 떨어져서는 뜨거운 물에 다리를 빠뜨렸지 뭐예요.

요정은 끔찍한 비명을 내질렀죠. 그러니까 금세 집 안으로 요정들이 잔뜩 몰려와서 동료를 냄비에서 끌어내 바닥으로 옮겼답니다.

"저 여자가 한 짓이야?"

저희 이모가 요정이 이렇게 말하는 걸 들었다고 해요.

"아냐, 아냐. 내가 잘못해서 덴 거야."

물에 빠졌던 요정은 이렇게 대답했고요.

"그래, 그렇구나."

요정들이 말했답니다.

"네가 잘못해서 덴 거라면 어쩔 수 없지. 하지만 저 여자가 한 짓 이었다면 대가를 치르게 해줬을 거야."

CHAPTER 2
체인질링

●●● 요정들은 때때로 마음에 드는 인간을 자기들 나라로 데려간다. 대신 병약한 요정 아이나 통나무를 남겨두는데, 대부분 마법을 걸어두기 때문에 사람이 점점 여위어가다가 죽는 것으로 보여 땅에 묻히게 된다.

요정들은 사람들 중에서도 아이들을 제일 많이 훔쳐간다. 누군가 "아이를 노려본다면", 즉, 질투에 사로잡힌 표정으로 바라보고 있다면 요정이 그 아이에게 힘을 발휘한 것이다. 요정이 바꿔치기한 아이, 즉 **체인질링**(change-ling)을 찾아내는 방법에는 여러 가지가 있다. 하지만 확실한 방법은 단 한 가지다. 아이를 불 위에 눕히고 이렇게 말하는 것이다.

"타라, 타라, 타라, 악마에게 속하면 타되 신과 성자에게 속하면 무해하라."(레이디 와일드 제보)

만약 아이가 체인질링이라면 비명을 지르며 굴뚝 위로 뛰어올라갈 것이다. 기랄두스 캄브렌시스에 의하면 "불은 모든 종류의 유령에게 있어 가장 큰 적이며, 유령을 본 적이 있는 사람도 밝게 타오르는 불을 보면 곧바로 기절할 정도"이기 때문이다.

가끔은 좀 더 온화한 방법으로 체인질링을 쫓아낼 수도 있다. 기록에 따르면, 옛날에 한 아이 엄마가 빼빼 마른 체인질링 위로 몸을 숙이고 바라보고 있었다. 그랬더니, 문의 걸쇠가 올라가고 요정이 잃어버렸던 건강한 아이를 데려온 일이 있었다고 한다.

"아이를 훔쳐간 건 다른 녀석들이야."

요정은 이렇게 말했다. 그 요정 역시 자기 아이를 돌려받길 원했던 것이다. 한편, 일부의 이야기에 의하면 요정들이 데려간 아이들은 음악과 웃음소리에 둘러싸여 풍요롭게 잘 지낸다고 한다. 하지만 다른 의견에 의하면, 아이들은 속세의 친구들을 계속해서 그리워한다.

레이디 와일드는 요정에는 두 가지 종류가 있다는 음울한 전설을 전한다. 한 종류는 명랑하고 순하지만, 다른 한 종류는 매년 사탄에게 제물을 바치기 위해 인간을 훔친다는 전설이다. 다른 아일랜드 작가들에게서는 이런 전설을 들어보지 못했다. 만약 그런 사악한 요정이 있다면 푸카^{púca}나 파르 댜르그^{Fear Dearg} 등 홀로 지내는 요정들 중 하나임이 틀림없다.

— W. B. 예이츠

1. 달걀 껍데기 끓이기

T. 크로프턴 크로커

설리번 부인은 '요정 도둑'이 막내 아이를 바꿔치기 했다고 생각했다. 겉모습을 보면 확실히 그렇게 생각할 수밖에 없었다. 파란 눈의 건강하던 사내아이가 단 하룻밤 사이에 빼빼 말라서 쪼글쪼글해졌으니 말이다. 게다가 아이는 끊임없이 악을 쓰고 울어대거나 소리를 질러댔다. 그러니 가엾은 설리번 부인이 몹시 불행한 것도 당연한 일이었다. 이웃들은 모두 그녀를 위로하고자 부인의 아이가 요정들과 함께 있는 것은 의심할 것도 없고, 요정 하나가 아이의 자리를 대신 차지하고 있는 것이라고 말했다.

설리번 부인 역시 사람들이 입을 모아 하는 말을 믿지 않을 수가 없었다. 하지만 요람에 누워 있는 아이를 다치게 하고 싶지는 않았다. 아무리 얼굴이 쪼글쪼글하게 말라버렸어도, 빼빼 마른 몸이 마치 해골이나 다름없더라도 이 아이는 역시 부인의 아들과 꼭 닮았던 것이다. 그래서 번철 위에 산 채로 아이를 올려 굽거나 빨갛게 달아오른 부젓가락으로 코를 떼어내는 짓, 혹은 눈 내리는 길가에 내다 버리는 짓은 도저히 할 수 없었다. 그런데도 주위에서 잃어버린 아들을 되찾을 방법이라며 적극적으로 권하는 것은 다 비슷한 방법뿐이었다.

그러던 어느 날, 설리번 부인은 그 고장에서 엘렌 레아(백발의 엘렌)라는 이름으로 잘 알려진 지혜로운 여인을 만났다. 엘렌에게는 특별한 능력이 있었다. 어떻게 얻게 된 능력인지는 모르지만 죽은 사람이 어디 있는지, 그들의 영혼을 달래려면 어떻게 해야 하는지 사람들에게 가르쳐주곤 했다. 또 마법을 써서 사마귀나 종기를 없애주기도 했고, 그 비슷하게 놀라운 일들을 수도 없이 해내곤 했다.

"아침부터 슬퍼 보이네요, 설리번 부인."

엘렌 레아는 설리번 부인을 만나자마자 이렇게 말했다.

"정말 그렇답니다, 엘렌. 제가 슬픈 데는 다 그럴 만한 이유가 있어요. 요람에 누워 있던 잘생긴 우리 아들을 '허락하신다면'이라든가, '괜찮으시다면' 같은 말 한 마디 없이 누가 데려가 버렸거든요. 게다가 아들이 있던 자리는 작고 못생긴데다가 피골이 상접한 요정이 차지하고 있으니, 슬퍼할 수밖에요, 엘렌."

“그건 당신 탓이 아니에요, 설리번 부인. 그런데 정말로 요정이 확실해요?”

“확실해요! 확실하니까 이렇게 슬퍼하고 있죠. 내 두 눈을 어떻게 의심하겠어요? 아이를 가져본 적이 있는 엄마라면 모두 날 동정할 거예요!”

“그럼 이 노인네의 충고대로 해보겠어요?”

엘렌 레아는 불행한 아이 엄마에게 홀린 듯한 신비로운 시선을 고정했다. 그리고 조금 뒤 이렇게 덧붙였다.

“아무리 어처구니없는 얘기 같더라도요?”

“우리 아이를 되찾아줄 수 있어요, 엘렌?”

설리번 부인이 무척 흥분해서 대답했다.

“내가 시키는 대로 해보면 알게 될 거예요.”

설리번 부인은 기대감에 차서 아무 말이 없었다.

“큰 솥에 물을 가득 채워서 불 위에 올려요. 아주 펄펄 끓여야 해요. 그 다음, 갓 낳은 달걀을 열두 개 가져와서 깨는데, 껍데기는 두고 속은 버려요. 그 껍데기를 끓는 물속에 넣으세요. 그럼 그 아이가 당신 아들인지, 요정인지 금방 알 수 있을 거예요. 요람에 누워 있는 게 요정이라는 걸 알게 되면 부지깽이를 빨갛게 달궈가지고 그 흉측한 목구멍으로 쑤셔 넣어요. 그렇게만 하면 더는 요정 때문에 골치 아플 일이 없을 테니까. 장담해요.”

설리번 부인은 집으로 돌아와 엘렌 레아가 알려준 대로 했다. 불 위에 솥을 올리고 토탄을 잔뜩 써서, 물이 빨갛게 달아오르는 것이었다면 정말 그렇게 됐을 정도로 펄펄 끓였다.

그러자 놀랍게도 요람에 누워 있던 아이가 아주 순하고 얌전해지더니 추운 밤하늘의 별처럼 날카롭게 반짝이는 눈을 들어 활활 타오르는 불길이나 그 위에 올려놓은 큰 솥을 슬쩍슬쩍 엿보았다. 설리번 부인이 달걀을 깨고 껍데기를 물속에 넣는 모습도 아주 주의 깊게 살펴보았다. 마침내 아이가 입을 열었다.

"뭐해요, 엄마?"

늙은 남자 목소리였다. 나중에야 한 얘기지만 설리번 부인은 이 목소리를 들었을 때 심장이 입까지 튀어 나와서 숨을 못 쉴 지경이었다고 한다. 하지만 용케도 부지깽이를 들어 불 속에 집어넣은 다음, 놀라는 기색 없이 이렇게 대답했다.

"끓이고 있단다, 아빅(아들아)"

"뭘 끓이는데요, 엄마?"

작은 요정이 말했다. 요람의 아기가 말을 하다니 자연적으로는 있을 수 없는 능력이었다. 그러니 그 아이가 바꿔치기 된 요정이라는 것은 의심할 여지가 없었다.

'부지깽이가 빨갛게 달아올랐으면 좋겠는데.'

설리번 부인은 부지깽이가 워낙 커서 달아오르려면 시간이 오래 걸리리라 판단했다. 그래서 요정의 목구멍 속에 밀어 넣어도 될 만큼 달아오를 때까지 말을 시켜서 시간을 벌기로 결심하고, 질문을 되풀이했다.

"엄마가 끓이는 거? 우리 아들, 그게 궁금하니?"

"네, 엄마. 뭘 끓이세요?"

요정이 대답했다.

"달걀 껍데기란다, 아들아."

"오!"

요정이 소리를 지르며 요람에서 벌떡 일어나 양손을 마주 부딪치며 말했다.

"내가 1,500년을 살았는데, 달걀 껍데기 끓이는 건 처음 보네!"

이제 부지깽이가 아주 빨갛게 달아올라 있었다. 설리번 부인은 그 부지깽이를 들고 맹렬하게 요람으로 달려갔다. 그러나 어쩐 일인지 발이 미끄러져서 바닥에 엎어지고 말았고 부지깽이는 집 반대편으로 날아가 버렸다. 하지만 부인은 지체 없이 일어나서 요람으로 갔다. 이 사악한 요정을 끓는 물속에라도 집어넣을 생각이었다.

그런데 요람 속을 들여다보니 부인의 진짜 아들이 부드럽고 통통한 팔 한쪽을 베개 위에 올리고 달콤한 잠에 빠져 있었다. 단 한 번도 잠에서 깬 적이 없는 듯 평온한 얼굴이었다. 오로지 장밋빛 입술만이 규칙적으로 부드럽게 숨을 들이마시다가 또 내쉬고 있었다.

2. 요정 유모

에드워드 월시

사랑스러운 아이야! 황금 요람에 안겼구나,

눈처럼 하얗고 부드러운 양털에 감싸였구나.

공중의 나무 그늘에서 나는 잠든 너를 바라본다.

우거진 나뭇가지 사이로 산들바람 스쳐가네.

슈힌, 쇼, 룰로 로!

엄마들 상심에 빠져 괴로워할 때,

젊은 아내들 남편과 이별할 때,

아! 통곡하는 이들을 외롭다 여기는 이 없네,

세월에 스러지는 요정을 위한 눈물일 뿐이니.

슈힌, 쇼, 룰로 로!

환한 우리 마법의 회장 안에는

눈처럼 흰 발이 잔뜩 오간다.

훔쳐온 처녀들, 요정들의 여왕들 —

그리고 요정들의 왕들, 공기의 요정들을 다스리는 우두머리들.

슈힌, 쇼, 룰로 로!

편히 쉬렴, 아이야! 나는 너를 참으로 사랑한단다,

너를 낳아준 사람 엄마 못지않게.

우리들의 말은 세상에서 가장 날랜 말, 늠름한 말,

요정들 발소리 크게 울려 퍼지는 곳으로 간단다.

슈힌, 쇼, 룰로 로!

편히 쉬렴, 아이야! 네 잠도 곧

마법의 — 쉬[41] 노랫소리에 달아날 테니.

공중의 나무 그늘에서 나는 잠든 너를 바라본단다.

우거진 나뭇가지 사이로 산들바람 스쳐가네.

슈힌, 쇼, 룰로 로!

41　[원주] *Ceol-sidhe, 요정의 음악.*

3. 제이미 프릴과 젊은 아가씨
- 도니골 지방의 이야기

러티샤 매클린톡

옛날 옛적, 파나드 지방 남쪽에 제이미 프릴이란 청년이 어머니와 함께 살고 있었다. 제이미는 홀어머니를 먹여 살릴 유일한 가족이었기에 튼튼한 팔로 지칠 줄 모르고 열심히 일했다. 그리고 토요일 밤이 찾아오면 꼬박꼬박 어머니의 무릎 위에 한 주간 번 돈을 올려주었다. 또 어머니가 담뱃값으로 반 페니를 건네주면 예의바르게 감사 인사를 건넸다.

제이미는 이웃들한테 평생 본 적도, 들어본 적도 없는 최고의 아들이란 극찬을 받았다. 하지만 그에 대해 어떻게 생각하는지 알 수 없는 이웃도 있었다. 아주 가까운 곳에 살고 있지만 한 번도 본 적이 없는 이웃. 5월 전야나 11월 전야가 아니라면 사람들 눈에는 거의 보이지 않는 이들이었다.

　제이미의 오두막집에서 400m쯤 떨어진 곳에는 낡고 무너진 성이 있었는데, 사람들은 그곳에 '작은 사람들(요정들)'이 산다고 믿었다. 10월 31일 밤만 되면 성의 낡은 창이 불빛으로 환해졌다. 그리고 주변을 지나다보면 피리와 플루트 음악 소리가 들려왔으며, 작은 사람 형상이 성 안팎으로 오가는 모습이 보이곤 했기 때문이다.

　다시 말해 이 성은 요정들의 잔치가 벌어지는 곳으로 잘 알려져 있었다. 하지만 잔치에 끼어들 용기가 있는 사람은 아무도 없었다.

　제이미는 멀리서 작은 형체를 지켜보거나 매혹적인 음악 소리를 들으면서 종종 성 안은 어떤 모습일까 궁금해 했다. 그러던 어느 핼러윈 밤, 제이미는 자리에서 일어나 모자를 챙기고 어머니에게 말했다.

　"성에 가서 행운을 찾아보겠어요."

　"뭐라고! 감히 그 안에 들어가겠단 말이냐? 이 불쌍한 어미한테는 너뿐인데! 그렇게 무모하고 어리석게 굴지 말거라, 제이미! 요정들이 널 죽일 거야. 그럼 이 어미는 어쩌면 좋니?"

　"걱정 마세요, 어머니. 아무 일 없을 거예요. 어쨌든 전 꼭 가야겠어요."

　제이미는 집을 나서서 감자밭을 가로질러 성이 보이는 곳까지 갔다. 창문의 불빛이 타오르듯 환하게 빛나서 돌능금나무의 가지에 아직 남아 있던 적갈색 잎이 황금색으로 물들었다.

제이미는 성터의 한쪽에 있는 숲에 몸을 숨기고 요정들의 잔치에 귀를 기울였다. 웃음소리와 노랫소리가 그의 결심을 더욱 부채질했다.

성 안에는 제일 크다고 해봐야 다섯 살 난 아이 정도인 작은 사람들이 잔뜩 모여서 플루트와 바이올린 음악에 맞춰 춤을 추거나 먹고 마시며 잔치를 즐기고 있었다.

"어서 와, 제이미 프릴! 어서 와, 잘 왔다구, 제이미!"

손님이 온 것을 알아차린 요정들이 외쳤다. 여기저기 성 안의 요정들이 하나같이 '어서 와'라고 인사를 건넸다.

시간이 흐르고 제이미가 한참 잔치를 즐기고 있을 무렵 요정들이 말했다.

"우리 오늘 밤 더블린으로 가서 젊은 아가씨를 하나 훔쳐올 건데. 같이 갈 텐가, 제이미 프릴?"

"그럼 물론이지!"

모험에 목마른 무모한 젊은이가 대답했다.

문 밖에 말들이 서 있었다. 제이미가 말에 오르자, 말은 곧 그를 태운 채 공중으로 날아올랐다. 이내 제이미는 요정 무리들에 둘러싸여서 어머니가 계신 오두막을 지나 계속해서 험한 산과 낮은 언덕을 넘고 스윌레이 호수를 건넜다. 사람들이 밤을 굽거나 사과를 먹으며 즐거운 핼러윈 밤을 보내고 있는 마을과 오두막집도 지나갔다.

제이미의 눈에는 마치 더블린까지 가기 전에 아일랜드 전역을 한 바퀴 돌아보는 것만 같았다.

"여기는 데리!"

교회 첨탑 위를 날아가며 요정들이 외쳤다. 누구 하나가 외치면 나머지가 따라 외치는데, 50명이 다 외칠 때까지 "데리! 데리! 데리!" 하고 계속해서 외치는 식이었다.

이런 식으로 제이미는 가는 길에 있는 마을 이름을 하나씩 알게 되었다. 그리고 마침내 은방울처럼 맑은 목소리가 외쳤다.

"더블린! 더블린!"

요정들이 찾아가는 영광을 입는 곳은 평범한 집이 아니라 세인트 스티븐스 그린[42] 주위의 집들 중에서도 가장 훌륭한 집이었다.

요정 무리는 창가로 다가가 말에서 내렸다. 제이미는 베개에 기대어 화려한 침대 위에 누워 있는 아름다운 얼굴을 보았다. 그리고 요정들이 이 아가씨를 들어 올려서 데려가는 것도, 아가씨 자리에 넣어둔 나무토막이 그녀와 똑같은 모습으로 변하는 것도 보았다.

요정들은 하나가 아가씨를 앞에 태우고 가다가 다음 요정에게 넘기는 식으로 고향을 향해 말을 달렸다. 올 때와 마찬가지로 지나가는 마을마다 이름을 외치는 것도 잊지 않았다.

---

42 더블린 중심지에 있는 공원.

고향에 거의 다 왔을 무렵이었다. "라스 물란", "밀포드", "탐니" 하고 외치는 소리를 들으니 제이미는 자기 집이 바로 근방이라는 것을 알 수 있었다.

"다들 돌아가며 순서대로 아가씨를 옮겼는데, 나도 잠시 맡아보면 어떻겠어?"

제이미가 이렇게 말하자 요정들이 유쾌하게 대답했다.

"그래, 제이미. 당연히 네 차례도 있어야지."

제이미는 아가씨를 꼭 붙잡고는 어머니가 있는 집 쪽으로 내려갔다.

"제이미 프릴, 제이미 프릴! 이게 네가 우리들한테 할 짓이냐?"

이렇게 외치며 요정들 역시 제이미를 따라 내려왔다.

요정들이 아가씨를 갖가지 모습으로 바꾸어 놓았기 때문에 제이미는 자기가 뭘 붙잡고 있는지도 모른 채로 그저 단단히 잡고만 있었다. 아가씨는 사납게 짖어대면서 제이미를 깨물려 하는 검은 개로 변했다. 또 벌겋게 달아올랐지만 뜨겁지 않은 쇠막대기로도 변했다. 그 다음에는 양털이 든 자루로 변하기도 했다.

그래도 제이미는 변함없이 아가씨를 놓지 않았다. 생각대로 되지 않자 요정들은 돌아가기 시작했다. 그리고 무리에서 제일 작은 여자 요정 하나가 외쳤다.

"제이미 프릴이 우리에게서 아가씨를 빼앗아 갔지만 아무 소용없으리라. 내가 아가씨를 귀머거리에 벙어리로 만들어 버릴 테니까."

이렇게 말하자마자 요정은 아가씨에게로 무언가를 던졌다.

실망한 요정들이 발길을 돌리는 사이 제이미는 걸쇠를 열고 집 안으로 들어갔다. 아들을 본 어머니가 큰 소리로 말했다.

"제이미, 얘야! 밤새 어디 있었니. 요정들이 너한테 무슨 짓을 했어?"

"나쁜 짓은 안 했어요, 어머니. 오히려 최고의 행운을 찾았는걸요. 여기 어머니랑 함께 지내 줄 젊고 예쁜 아가씨를 데려왔어요."

"세상에나, 이게 무슨 일이람!"

어머니가 놀라서 소리쳤다. 어찌나 놀랐는지 이밖에 뭐라고 말을 해야 할지 알 수가 없어서 한동안 말을 잇지 못했다.

제이미는 밤사이 겪은 모험담을 어머니에게 들려주고는 마지막에 덧붙였다.

"이 아가씨가 요정들한테 영원히 사로잡혀서 지내게 내버려두는 건 어머니도 당연히 허락하지 않으셨겠죠?"

"하지만 귀하신 아가씨란다, 제이미! 귀하게 살던 분이 어떻게 우리처럼 형편없는 음식을 먹고 우리처럼 가난하게 살 수 있겠니? 그걸 묻고 싶구나, 이 어리석은 것아."

"그래도 어머니, 여기서 지내는 게 저쪽에서 지내는 것보다 확실히 더 낫잖아요."

제이미가 성 쪽을 가리키며 말했다.

그 사이 귀가 먹고 말도 못하게 된 아가씨는 몸을 떨다가 보잘 것 없는 불 옆으로 다가갔다. 그도 그럴 것이 얇은 잠옷 한 벌만 걸치고 있었던 것이다.

"가엾어라. 정말 고귀하고 아름다운 아가씨구나! 요정들이 눈여겨 본 것도 이상하지 않아."

늙은 어머니는 동정과 감탄이 섞인 눈으로 손님을 바라보며 말했다.

"일단 옷부터 입혀줘야겠다. 하지만 무슨 수로 나한테 이런 높은 사람들한테 어울리는 옷이 있겠니?"

어머니는 보잘 것 없는 '방' 안의 옷장에서 일요일에 입는 갈색 모직 드레스를 끄집어냈다. 그리고 서랍에서 고운 리넨으로 길게 짠, 눈처럼 하얀 스타킹 한 켤레와 집 안에서 쓰는 레이스 모자를 꺼냈다. 평소 '수의'라고 부르던 것이었다.

언젠가 자신이 주역이 될 슬픈 의식을 치르는 날이 올 때를 대비해서 오래 전 준비해 둔 옷가지들이었다. 한 번씩 밖에 널어서 바람을 쏘이게 할 때를 빼면 햇빛을 보지 못할 정도로 귀하게 모셔둔 옷들이었다. 하지만 어머니는 덜덜 떨고 있는 아름다운 손님에게 이 옷가지들을 기꺼이 내주었다. 아가씨는 깊은 슬픔 속에서도 무언가 묻는 듯한 시선으로 어머니와 제이미를 번갈아가며 바라보았다.

힘겹게 옷을 입은 가여운 아가씨는 구석진 굴뚝 옆 세 발 의자에 앉아서 손에 얼굴을 묻었다.

"이런 귀한 아가씨를 어떻게 먹여 살리누?"

어머니가 말했다.

"제가 어머니랑 아가씨 두 사람을 위해 일할게요."

아들이 대답했다.

"하지만 이렇게 귀한 아가씨가 어찌 우리처럼 형편없이 먹고 산 단 말이냐?"

어머니가 다시 말했다.

"제가 아가씨를 위해서 더 열심히 일할게요."

제이미가 할 수 있는 말은 이게 다였다.

　제이미는 자기 말에 책임을 졌다. 젊은 아가씨는 한참 동안 깊은 슬픔에 빠져 있었다. 밤마다 늙은 어머니가 난롯가에서 실을 잣고, 제이미가 아가씨를 조금이라도 더 편히 지내게 해주고 싶은 마음에 새로이 익힌 대로 연어잡이 그물을 만들고 있을 때에도 아가씨의 볼을 따라 눈물이 흘러내리는 날이 많았다.

　하지만 아가씨는 언제나 예의 바르게 행동했고, 누군가 자기를 바라보고 있는 것을 느끼면 미소로 답하려고 애썼다. 그리고 서서히 제이미네 생활 방식에 적응했다. 머지않아 돼지에게 먹이를 주고 감자를 으깨기도 했으며, 닭에게 모이를 주고 파란 털실로 양말을 짜기도 했다.

그렇게 1년이 지나고 다시 핼러윈 밤이 찾아왔다. 제이미가 모자를 눌러 쓰며 말했다.

"어머니, 행운을 찾아서 옛 성에 다녀올게요."

"제정신이니, 제이미?"

두려움에 휩싸인 어머니가 외쳤다.

"작년에 네가 한 짓이 있으니 이번에야말로 요정들이 널 죽일 게다."

제이미는 어머니의 걱정을 대수롭지 않게 여기고 집을 나섰다.

돌능금나무 숲까지 가자, 1년 전처럼 환하게 빛이 새어나오는 창문이 눈에 들어왔고 떠들썩한 목소리가 들려왔다. 제이미는 엉금엉금 기어서 창문 밑으로 가 요정들이 하는 말을 엿들었다.

"제이미 프릴이 우리한테서 예쁜 아가씨를 훔쳐가는 속임수를 쓴 게 작년 오늘이로군."

"그래, 그리고 내가 대가를 치르게 해줬지. 그 아가씨는 난롯가에 앉아 있는 말 못하는 인형에 불과하니까. 내가 들고 있는 이 잔 속의 술 세 방울만 있으면 다시 듣고 말할 수 있을 텐데 제이미는 그것도 모르고 있어."

저주를 내렸던 조그만 여자 요정이 대답했다.

제이미는 요동치는 심장을 안고서 연회장으로 들어갔다. 또다시 요정 무리들이 소리 높여 반겨주었다.

"여기 제이미 프릴이 왔어! 어서 와, 잘 왔어, 제이미!"

떠들썩한 환영 인사가 가라앉자 여자 요정이 말했다.

"제이미, 우리의 건강을 빌면서 내가 들고 있는 이 잔 속의 술로 건배해 줘."

제이미는 요정의 손에서 술잔을 낚아채고는 쏜살같이 문으로 달려 나갔다. 그리고 어떻게 돌아왔는지 알 수 없었지만, 숨조차 쉬지 않고 집으로 돌아와 난로 옆 부뚜막 위에 앉았다.

"이번에는 정말로 죽게 되었구나, 불쌍한 내 아들."

어머니가 말했다.

"아뇨, 사실 전보다 더한 행운을 얻었어요!"

그리고 제이미는 미친 듯이 달려서 감자밭을 건너왔는데도 잔 밑바닥에 여전히 남아 있던 술 세 방울을 아가씨에게 주었다.

아가씨는 말을 하기 시작했다. 그리고 가장 먼저 제이미에게 고마움을 전했다.

오두막집의 세 식구는 서로 할 말이 많았다. 동이 트고 요정의 음악 소리가 멈춘 지 한참이 지났는데도 계속해서 이야기를 나누었다. 아가씨가 말했다.

"제이미, 괜찮다면 제게 종이와, 펜, 잉크를 가져다주세요. 아버지께 제게 무슨 일이 있었는지 편지를 써서 알리고 싶어요."

편지를 보내고 몇 주가 지났지만 답장이 오지 않았다. 몇 번이나 편지를 다시 보냈지만 여전히 답장은 오지 않았다.

마침내 아가씨가 입을 열었다.

"제이미, 나와 함께 더블린으로 가서 아버지를 찾아봬요."

"저한테는 마차를 빌릴 돈이 없어요. 그렇다고 어떻게 아가씨가 걸어서 더블린까지 가겠어요?"

하지만 아가씨는 간곡하게 부탁하고 부탁해 결국 제이미에게 함께 가주겠다는 승낙을 얻어냈다. 두 사람은 파나드에서 더블린까지 먼 길을 걸어갔다. 요정들의 여행처럼 쉽지는 않았지만, 결국 스티븐스 그린에 도착해 아가씨가 살던 집 초인종을 울릴 수 있었다.

"아버지께 딸이 돌아왔다고 전해주세요."

아가씨가 문을 연 하인에게 말했다.

"여기 사시는 신사 분께는 따님이 안 계신답니다. 한 분 계셨지만 1년도 더 전에 세상을 떠났죠."

"날 모르겠어요, 설리번?"

"아뇨, 안됐지만 모르겠군요."

"주인을 만나게 해주세요. 만나기만 하면 돼요. 다른 건 바라지 않아요."

"글쎄요, 그리 어려운 부탁은 아닌 것 같군요. 만나주실지 어디 기다려 보세요."

잠시 뒤 아가씨의 아버지가 현관으로 나왔다.

"사랑하는 아버지, 절 알아보시겠어요?"

"누군데 감히 날 아버지라 부르는 거요?"

늙은 신사가 노기등등한 목소리로 소리쳤다.

"이 사기꾼. 나한테는 딸이 없소."

"제 얼굴을 보세요, 아버지. 분명 절 기억하실 거예요."

"내 딸은 죽어서 땅에 묻혔소. 아주 오래 전에 죽었단 말이오."

노신사의 목소리가 분노에서 슬픔으로 바뀌었다.

"가보시오."

"잠깐만요, 사랑하는 아버지. 제 손가락에 이 반지를 보세요. 여기 아버지 이름과 제 이름을 새겼잖아요."

"확실히 그건 내 딸의 반지로군. 어떻게 당신 손에 있는지는 모르 겠지만, 정당하게 손에 넣은 건 아닐 테지."

"어머니를 불러주세요. '어머니'라면 분명 저를 알아보실 거예요."

가엾은 아가씨가 서럽게 울면서 말했다.

"불쌍한 아내는 이제 슬픔을 잊기 시작했소. 이제야 딸 얘기를 꺼 내지 않게 됐단 말이오. 왜 내 아내가 죽은 딸을 다시 떠올리고 괴로 워하게 해야 한단 말이오?"

하지만 아가씨가 굴하지 않고 계속 부탁했기에 결국 시종이 가서 어머니를 데려왔다.

노부인이 나타나자 아가씨가 물었다.

"어머니, 어머니라면 친딸을 알아보시겠죠?"

"나한테는 딸이 없어요. 내 딸은 오래 전에 죽어서 땅에 묻혔어요."

"제 얼굴을 좀 보세요. 분명 절 알아보실 거예요."

노부인은 고개를 저었다.

"절 완전히 잊어버리셨군요. 그럼 제 목에 있는 이 점을 보세요. 어머니, 이제 정말 절 알아보시겠어요?"

"그래, 그래요. 우리 그레이시한테도 목에 이런 점이 있었어요. 하지만 난 우리 애가 관 속에 들어가 있는 것도, 관 뚜껑이 닫히는 것도 봤어요."

이제 제이미가 나설 차례였다. 제이미는 요정들의 여행 이야기, 요정들이 아가씨를 훔쳐낸 이야기, 아가씨 자리에 대신 집어넣은 나무 인형 이야기, 파나드에서 아가씨가 그의 어머니와 함께 지낸 이야기, 지난 핼러윈 밤의 이야기, 세 방울의 술로 아가씨가 요정의 마법에서 풀려난 이야기를 모두 들려주었다.

제이미가 이야기를 마치자, 아가씨가 이어 받아 제이미 모자가 자신에게 얼마나 잘해주었는지 이야기했다. 노부부는 어떻게 해도 제이미에게 진 빚을 다 갚을 수 없다고 생각했다. 아무리 특별하게 대접해도 모자랐다. 또 제이미가 파나드로 돌아갈 뜻을 밝히자, 어떻게 해야 고마운 마음을 다 표현할 수 있을지 모르겠다고 했다.

그런데 난처한 일이 일어났다. 아가씨가 나서서 제이미를 혼자 보내지 않겠다고 한 것이다.

"제이미가 간다면 저도 가겠어요. 제이미는 절 요정들한테서 구해 줬고, 그 후로도 계속 절 위해서 일했어요. 사랑하는 아버지, 어머니. 제이미가 없었다면 두 분은 절 다시 보지 못했을 거예요. 그러니 제이미가 간다면 저도 가겠어요."

아가씨의 결심이 이러했기에 노신사는 제이미에게 사위가 되어 달라고 부탁했다. 그리고 사두마차를 보내 파나드에서 제이미의 어머니를 모셔온 뒤, 화려한 결혼식을 올렸다.

그들은 더블린의 웅장한 저택에서 함께 살았고, 제이미는 장인의 막대한 재산을 물려받을 후계자가 되었다.

4. 도둑맞은 아이 ⑥

W. B. 예이츠

슬루스 숲[43]의 바위투성이 고원

호수에 살짝 잠긴 곳에

초록이 우거진 섬이 있네,

왜가리 퍼덕퍼덕 날갯짓

나른한 물쥐를 깨우는 곳.

그곳에 우리, 요정들의 나무통 숨겨두었지,

산딸기가 가득,

붉디붉은, 훔쳐온 버찌도 가득.

---

43 슬라이고 주의 슬리시 숲(Slish Wood)을 말한다.

이리 오렴, 오, 사람의 아이야!

아무도 모르는 숲으로, 호수로 가자,

요정과 손에 손을 잡고서.

세상에는 울음이 가득하단다,

네게는 알 수 없는 울음이.

달빛 파도에 빛나는

어스름한 회색 모래,

저 머나먼 로세스 가장 깊숙한 곳에서

밤새도록 밟았다네,

옛 춤곡을 이어나가며,

서로 손 잡고 시선을 나누며

달님이 달아나는 순간까지.

앞으로 뒤로 깡충깡충

텅 빈 거품을 쫓았지,

세상에 골칫거리 가득한 동안,

걱정거리에 잠 못 이루는 동안.

이리 오렴, 오, 사람의 아이야!

아무도 모르는 숲으로, 호수로 가자,

요정과 손에 손을 잡고서.

세상에는 울음이 가득하단다,

네게는 알 수 없는 울음이.

굽이져 흐르는 강물 세차게

글렌카 호수 위 언덕에서 쏟아져 내리는 곳,

골풀 사이사이 웅덩이

별 하나 간신히 멱을 감겠거늘,

우리는 그 안에 잠자는 송어를 찾아서

귓가에 속삭이지,

악몽을 선사하는 속삭임,

살며시 몸을 내밀고 전하지,

방울방울 이슬 눈물

갓 생겨난 개울에 떨구는 고사리 사이에서.

이리 오렴, 오, 사람의 아이야!

아무도 모르는 숲으로, 호수로 가자,

요정과 손에 손을 잡고서.

세상에는 울음이 가득하단다,

네게는 알 수 없는 울음이.

우리와 함께 아이는 떠난다,

엄숙한 눈을 하고서.

더는 듣지 못하리라

따뜻한 산비탈 송아지 울음소리.

난롯불 시렁 위 주전자

아이의 가슴 속에 평화를 안겨주던 노래.

다시 못 보리라, 갈색 생쥐 재빠르게

오트밀 상자 주위를 빙빙 도는 모습.

아이가 온다, 사람의 아이가,

아무도 모르는 숲으로, 호수로 온다.

요정과 손에 손을 잡고서.

세상에는 울음이 가득하므로,

아이는 알 수 없는 울음이.

CHAPTER 3
메로우

● ● ● **메로우**(Merrow)는 아일랜드어로 모루아^{Moruadh} 혹은 무루아흐^{Mur-} rúghach인데, 바다를 뜻하는 무이르^{muir}와 처녀를 뜻하는 오^{oigh}에서 유래된 말이다(메로우는 아일랜드어에서 비롯된 영어식 표기이다 ─옮긴이 주).

메로우는 거친 바다에 잘 나타난다고 한다. 반드시 돌풍을 몰고 온다고 하므로 어부들은 메로우를 보고 싶어 하지 않는다. 남자 메로우는(이렇게 표현해도 되는지 모르겠지만, 메로우의 남성형 표현은 따로 들어본 적이 없다) 이빨도 녹색에 머리카락도 녹색이고, 눈은 돼지의 눈과 같으며 코는 빨갛다.

반면, 여자 메로우는 물고기 꼬리가 있고 손가락 사이에 오리처럼 작은 물갈퀴가 있는데도 아주 아름답다. 이들은 때때로 동족 연인들보다 잘생긴 어부들을 선호하기도 하는데, 그리 비난할 수만은 없을 것 같다. 전해오는 이야기로는 18세기, 밴트리 지역 인근에 물고기처럼 온몸이 비늘로 덮인 여인이 살았다고 한다. 여자 메로우와 어부가 맺어져서 태어난 자손이란다.

메로우는 가끔씩 바다에서 나와 뿔이 없는 작은 암소로 변해 해변을 거닌다. 본연의 모습을 하고 있을 때는 **코흘린 드리오흐트**cochallin draíocht 라고 하는 빨간 모자를 가지고 있다. 대개 깃털로 장식한 모자인데, 잃어버리면 다시는 바다 속으로 돌아갈 수 없다.

빨간색은 모든 나라에서 마법을 상징하는 색으로 아주 옛날부터 그래왔다. 요정들이나 마법사들의 모자는 거의 예외 없이 늘 빨간색이다.

— **W. B. 예이츠**

1. 영혼 우리

T. 크로프턴 크로커

클레어 지방 해변에 잭 도허티라는 사람이 살았다. 잭은 할아버지와 아버지의 뒤를 이어 어부가 되었다. 그리고 아버지와 할아버지가 살던 곳에서 그들이 그랬던 것처럼 아주 고립된 삶을 살았다(아내만 예외였다). 사람들은 도허티 집안이 왜 그렇게 거친 환경을 좋아하는지 궁금해 하곤 했다. 사람의 발길이 닿지 않는 먼 바닷가, 그것도 파도에 부서진 거대한 바위들 사이에서 사는데, 주위에 보이는 것이라고는 망망대해뿐이었기 때문이다. 하지만 도허티가(家) 사람들에게는 나름대로 훌륭한 이유가 있었다.

도허티네 집이 있는 곳은 사실 그쪽 해안가에서 사람이 살기 좋은 유일한 곳이었다. 조그마한 만이 하나 있는데, 바다오리가 둥지에 들어가 있는 것처럼 아늑해서 배를 대기 좋았으며, 여기서부터 튀어나온 바위가 물속에 잠긴 채로 바다까지 이어졌다. 해마다 그러듯 폭풍이 대서양을 휩쓸고 서쪽에서 강한 바람이 불어오면 짐을 잔뜩 싣고 가던 수많은 배가 이 암초에 부딪혀서 난파되곤 했다. 그러면 목화와 담배가 가득 든 짐짝이나 그 비슷한 것들은 물론, 포도주와 럼주, 브랜디가 든 커다란 나무통, 네덜란드산 진이 든 작은 통이 해변으로 밀려오는 것이다! 던베그 만은 도허티 집안의 조그만 영지와 같았다.

그렇다고 해서 도허티 가문 사람들이 살아서 육지까지 돌아오는 행운을 누린 선원들한테 인정을 베풀지 않은 것은 아니다. 사실 난파당한 배에서 선원들을 구하기 위해 잭이 작은 코라(corragh)를 몰고 나간 것만 해도 한두 번이 아니었다(그의 코라는 정직한 앤드류 헤네시의 캔버스 구명보트에는 비길 수 없었지만, 그래도 큰 파도를 향해 부비새처럼 돌진하곤 했다). 하지만 배가 산산조각이 나고 선원들이 모두 실종된 상황이라면 떠내려 온 물건들을 모조리 챙긴다고 한들 누가 잭을 비난한단 말인가?

"누가 더 나쁜 사람인데? 임금님은(임금님께 신의 가호가 있기를!) 다들 알다시피 바다에 떠다니는 걸 건지지 않아도 이미 엄청난 부자잖아."

잭은 이렇게 변명했다.

하지만 그렇게 은둔생활을 하는 사람치고 잭은 성격도 좋고 쾌활한 편이었다. 비디 마호니가 에니스 마을 한가운데 있는 아늑하고 따뜻한 친정집을 떠나 수십 마일이나 멀리 떨어진 바위틈에서 물개와 갈매기를 이웃으로 두고 살게끔 구슬릴 수 있는 사람도 분명 잭뿐이었다.

하지만 비디는 잭이야말로 안락하고 행복하게 살고 싶은 여자에게 딱 맞는 신랑감임을 알고 있었다. 물고기는 말할 것도 없고 만으로 흘러들어오는 하늘의 선물 덕에 그 지역 신사 집안들의 절반에 버금갈 정도는 부유했던 것이다. 비디의 선택은 틀리지 않았다. 그녀만큼 호의호식하고 편안하게 잠드는 여자는 없었다. 일요일 교회에서 도허티 부인보다 더 당당하게 뽐낼 수 있는 여자도 없었다.

쉽게 예상할 수 있듯이 잭은 자주 이상한 광경을 보거나 기묘한 소리를 들었지만, 그리 겁을 먹지는 않았다. 메로우나 그 비슷한 것들을 두려워하지도 않았다. 오히려 한번 제대로 만나보고 싶다는 소망을 가슴 속에 품고 있었다, 아니, 그 무엇보다도 더 바라고 있었다. 잭은 메로우가 하느님을 믿는 사람들과 크게 다르지 않고, 사귀어두면 언제나 행운이 찾아온다는 이야기를 들은 적이 있었다.

따라서 안개 로브를 걸치고 물 위에 모습을 드러낸 메로우가 어렴풋하게나마 보이면 곧장 그쪽으로 향하곤 했다. 그 때문에 비디는 온종일 바다에 나가있었으면서 물고기 한 마리 못 잡아온 남편을 자기만의 조용한 방식으로 몇 번이나 야단쳐야 했다. 가엾은 비디는 잭이 쫓는 물고기의 정체를 전혀 알지 못했다.

잭은 메로우가 바닷가재만큼 흔한 곳에 살면서 한 번도 제대로 본 적이 없다는 사실에 짜증이 났다. 더 기분 나쁜 사실은 아버지도, 할아버지도 툭하면 메로우를 봤다는 점이었다. 어릴 때 들은 이야기도 잘 기억하고 있었다. 이 조그마한 만에 처음으로 정착한 할아버지가 메로우와 아주 친해졌지만, 신부님을 화나게 할까봐 걱정이 돼서 자기 아이라고 얼버무렸다는 이야기였다. 하지만 정말 믿어도 되는지는 알 수 없었다.

그러던 어느 날, 드디어 운명의 여신도 잭에게 아버지나 할아버지만큼 알 권리가 있다고 판단한 모양이었다. 그날 잭은 해변을 따라 북쪽으로, 평소보다 조금 멀리 산책을 나갔다. 그런데 돌출된 해변을 따라 돌아가자마자 전에는 한 번도 본 적 없는 무언가가 조금 떨어진 바다 위의 바위에 앉아 있었다. 거리가 있어서 자세히 볼 수는 없었지만 온몸이 녹색이었다. 그리고 직접 보지 못했으면 말도 안 된다고 생각했겠지만, 손에는 삼각모까지 들고 있었다.

잭은 30분 동안이나 눈을 크게 뜨고 서서 이 생물의 정체를 알아내려고 애썼다. 그러나 바다 위의 생물은 손도, 발도 움직이지 않았다. 결국 잭은 인내심에 한계를 느끼고 큰 소리로 휘파람을 불며 인사를 건넸다. 그러자 바위 위의 생물, 즉 메로우는 흠칫 하더니 삼각모를 눌러 쓰고 머리부터 물속에 뛰어들었다.

호기심에 불이 붙은 잭은 매일같이 인어를 봤던 지점을 찾아갔다. 하지만 삼각모를 쓴 바다의 신사는 한순간 스쳐가는 모습조차 보이지 않았다. 결국 자기가 겪었던 일을 곱씹고 곱씹은 결과, 잭은 그 모든 것이 꿈이었을 뿐이라고 여기게 되었다. 그러나 어느 날씨가 매우 험했던 날, 잭 도허티는 다시 인어 바위를 보러갔다(전에는 늘 맑은 날에만 가봤기 때문이었다). 그랬더니 기묘한 생물이 바위 위에서 신나게 뛰다가 물에 뛰어들고, 다시 또 올라와 물에 뛰어들기를 반복하고 있는 것이 아닌가.

이제 잭은 적당한 때(바람이 많이 부는 날)를 고르기만 하면 원하는 만큼 메로우를 관찰할 수 있었다. 하지만 아무리 봐도 만족스럽지 않았다. 욕심에는 끝이 없다는 말처럼 더 나아가 메로우와 친분을 쌓고 싶었던 것인데, 급기야 이것마저 해내게 되었다. 바람이 엄청나게 부는 날이었다. 인어 바위가 있는 곳에 이르기 전에 폭풍이 너무 거세게 몰아치는 바람에 잭은 해변을 따라서 있는 여러 동굴 중 하나에 들어가 몸을 피해야 했다.

그런데 동굴 안에는 놀랍게도 머리카락과 이가 녹색이며 코는 빨갛고 돼지의 눈을 한 생물이 있었다. 물고기의 꼬리가 달렸고 다리에는 비늘이 뒤덮여 있으며 팔은 지느러미처럼 짧았다. 팔 밑에 삼각모를 끼고 있는 것만 빼면 완전히 벌거벗고 있었는데, 무언가 아주 심각한 생각에 잠겨 있었다.

잭은 있는 용기, 없는 용기 다 끌어 모았지만 그래도 살짝 겁이 났다. 하지만 지금이 아니면 다시없을 기회이리라. 잭은 이렇게 생각하고는 생각에 빠진 메로우에게 인사를 건넸다. 모자도 벗고 최대한 멋들어지게 허리를 숙여 절했다.

"안녕하신지요, 어르신."

잭이 말했다.

"안녕한가, 잭 도허티."

메로우가 대답했다.

"세상에, 제 이름을 알고 계시는군요!"

"내가 왜 자네 이름을 모르겠나, 잭 도허티? 이것 보게, 난 자네 조부를 그 친구가 주디 레건하고 결혼하기 한참 전부터 알고 지냈네! 아, 잭, 잭, 난 자네 조부가 참 좋았어. 그 시절 사나이치고 아주 훌륭한 친구였지. 그 전에도, 그 후에도 땅 위에서든 바다 속에서든 브랜디 마시는 데 있어서는 그를 따라오는 사람을 본 적이 없네. 바라건대 자네, 할아버지를 닮았으면 좋겠군!"

늙은 메로우는 두 눈을 반짝거렸다.

"그건 염려 마십시오. 저희 어머니한테 젖이 아니라 브랜디가 나와서 그걸로 절 키우셨다면 전 지금까지 계속 자라지 않고 그대로 어머니 젖을 빨고 있었을 겁니다!"

"남자답게 말하는 게 좋군. 우리 둘이 좀 더 친분을 쌓아야겠네. 자네 조부하고 연도 있으니 말일세. 하지만 잭, 자네 부친은 영 별로더군! 술이 너무 약했어."

"확실히 어르신은 물속에서 사시니까요. 물속은 가혹한 곳이잖아요. 그렇게 괴롭고 축축한데다가 '차디찬' 곳에서 지내려면 체온을 유지하기 위해서라도 술을 많이 드셔야겠지요. 그래도 자주 들리는 얘기로는 사람 중에도 물 만난 물고기처럼 술을 마시는 애주가들이 있다고 하더군요. 그런데 술은 어디서 구하시는지 감히 여쭤 봐도 될까요?"

"자네는 술을 어디서 얻나, 잭?"

메로우가 엄지와 검지로 코를 잡았다.

"오호라! 이제 알겠군요. 하지만 어르신, 물이 스며들지 않는 멋들어진 술 저장고는 가지고 계시겠죠?"

"그건 나만의 비밀이지."

메로우는 이렇게 말하며 왼쪽 눈으로 의미심장한 윙크를 해보였다.

"분명 봐둘 가치가 있는 아주 멋진 곳이겠군요."

"뭐 그런 걸세, 잭. 다음 월요일, 딱 이맘때쯤 여기로 오게. 그때 이 얘기를 계속 하기로 하지."

잭과 메로우는 세상에 둘도 없는 친구가 돼서 헤어졌다. 그리고 월요일, 메로우를 다시 만난 잭은 그가 양팔 밑에 삼각모를 하나씩 끼고 있는 것을 보고 적잖이 놀랐다.

"여쮜 봐도 될지 모르겠습니다만, 어르신. 오늘은 왜 모자를 두 개나 가져오셨습니까? 만에 하나라도 저한테 주실 생각은 아니시지요? 그렇게 진기한 물건을 간직하라고요?"

"아니, 아닐세, 잭. 내 모자들은 그렇게 쉽게 구할 수 있는 게 아니라서 함부로 주기는 어렵다네. 하지만 오늘 우리 집에 내려가서 같이 식사를 했으면 해서 말일세. 그래서 모자를 가져왔지."

"하느님 맙소사!"

잭이 놀라서 소리쳤다.

"짜디짠 바닷물 밑바닥으로 내려갔으면 하신다고요? 그랬다가는 물을 잔뜩 마시고 숨이 콱 막혀서 두말할 것도 없이 익사하고 말 텐데요! 그럼 우리 불쌍한 비디는 어떻게 될까요, 대체 뭐라고 할까요?"

"집사람이 뭐라고 한들 그게 무슨 대순가, 이 피라미 같으니. 비디가 악을 쓰며 운다고 한들 무슨 상관이란 말인가? 그 옛날 자네 조부라면 이런 식으로 말했을 걸세. 자네 조부는 수도 없이 이 모자를 쓰고 용감하게 내 뒤를 따라 바다 속으로 들어오곤 했네. 그리고 저 깊은 물속에서 나와 함께 조촐한 식사를 하고, 조개껍데기 가득 브랜디를 담아 마시곤 했지."

"그게 정말입니까, 어르신? 농담이 아니고요? 그렇다면 또 얘기가 달라지지요. 할아버지보다 조금이라도 못한 손자가 되어서야 천추의 한이 될 겁니다! 그럼 이제 — 농담하신 거면 안 됩니다. 그럼 이제 죽기 아니면 살기로 가봅시다!"

잭이 소리쳤다.

"자넨 정말이지 조부를 꼭 빼닮았군."

늙은 메로우가 말했다.

"그럼 따라오게. 내가 하는 대로만 하면 되네."

잭과 메로우는 동굴을 떠나 바다 안으로 걸어 들어갔다. 그리고 바위까지 헤엄쳤다. 메로우가 바위 위로 올라가자 잭도 따라갔다. 바위 반대편은 마치 평범한 집의 벽처럼 수직으로 반듯했다. 그 아래로 펼쳐지는 바다가 너무 깊어보여서 잭은 겁을 먹기 일보직전까지 갔다.

"자, 잘 보게, 잭. 그저 이 모자를 머리에 쓰면 되네. 단, 눈을 크게 뜨는 걸 잊지 말게. 내 꼬리를 잡고 따라오기만 하면 뭐가 기다리고 있는지 보게 될 테니까."

메로우가 바다로 뛰어들자 잭도 용감히 그 뒤를 따라 바다에 뛰어들었다. 인어의 집까지 가는 길은 아무리 가도 끝이 없어서 영원히 가는 건 아닌가 하는 생각이 들 정도였다. 비디랑 난롯가에 앉아 있었으면 좋겠다는 생각이 자꾸 들었다. 하지만 이렇게 멀리 떨어진 곳에서, 그것도 대서양의 파도 밑에 들어와서 그런 생각을 해봤자 무슨 소용이란 말인가?

이런 생각을 하면서도 잭은 메로우의 미끄러운 꼬리를 꼭 잡고 있었다. 그리고 마침내, 도저히 믿기지는 않았지만, 잭과 메로우는 물 밖으로 나왔다. 바다 밑바닥에 마른 땅이 존재했던 것이다. 게다가 눈앞에는 굴 껍데기로 깔끔하게 지붕을 인 멋진 집이 서 있는 것이 아닌가! 메로우는 몸을 돌려 잭을 보고는 환영 인사를 건넸다.

잭은 너무 놀라기도 했고, 물속에서 너무 빨리 움직인 탓에 숨이 차기도 해서 아무 말도 하지 못했다. 주변을 둘러보니 살아 있는 생물이라고는 모래밭 위에서 유유히 어슬렁거리는 게와 바닷가재만 잔뜩 있고, 그 외에는 아무것도 보이지 않았다. 머리 위로는 바다가 하늘처럼 펼쳐져 있고 물고기들이 그 안에서 마치 새처럼 헤엄치고 있었다.

"왜 아무 말이 없나, 친구? 보아하니 나한테 이렇게 아늑한 보금자리가 있을 줄 생각도 못한 모양인데? 어때, 물을 잔뜩 마시고 있나? 숨이 콱 막히나? 곧 질식해서 죽을 것 같은가? 비디가 신경 쓰이나, 응?"

"오! 그럴 리가요!"

잭이 이를 드러내고 기분 좋게 씩 웃으며 말했다.

"하지만 이런 걸 보게 될 거라고 누가 생각이나 해봤겠습니까?"

"자, 이리로 오게. 뭘 좀 만들고 있나 보세."

잭은 정말로 배가 고팠기 때문에 굴뚝에서 무럭무럭 피어오르는 연기를 보니 집 안에서 무엇을 하고 있는지 알 것 같아 기쁘기 한량 없었다. 메로우를 따라 안으로 들어가자 갖출 건 다 제대로 갖추고 있는 훌륭한 주방이 보였다. 크고 멋진 찬장이 있고 솥과 팬도 충분했으며, 어린 메로우 둘이 요리를 하고 있었다. 반면, 집주인이 잭을 데려간 방 안은 초라하기 그지없었다. 식탁이나 의자는 찾아볼 수 없었고, 앉아서 식사를 할 수 있게끔 널빤지와 통나무를 가져다 놓은 것이 전부였다. 그래도 벽난로에 불이 활활 타오르고 있어서 편안한 기분이 들었다.

"자, 따라오게. 내 저장고를 보여주지. 자네가 짐작하는 그거 말이야."

메로우는 음흉한 표정을 지어보이고, 작은 문을 열어 훌륭한 지하 저장실로 잭을 이끌었다. 갖가지 술이 든 커다란 나무통이 종류별로 가득했다.

"어떤가, 잭 도허티? 응! 물 밑에서 편안하게 지낼 리가 없다고 생각하나?"

"결단코 아닙니다."

잭은 이렇게 말하며 정말이라는 듯 입맛을 다셨다. 실제로 그렇게 생각한 것도 사실이었다.

메로우와 잭이 방으로 돌아오자 훌륭한 식사가 차려져 있었다. 물론 식탁보 같은 것은 없었지만 그게 무슨 상관이란 말인가? 잭이 평소에 집에서 먹는 것과는 다른 음식들이었다. 이 지방에서 제일가는 부잣집이 단식일[44]에 먹는 것과 비교해도 손색이 없을 정도였다. 당연하게도 최고로 좋은 생선들이었다. 넙치에 철갑상어, 서대기는 물론 바닷가재와 굴 외에도 스무 가지는 더 되는 음식들이 널빤지 위에 한꺼번에 차려져 있고, 질 좋은 외국산 술도 잔뜩 나왔다. 단, 포도주는 제외였다. 늙은 인어는 포도주는 너무 약한 술이라 배가 차가워진다고 설명했다.

잭은 더는 못 먹을 정도로 먹고 마셨다. 그러고는 브랜디가 담긴 조개껍데기를 들고 말했다.

"어르신이 건강하시길 빌며 건배하죠. 그런데 실례지만 이렇게 친분을 나누는 사이인데 아직까지 어르신 성함도 모르고 있다니 좀 그러네요."

"맞는 말일세, 잭. 생각도 못했구먼. 그래도 아예 모르고 지내는 것보다는 늦게라도 아는 게 낫지. 내 이름은 쿠마라라네."

"아주 근사한 이름인데요."

잭이 다시 조개껍데기에 브랜디를 채우고 말했다.

---

44 기독교에서는 단식일에 식사를 모두 금하는 것이 아니라 육류를 금하므로 생선은 먹을 수 있었다.

"쿠마라 어르신의 건강을 위해 건배! 앞으로도 50년은 더 장수하시길!"

"50년! 고맙긴 하지만, 이거야 원. 500년이었으면 빌어볼 가치가 있었을 텐데."

"세상에나, 어르신, 물 밑에서는 그렇게 오래 사는 겁니까! 저희 할아버지랑 알고 지내셨다면서요. 할아버지가 돌아가신지 벌써 60년도 넘었고요. 정말 여기서 살면 건강에 좋은 모양이네요."

"그런 셈이지. 자, 잭, 술이나 더 마시세."

계속해서 조개껍데기를 비워나갔지만, 놀랍게도 잭은 전혀 취기가 오르지 않았다. 아마도 바다가 위에 있어서 머리를 계속 차갑게 식혀주는 모양이었다.

늙은 쿠마라는 완전히 기분이 좋아져서 노래도 몇 곡이나 불렀다. 하지만 잭이 기억하는 것은 고작 몇 마디뿐이었다. 누가 와서 목숨을 위협한다고 해도 이 이상은 기억해내지 못했다.

"럼 펌 부들 부,

리플 디플 니티 돕.

덤두 두들 쿠,

라플 타플 치티부!"

어떤 노래의 후렴구였는데, 사실을 말하자면 내가 아는 그 누구도 이 노랫말이 무슨 뜻인지 밝혀내지 못했다. 하지만 요즘 노래들도 다 그렇지 않은가.

이윽고 쿠마라가 잭에게 말했다.

"자, 친구. 날 따라오면 신기한 것들을 보여주지!"

그리고 쿠마라는 작은 문을 열어 잭을 큰 방으로 이끌었다. 그곳에는 쿠마라가 긴 세월에 걸쳐 조금씩 모아온 잡다한 물건들이 가득했다. 하지만 잭의 주의를 끈 것은 바닷가재를 잡을 때 쓰는 통발이었다. 여러 개가 벽을 따라 바닥에 죽 놓여 있었다.

"어떤가, 잭. 내 수집품들이 마음에 드나?"

늙은 쿠마라가 물었다.

"정말 놀랐습니다, 어르신. 이것 참 눈이 호강하네요. 그런데 저기 통발처럼 생긴 것들은 뭔지 감히 여쭤 봐도 괜찮을까요?"

"아! 영혼 우리 얘기로군, 그렇지?"

"뭐라고요, 어르신?"

"저것들은 내가 영혼을 넣어두는 우리라네."

"뭐라굽쇼! 무슨 영혼 말씀이세요, 어르신?"

잭이 놀라서 말했다.

"분명 물고기한테는 영혼이 없을 텐데요?"

"오! 물론."

쿠마라는 그리 대수롭지 않다는 듯이 대답했다.

"물고기한테는 영혼이 없지. 이것들은 물에 빠져 죽은 선원들의 영혼일세."

"주님 저희를 악에서 구하소서!"

잭은 이렇게 중얼거리며 물었다.

"영혼은 어떻게 손에 넣으셨습니까?"

"그거야 쉽지. 거센 폭풍이 다가오는 걸 보면 이렇게 통발을 스무 개가량 내놓는 걸세. 선원들이 죽으면 그 영혼이 물속으로 빠져나오는데, 이 불쌍한 것들이 추위에 익숙하지 않다보니 죽을 지경이라 통발 안으로 피한단 말이지. 그럼 기분 좋게 자리 잡은 녀석들을 내가 집으로 데려오는 걸세. 축축하지 않고 따뜻한 데서 지낼 수 있게 말이야. 이렇게 좋은 곳에서 지낼 수 있으니 불쌍한 영혼들한테 잘된 일이 아닌가?"

잭은 너무 경악한 나머지 뭐라고 말해야 할지 알 수 없었기에 아무 말도 하지 않았다. 쿠마라와 잭은 방으로 다시 돌아와 고급 브랜디를 더 나누어 마셨다. 그러다 보니 이제 날이 늦어져서 비디가 걱정하고 있을 것이라는 생각이 들었다. 잭은 자리에서 일어나 뭍으로 돌아갈 시간이 된 것 같다고 말했다.

"원한다면 가보게, 잭. 하지만 가기 전에 작별주는 마셔야지. 돌아가는 길이 추울 테니 말이야."

잭도 작별주를 거절할 만큼 예의가 없지 않았다.

"그런데 제가 집까지 잘 갈 수 있을까요?"

"내가 길을 알려줄 텐데 무슨 걱정인가?"

집을 나서자 쿠마라는 삼각모를 하나 꺼내 잭의 머리에 앞뒤가 반대가 되게 돌려씌우고는 물에 닿을 수 있게끔 그를 어깨에 태웠다. 그리고 위로 들어 올리며 말했다.

"물속에 뛰어들었던 지점으로 떠오르게 될 걸세. 도착하면 잭, 잊지 말고 모자를 다시 던져주게."

쿠마라가 잭을 던져 올리자 잭은 마치 거품처럼 쏴, 쏴, 쉭 하고 빠르게 솟아올라 물로 뛰어들었던 바로 그 바위 옆으로 나왔다. 올라갈 곳을 찾은 잭이 모자를 던졌다. 모자는 돌덩이처럼 가라앉았다.

잔잔한 여름 저녁, 아름다운 하늘을 보니 해가 막 지고 있었다. 구름 한 점 없는 하늘 위로 외로운 별, 샛별이 희미하게 빛났고, 대서양의 물결이 쏟아지는 황금색 햇빛에 반짝였다. 잭은 시간이 늦었다는 것을 깨닫고 집으로 향했다. 하지만 비디에게는 그날 하루 어디에 있다 왔는지 입도 뻥긋하지 않았다.

잭은 바닷가재 통발에 갇혀 있는 영혼들 때문에 몹시 괴로웠고, 어떻게 하면 그 영혼들을 풀어줄 수 있을까 하는 생각으로 머리가 가득했다. 처음에는 신부님께 말씀드려 볼까도 생각했다. 하지만 대체 신부님이 뭘 할 수 있을까. 쿠마라가 신부님 말을 들은 척이라도 할까? 게다가 쿠마라는 심성이 악한 것도 아니었고, 자기가 영혼들을 괴롭힌다고 생각하지도 않았다.

잭은 쿠마라한테 호감이 있었다. 또 메로우와 함께 식사를 한 사실이 알려지기라도 하면 자기한테도 득이 될 것 같지 않았다. 이 모든 상황으로 보아 제일 좋은 방법은 쿠마라를 식사에 초대해서 가능하면 술에 취하게 한 다음, 몰래 모자를 가지고 바다 속으로 들어가 통발을 뒤집어 놓는 것이었다. 하지만 무엇보다도 절대 비디는 연관되지 않게 해야 했다. 비디는 여자가 아닌가. 계속해서 이 모든 것을 그녀에게 비밀로 하려면 아주 신중해야 했다.

따라서 잭은 갑자기 신앙심이 깊어져서는 비디에게 에니스 근처에 있는 성 요한의 샘을 한 바퀴 돌고 오면 두 사람의 영혼에 좋지 않겠냐고 말했다. 비디도 같은 생각이었다. 그 결과 어느 맑은 날 아침 해가 뜰 무렵, 비디는 잭에게 집을 잘 보라고 단단히 일러둔 다음 길을 나섰다. 더는 비디의 모습이 보이지 않는 것을 확인한 잭은 전의 그 바위로 가서 쿠마라와 정해두었던 대로 큰 돌을 물속에 던져 넣었다. 돌을 던지자마자 쿠마라가 튀어나왔다!

"좋은 아침일세, 잭. 무슨 일인가?"

"별거 아닙니다, 어르신. 그냥 저희 집에 오셔서 식사나 하셨으면 해서요. 감히 이런 부탁 드려도 되는 건지 모르겠지만, 벌써 말씀드려버렸네요."

"그거 참 반가운 소리군, 잭. 정말이야. 언제가 좋겠나?"

"언제든 어르신 편하실 때면 됩니다. 1시는 어떨까요. 날이 밝을 때 집에 돌아가고 싶으시다면요."

"그럼 그때 보지. 약속 지킬 테니 염려 말게."

잭은 집으로 가서 귀한 생선을 요리하고, 제일 좋은 외국산 술을 장정 스무 명은 마실 수 있을 정도로 잔뜩 꺼내놓았다. 약속한 시간이 되자 겨드랑이에 삼각모를 끼고서 쿠마라가 찾아왔다. 식사가 준비되었기에 두 사람은 자리에 앉아 남자답게 먹고 마셨다. 잭은 통발 속의 영혼을 생각하며 늙은 쿠마라에게 브랜디를 잔뜩 먹이고 노래를 불러달라고 청하는 등 그가 탁자 밑으로 쓰러지기만을 기다렸다. 하지만 가엾은 잭은 저번처럼 위에 머리를 식혀줄 바다가 없다는 사실을 깜빡하고 있었다. 그는 브랜디의 취기가 몰려와 정신을 잃었고, 쿠마라는 수난일 식탁에 오른 해덕처럼 아무 말 없는 집주인을 내버려두고 비틀비틀 돌아가 버렸다.

잭은 다음날 아침에야 깨어났고 슬픔에 잠겼다.

"저 늙은 해적을 취하게 하겠다니 말도 안 되는 생각이었어. 그럼 도대체 어떻게 해야 통발에 갇힌 불쌍한 영혼들을 도울 수 있단 말이야?"

거의 하루 종일 생각하고 또 생각한 끝에 번득 한 가지 묘안이 떠올랐다.

"그게 있었지."

잭은 무릎을 내리쳤다.

"저 쿠마라가 아무리 오래 살았다고 한들 포틴[45]은 단 한 방울조차 구경도 못해봤을 거야. 이것만 있으면 해낼 수 있어! 오! 비디가 돌아올 때까지 이틀이나 남았으니 잘됐군. 한 번 더 시도해볼 수 있겠어."

잭은 쿠마라를 다시 초대했다. 쿠마라는 잭이 술에 약하다고 비웃으면서 할아버지를 따라가려면 한참 멀었다고 했다.

"글쎄, 한 번 더 기회를 줘보십쇼. 어르신이 취했다가 깨고, 다시 취할 때까지 버틸 테니까요."

"내가 할 수 있는 일이라면 뭐든 자네가 원하는 대로 하지."

다시 쿠마라와 식사를 하게 된 잭은 자기가 마실 술에는 물을 타두고, 쿠마라에게는 제일 독한 브랜디를 따라주었다. 그리고 때를 봐서 슬쩍 운을 띄웠다.

"혹시 어르신, 포틴은 마셔보신 적이 있으세요? 진짜 제대로 된 위스키 말입니다."

"아니, 그게 뭔가? 어디서 나오는 건가?"

"오, 그건 비밀입니다. 하지만 좋은 물건이에요. 브랜디나 럼 같은

---

45 아일랜드 시골에서 감자를 재료로 밀조하던 독한 위스키.

것보다 50배는 더 좋습니다. 만에 하나 거짓말이면 다시는 절 믿지 않으셔도 좋습니다. 처남한테 브랜디를 좀 보내줬더니 그 답례로 얼마 전에 이걸 보내왔거든요. 어르신은 우리 집안과 오랜 친분이 있으시니까 대접하려고 따로 챙겨뒀지요."

"그래, 그럼 어떤 건지 좀 보세나."

포틴은 좋은 술이었다. 일등품이었고 맛과 향이 제대로 살아 있었다. 쿠마라는 기뻐하며 포틴을 마시고, 몇 번이나 '럼 범 부들 부' 노래를 불렀으며 웃기도 하고 춤을 추기도 했다. 그리고 마침내 바닥에 쓰러져 잠들었다. 술에 취하지 않으려고 주의를 기울여왔던 잭은 얼른 모자를 낚아채고 바위로 달려가 바다에 뛰어 들었다. 쿠마라의 집까지는 금방이었다.

마치 한밤중의 교회 묘지처럼 온통 정적이 흘렀다. 젊은 메로우도, 늙은 메로우도 보이지 않았다. 잭은 집 안으로 들어가 통발들을 뒤집었다. 하지만 아무것도 보이지 않았다. 하나씩 뒤집을 때마다 그저 휘파람 소리 혹은 쩍쩍거리는 듯한 소리가 조금 들려올 뿐이었다. 잭도 처음에는 당황했지만 살아 있는 자는 공기나 바람을 볼 수 없듯 영혼도 볼 수 없다고 신부님이 몇 번이나 말씀하셨던 것을 떠올렸다.

영혼들을 위해 할 수 있는 일을 다 마친 잭은 통발을 원래대로 엎어놓고 영혼들이 어디든 가야 할 곳으로 어서 갈 수 있기를 빌어주었다. 이제 돌아갈 궁리를 할 때였다. 전처럼 모자를 반대로 돌려서 쓰고 밖으로 나갔지만, 물이 너무 높아서 도무지 닿을 수 있을 것 같지 않았다. 위로 들어 올려 줄 쿠마라도 없었으니 말이다. 혹시 사다리가 있는지 찾아보았지만, 사다리는커녕 딛고 올라설 바위조차 눈에 띄지 않았다.

그나마 바다가 다른 데보다 더 낮게 내려온 곳이 있어서 그리로 가보기로 했다. 마침 큰 대구 한 마리가 꼬리를 내리고 있어서 잭은 펄쩍 뛰어 그 꼬리를 붙잡았다. 깜짝 놀란 대구가 크게 펄떡이자 잭을 위로 끌어올리는 셈이 되었다. 잭은 바다에 닿자마자 물에 휩싸여 코르크 마개처럼 위로 솟아올라갔다. 놓아주는 것을 잊어버리고 있던 탓에 대구도 꼬리가 위를 향하게 같이 끌어올려졌다. 잭은 순식간에 바위까지 올라왔고 지체 없이 집으로 향했다. 착한 일을 했다는 생각에 기쁘기 그지없었다.

그러나 그 사이 집에서는 굉장한 일이 벌어지고 있었다. 우리 친구 잭이 영혼을 풀어주려고 집을 나서기가 무섭게, 남편과 자신의 영혼을 구하고자 샘으로 갔던 비디가 돌아온 것이다. 비디는 집에 들어오자마자 엉망진창으로 어질러진 식탁을 발견했다.

"한 판 거하게 벌렸군! 이런 악당하고 결혼하다니 운도 없지! 내가 영혼을 위해 기도하고 있는 사이 웬 떠돌이 하나 불러다가 오라버니가 보내준 포틴에 높은 분들한테 팔기로 한 술까지 다 비운 모양이네."

그때 기묘한 콧소리가 났다. 비디는 밑을 내려다보았고 식탁 밑에 누워 있는 쿠마라를 발견했다.

"은총이 가득하신 성모 마리아님, 도와주소서!"

비디가 놀라서 소리쳤다.

"잭이 괴물로 변해버렸다니! 그래, 맞아. 술 때문에 괴물이 된 남자 얘기를 자주 듣곤 했어! 오 세상에, 오 이럴 수가! 잭, 여보, 어떻게 해야 해요. 아니, 당신이 없으면 난 어쩌면 좋아요? 멀쩡한 여자가 괴물이랑 사는 걸 생각이나 해볼 수가 있겠어요?"

비디는 이렇게 한탄하며 집밖으로 뛰어나가 목적지도 없이 무작정 걸었다. 그때 즐거운 곡조를 흥얼거리는 익숙한 남편 목소리가 들려왔다. 남편이 멀쩡하고 무탈하다니, 물고기도 사람도 아닌 괴물로 변하지 않았다니 비디는 너무나도 기뻤다. 잭은 어쩔 수 없이 모든 것을 다 털어놓아야 했다. 비디 입장에서는 미리 말해주지 않았다는 점에서 반쯤 화가 나긴 했지만, 남편이 불쌍한 영혼들을 위해 아주 좋은 일을 했다는 점이 마음에 들었다.

둘은 아주 사이좋게 집으로 돌아왔고, 잭은 쿠마라를 깨웠다. 늙은 쿠마라는 아직 술이 덜 깬 상태였다. 잭은 사나이들에게 흔히 있는 일 아니냐며 낙담하지 말라고 위로했다. 모든 게 다 포틴에 익숙하지 않은 탓이니, 술 깨는 약으로 자신을 깨문 개의 털을 하나 삼키면 좋다고도 덧붙였다. 그러나 쿠마라는 너무 많이 마셨다고 생각했는지 자리에서 일어나 영 취기가 가시지 않은 기색으로 예의바른 인사말 한 마디 남기지 않고 짠 바닷물에 머리를 식히러 나갔다.

쿠마라는 영혼들을 아쉬워하지 않았다. 그 후로도 잭과 쿠마라는 세상에 둘도 없는 친구로 남았다. 연옥과 같은 고통에서 영혼들을 해방시키는 일이라면 잭을 따라올 사람은 아무도 없었다. 늙은 쿠마라는 눈치 채지 못했지만, 잭은 50번이나 핑계를 만들어서 바다 밑의 집으로 들어가 통발을 뒤집고 영혼들을 풀어주었다. 물론 그때마다 영혼들이 보이지 않는 점이 걸리긴 했지만, 불가능한 일이니 그대로 만족할 수밖에 없었다.

잭과 쿠마라 사이의 친분은 몇 년 동안 계속 이어졌다. 그러나 어느 날 아침, 잭이 평소처럼 돌을 던졌지만 아무런 답도 돌아오지 않았다. 또 하나, 그리고 또 하나 던져도 계속 답이 없었다. 잭은 집으로 돌아갔고 다음날 아침 다시 와보았다. 그래도 여전히 답이 없었다. 모자가 없으니 쿠마라에게 무슨 일이 생겼는지 내려가 볼 수도 없는 노릇이었다. 잭은 그 노인이, 아니 그 노어(老魚)가, 아니 뭐가 됐든 쿠마라가 죽었거나 다른 지방으로 이사를 갔을 거라고 생각했다.

2. 플로리 캔틸런의 장례식

T. 크로프턴 크로커

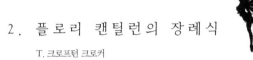

밸리헤이 만에 있는 한 섬에 캔틸런 가문의 오래된 묘소가 있었다. 이 섬은 해변에서 그리 멀지 않은 곳에 있었는데, 오래 전 대서양이 케리 지방 바닷가에 밀려들면서 가라앉고 말았다. 어부들은 태양이 밝게 빛나는 오후, 잔잔한 녹색 바다를 지나다보면 물 밑에 가라앉은 성당의 무너진 벽이 자주 보인다고 말하곤 했다.

하지만 비록 섬이 가라앉았어도 캔틸턴 일족은 아일랜드의 다른 가문들과 마찬가지로 옛 묘소에 강한 애착을 보였다. 그리고 이런 애착으로 가족 중 누가 죽으면 시신을 관에 넣은 채로 파도가 닿는 해변에 남겨두는 관습이 생겼다. 아침이 되어 관이 사라지면 조상님들이 고인을 가문의 무덤으로 데려가 주셨다고 믿었고, 이 믿음은 대대로 이어져왔다.

클레어 주 출신의 코너 크로우는 결혼을 하면서 캔틸런 가문과 이어졌다. 그는 보통 '브레인트라 7번지에 사는 크루아의 코너 맥'이라 불렸고 자신도 이 별명을 자랑스럽게 여겼다. 코너는 아침마다 건강에 좋으라고 소금물을 1ℓ씩 마시곤 했다. 그리고 같은 이유로 아침부터 밤까지 소금물의 두 배나 되는 위스키를 생으로 마셨는데, 모이페르타 남작의 영지에 사는 남자들이 다 그러하듯 일상에 그다지 영향을 받지 않았다. 클론더라로와 이브리칸 남자들이라고 해도 마찬가지였겠지만 말이다.

플로렌스 캔틸런이 죽었을 때, 코너 크로우는 바다 속의 오래된 교회가 정말로 있는지 확인해 보기로 결심했다. 그래서 부고를 듣고 바로 아드퍼트로 향했다. 플로리(플로렌스의 애칭)의 시신은 고상하고 아름답게 장식한 관에 누워 있었다.

플로리는 어릴 때부터 명랑하고 쾌활한 사람이었으므로 웨이크(경야)도 모든 면에서 그에게 어울리게 치러졌다. 갖가지 여흥과 오락이 흥겹게 펼쳐졌고 적어도 세 처녀가 남편감을 찾았으니 더할 나위 없이 상서로웠다. 모든 것이 순리대로 흘러갔다. 딩글부터 타버트에 이르는 이웃 고장 사람들도 모두 장례식에 참석했다. 그들은 길고 슬픈 추모곡을 불렀으며, 집안 관례에 따라 밸리헤이 바다까지 관을 들고 가 해변에 놓은 다음 고인의 영면을 위해 기도를 올렸다.

이윽고 문상객들이 하나, 둘 돌아가고 마침내 코너 크로우만이 남았다. 코너는 스스로 위로주라고 부르는 위스키 병을 꺼냈다. 슬플 때면 반드시 위로주가 필요했기 때문이다. 그리고 툭 튀어나온 바위 옆이라 조금이나마 시야에서 가려지는 큰 돌 위에 앉아 끈기 있게 유령 장의사들이 나타나기를 기다렸다.

　포근하고 아름다운 저녁이었다. 쓸데없는 두려움을 떨쳐버리고자 코너는 어린 시절 들었던 노래를 떠올리며 휘파람을 불었다. 하지만 그 투박한 가락이 오히려 수만 가지 회상을 불러왔고, 황혼은 더욱 구슬프게 보이기만 했다.

　"만약 여기가 그리운 고향의 그 음산한 던모어 탑 근처였다면……."

　코너 크로우는 한숨을 내쉬었다.

　"오래 전 던모어 성 지하에서 처형된 죄수들이 제대로 땅에 묻히지 못한데다가 관조차 없었던 탓에 고인을 시기해 관을 가져간다고 다들 믿었겠지. 나도 툭하면 던모어 성 지하에서 통곡하고 한탄하는 소리를 듣곤 했으니까. 하지만……."

　코너는 조용히 자신을 위로해주는 친구, 위스키 병의 입구에 애정 어린 입술을 가져다댔다.

　"늘 알고 있었어. 그건 사실 절벽이나 움푹 들어간 바위에 파도가 부딪쳐 거품으로 부서지는 음산한 소리일 뿐이라는 걸. 오, 게다가 던모어 성은 음침해 보이는 산을 뒤에 두고 있어서 흐린 날이면 그 탑도 음산해 보이기 짝이 없었지. 무섭다고 생각하면 무서워 보이는 거야. 해초 태우는 연기에서 유령이 피어오르는 걸 보는 것처럼, 던모어 성도 한밤중의 블루맨 호수처럼 무섭게 보였던 거라고."

코너는 잠시 침묵하다가 덧붙였다.

"달이 지나치게 푸르긴 하지만, 오늘은 아주 멋진 밤이잖아? 성자 세낭이 모든 위험에서 우리를 지켜주실 거야."

정말로 달빛이 아름다운 밤이었다. 하지만 어두운 바위 주변에는 아무도 없었다. 파도만 쉰 목소리로 우울하게 속삭이다가 흰 자갈 덮인 해변 위로 부서졌다. 홀짝홀짝 술을 들이켜던 코너는 조금 으스스한 느낌이 들었고 호기심을 참지 못한 것을 후회하기 시작했다. 하얀 바닷가에 놓인 검은 관은 참으로 엄숙해 보였다. 점점 망상이 깊어지면서 코너에게는 바다의 깊은 신음소리가 고인을 위한 비통한 통곡으로 들렸고, 움푹 파여 그림자가 진 바위에서 이상한 환영을 떠올리기도 했다.

밤이 짙어지자 지켜보고 있기가 지겨워졌다. 꾸벅꾸벅 졸다가 불현듯 고개를 흔들고 다시 관을 바라본 것이 한두 번이 아니었다. 하지만 고인이 누운 좁은 관은 꼼짝도 하지 않았다.

어느덧 자정이 한참 지났을 무렵, 달이 바다 속으로 가라앉고 있을 때, 코너는 무겁고 단조로운 파도소리 너머로 몇몇 목소리가 들려오는 것을 깨달았다. 목소리가 점점 더 커진 덕에 곧 절묘하고 아름다운 통곡의 노래라는 것을 알 수 있었다. 물결과 더불어 오르락내리락 하는 곡조에 파도의 깊은 속삭임이 어우러져 더욱 아름다운 곡이 되었다!

노랫소리는 점점 더 커졌고, 바닷가를 향해 다가오는 듯하다가 낮고 애처로운 곡소리로 변했다. 노래가 끝나고 코너는 희미한 불빛에 의지해 바다에서 나온 기묘하고 신기한 생김새의 인물들을 보았다. 그들은 관 주위에 둘러서서 관을 바다로 보낼 준비를 하고 있었다.

"이게 다 육지 놈하고 결혼한 탓이지."

그중 하나가 맑고 공허한 목소리로 말했다.

"맞아."

훨씬 더 무서운 목소리가 대답했다.

"더풀라 공주가 인간 남편 옆에 묻히지만 않았어도 임금님이 파도를 보내 묘지가 있는 섬의 뿌리를 흰 이빨로 갉아내라 명하진 않으셨을 거야!"

"하지만 끝이 올 거야."

세 번째 인물이 관 위로 몸을 숙이고 말했다.

"사람의 눈 ― 우리 하는 일 엿보고
사람의 귀 ― 우리 장송곡을 엿들을 때."

그러자 네 번째가 말했다.

"그러면 캔틸런 일족을 묻어주는 것도 영원히 끝이지!"

이런 대화가 오가는 사이 바닷가에 있던 관은 물러나는 파도에 실려 나갔다. 바다에서 나온 사람들도 그 뒤를 따를 준비를 했다. 그런데 그때 그중 하나가 놀라고 두려워서 꼼짝도 못하고 바위 위에 앉은 채 굳어버린 코너 크로우를 우연히 발견했다.

"끝이 왔다, 끝이 왔어! 사람의 눈이 바다의 형체를 보고, 사람의 귀가 그 목소리를 들었다. 캔틸런 일족이여, 작별이다. 바다의 아들들, 이제 대지의 먼지를 묻을 운명에서 벗어났구나!"

그들은 하나씩 하나씩 천천히 몸을 돌려 주문에 속박된 듯 여전히 움직이지 못하고 있는 코너 크로우를 바라보았다. 그리고 다시 목소리를 높여 장송곡을 불렀고 다음 번 파도를 타고 관을 따라갔다. 통곡의 노랫소리는 점차 멀어졌고 이내 파도소리 말고는 아무 소리도 들리지 않게 되었다. 관과 바다에서 나온 무리는 옛 묘지로 가라앉았다.

들려오는 바에 의하면, 플로리 캔틸런 노인의 장례 이후 캔틸런 일족 중 파도 아래 가문의 묘지에 묻히도록 밸리헤이 바다로 옮겨진 이는 아무도 없었다고 한다.

PART 2
홀로 지내는 요정들⑦

—

『아일랜드 농민의 요정담과 민담
(Fairy and folk tales of the Irish peasantry)』중에서

CHAPTER 1
레프라한, 클루라한,
파르 댜르그

●●● 더글러스 하이드 씨는 내게 보내온 편지에서 "**레프라한** leipreachán (영어식: 레프러컨(leprechaun))이란 이름은 아일랜드어의 레 브로그 leith brog, 즉, '한 짝 구두장이'에서 유래된 말입니다. 레프라한은 보통 구두를 한 짝만 만들기 때문입니다. 아일랜드어로는 레 브로간 leith bhrogan 혹은 레 프로간 leith phrogan 이라고 적는데, 오키어니가 쓴 아주 희귀한 책, 『페슈 티 호난 Feis Tigh Chonain』에 의하면 일부 지방에서는 이걸 루크리만으로 발음한답니다"라고 설명한다.

레프라한, **클루라한** Clúrachán, **파르 댜르그** Fear Dearg. 이들은 모두 동일한 정령이되 성격과 겉모습만 다른 것일까? 이 점에 관해서는 아일랜드인 작가가 둘만 모여도 의견의 일치를 보지 못한다.

모두 다른 요정이라고 보자니, 또 이 세 요정들에게는 닮은 점이 많다. 다들 늙고 주름투성이에 홀로 지내며, 앞에서 언급한 '무리 짓는 요정'들과는 모든 면에서 사뭇 다르다.

이들은 모두 요정답지 않은 아주 소박한 옷을 입으며, 지저분하고 언제나 구부정하게 몸을 숙이고 있다. 또 조롱과 말썽이란 측면에서는 이들을 따라올 요정이 없다. 특히 짓궂은 장난으로 요정들 사이에서도 으뜸간다.

레프라한은 끊임없이 구두를 만들므로 큰 부자다. 그 옛날 전쟁이 있었던 시절, 땅에 묻었던 보물 항아리들은 오늘날 모두 레프라한의 차지가 되었다. 크로커에 의하면, 19세기 초반 티퍼레어리의 한 신문사에서 레프라한이 깜빡 잊고 두고 간 작은 구두를 한 짝 보여주곤 했다고 한다.

클루라한(오키어니에 의하면 클러우르 칸Clobhair-ceann)은 신사들의 술 저장고에서 거나하게 취하곤 한다. 그래서 클루라한은 레프라한이 술을 마시고 흥청거리는 모습에 불과하다고 여기는 사람들도 있다. 코노트 지방이나 아일랜드 북부에서는 거의 알려진 바가 없다.

파르 댜르그는 '붉은 사람'이라는 뜻이다. 빨간 모자, 빨간 외투를 차려입기 때문이다. 장난을, 그중에서도 섬뜩한 장난을 치느라 바쁜데, 이 외에는 하는 일이 없다.

파르 고르타 Fear Gorta(배고픈 자)는 기근이 찾아올 때 대지를 휩쓸고 다니는 비쩍 여윈 정령이다. 사람들에게 자비를 베풀어달라고 애원하며, 자기를 도와준 사람들에게는 행운을 가져다준다.

이 외에도 집 요정이라거나 잉글랜드의 잭오랜턴(도깨비불)과 한 형제인 워터시리(Water-sheerie) 등 홀로 지내는 요정들이 더 있다. **푸카**^{púca}와 **반쉬**^{Bean sidhe}도 있는데, 이 둘에 관해서는 뒤에서 다루겠다.

머리가 없는 유령인 **둘라한**(Dullahan)도 있는데, 깊고 어두운 밤, 슬라이고 지방의 거리에 잘 나타나곤 했다. 푸카가 변신한 모습으로 여겨지는 검은 개도 있다. 슬라이고 부두에 정박한 배들에 때때로 이 검은 개들이 나타난다.

이들은 '세상의 주석 접시를 전부 배 안에 던져 넣는' 듯한 시끄러운 소리로 자신들의 존재를 알리곤 했으며, 바다로 따라나서기까지 했다.

랴난 쉬^{Leannán sidhe}(요정 정부)는 인간들의 사랑을 원한다. 구애를 받은 인간이 거절하면 랴난 쉬는 그들의 노예가 되어야만 한다. 반면, 구애에 응한 인간은 랴난 쉬의 소유물이 되므로 자신을 대신할 사람을 찾아야만 속박에서 벗어날 수 있다. 이 요정은 인간의 생명을 먹고 산다. 따라서 이들의 애인이 된 인간은 점점 쇠약해진다.

그러나 죽어서조차 그녀에게서 벗어날 수 없다. 랴난 쉬는 게일인들의 뮤즈였다. 생명을 빨아가는 대신 영감을 주었던 것이다. 게일인 시인들이 단명한 것은 만족할 줄 모르는 랴난 쉬가 그들을 지상에 오래 남겨두려 하지 않았기 때문이다.

아, 사악한 요정이여!

이 외에도 여러 요정들이 있다. 수마(water horse)를 가리키는 아흐이슈

케$^{\text{Each-Uisce}}$, 호수의 용 페이슈트^{Péist}(피아슈트^{piast} 또는 베스티아^{bestia})^{46} 따위

가 있는데, 이들이 짐승인지 요정인지 정령인지는 알지 못한다.

— W. B. 예이츠

---

46 piast는 옛 아일랜드어로 현대 아일랜드어에서는 Péist라고 쓴다. 라틴어 bestia에 어원을 두고 있으며 짐승, 괴물이란 뜻이다. 영어의 beast에 해당된다.

1. 레 프 라 한 (요정 구두장이)

윌리엄 앨링험

1

작은 목동아, 무엇을 들었느냐,

외로운 라스의 녹색 언덕에 올라서.

애처로운 노란 새[47]

무더운 들판에서 한숨 쉬는 소리만,

— 리, — 리, — 리, 치-이! —

메뚜기와 벌 소리만? —

"팁 탭, 립랩,

---

[47] [원주] '노란 새'는 무당새 또는 노랑멧새를 가리킨다.

티커택투!

주홍빛 가죽 함께 꿰매면

신발 한 짝이 된다네.

왼쪽, 오른쪽 단단히 당겨라.

여름날은 덥구나.

땅 밑의 겨울이

폭풍을 비웃는다!"

언덕에 귀를 대보아라.

조그맣게 부산한 소리 들리지 않느냐,

바삐 요정의 망치를 두드리며

레프라한 날카로운 목소리로

부지런히 손을 놀리면서도 즐거이 노래하는 소리가?

레프라한은 한 뼘하고도

조금 넘는 키.

눈에 보이면 꽉 잡아라,

그러면 너는 이제

부자!

2

여름날 낮에 소를 지키고

감자로 저녁 식사 마친 뒤 건초 위에 누운 목동아.

마차를 타고 가서

공작의 영애에게 청혼하면 어떠냐?

구두장이를 잡는다면 ― 꿈만은 아니지!

"큰 부츠는 사냥용,

샌들은 연회장용,

흰색은 결혼 피로연용,

분홍은 무도회용.

이렇게, 저렇게

우리는 구두 한 짝을 만든다네.

한 땀 한 땀 부자가 된다,

틱 택 투!"

아흔아홉 보물 항아리

빈틈없는 구두쇠 요정이 숨겼지

산 속에, 숲 속에, 바위틈에,

폐허에, 둥근 탑에, 동굴에, 라스에,

그리고 가마우지 둥지를 튼 곳에.

옛날부터 지키고 섰으니,

항아리마다 가득

넘칠 듯하구나,

황금으로!

3

일하던 레프라한 어느 날 직접 잡았네,

성의 배수로, 디기탈리스 자라는 곳 ―

주름투성이 쪼글쪼글 턱수염 요정

뾰족한 코에 안경을 걸치고

바지에는 은 버클,

가죽 앞치마 걸치고 ― 무릎 위에 구두를 올리고 ―

"립랩, 팁탭,

틱택투!

(내 모자 위에 메뚜기가!

나방이 날아간다!)

부스킨[48]은 요정 왕자에게,

---

48 발등부터 발목까지 끈을 매는 목이 긴 신발.

브로그[49]는 그 아들에게 ―

비싸게 팔지, 비싸게 팔아,

일을 마치고 나면!"

그 악당을 내 손에 넣었지, 틀림없이.

쳐다보니 마주 쳐다보기에

"안녕하십니까, 어르신!" 인사에 "흠!" 말하고

코담배갑을 끄집어냈지.

한참 들이마시니 훨씬 기분 좋아보였던,

기묘하고 작은 레프라한.

묘하게 예의 차려 담배를 권하더니 ―

풉! 내 얼굴로 가루를 던졌구나,

재채기하는 사이

사라져버렸네!

---

49 가죽에 무늬를 새긴 구두.

2. 주인과 하인

T. 크로프턴 크로커

빌리 맥 대니얼은 한때 수호성인을 기리는 축제에서 지칠 줄도
모르고 춤을 추며, 술을 1ℓ씩 마셔대거나 곤봉을 휘두르는 청년이었
다. 술을 못 마시게 되는 것 말고는 아무것도 무섭지 않았고, 술값을
누가 내느냐 말고는 아무것도 신경 쓰지 않았다. 또 술을 마시며 신
나게 노는 것 말고는 아무것도 생각하지 않았다. 취했든, 안 취했든
말보다 주먹이 먼저 나가는 것이 빌리 맥 대니얼의 방식이었다. 덕
분에 싸움에 말려들기도 쉬웠고, 말다툼을 끝내기도 쉬웠다.

더 큰 문제는 이렇게 아무것도 생각하지 않고, 아무것도 두려워
하지 않고, 아무것도 신경 쓰지 않는 사이 이 빌리 맥 대니얼이 나쁜
인연을 맺게 되었다는 점이다. 누구에게나 좋은 사람들(요정들)은

엮이고 싶지 않은 최악의 악연이 틀림없으니 말이다.

일은 크리스마스가 지난 지 얼마 되지 않았을 무렵, 빌리가 집으로 돌아가는 길에 벌어졌다. 아주 맑고 추운 밤이었다. 둥근 달이 환하게 빛나서 누구나 바랄 만큼 멋진 밤이긴 했지만, 빌리는 추워서 죽을 지경이라 이렇게 중얼거렸다.

"아이고 추워라. 좋은 술 한 방울만 있으면 영혼이 몸속에서 얼어붙는 걸 막아줄 텐데. 질 좋은 술을 한 잔 가득 마시면 소원이 없겠다."

"그 소원 두 번 빌 필요 없겠군, 빌리."

삼각모를 쓴 왜소한 남자가 말했다. 남자는 온몸에 황금 레이스를 두르고, 커다란 은제 버클이 달린 신발을 신고 있었다. 이 버클이 얼마나 큰지 걸어 다닐 수 있다는 것이 놀라울 정도였다. 남자는 자기 키만큼이나 큰 유리잔을 내밀었다. 본 적도, 맛본 적도 없는 좋은 술이 가득 담겨 있었다.

"굉장한데, 작은 친구."

빌리 맥 대니얼은 왜소한 사내가 '좋은 사람들' 중 하나라는 사실을 잘 알고 있었지만, 조금도 기가 죽지 않았다.

"당신의 건강을 위하여. 어쨌든 정말 고맙군. 술값을 누가 내든 말이야."

이렇게 말하고 빌리는 유리잔을 받아 단숨에 비워버렸다.

"훌륭하군. 진심 어린 감사 인사 고맙네. 하지만 나도 다른 사람들 처럼 속여 넘길 수 있으리라 생각하지는 말게. 지갑을 꺼내서 신사 답게 술값을 내라고."

왜소한 남자가 말했다.

"이 몸한테 술값을 내라니? 너 따위 번쩍 들어서 주머니 안에 집 어넣는 것도 나한테는 식은 죽 먹기야. 그런데 감히 술값을 달라 고?"

"빌리 맥 대니얼."

왜소한 남자가 노기를 띠고 말했다.

"네놈은 7년하고도 하루 동안 내 하인이 될 것이다. 그걸로 술값 을 받은 셈 치지. 자, 날 따라오도록 해."

이 말을 듣자 빌리는 요정을 상대로 그렇게 건방진 말을 한 것이 무척 후회가 되기 시작했다. 그리고 왜인지 알 수 없지만 요정의 말 을 따라야 할 것 같은 기분이 들었다. 빌리는 밤이 새도록 오르락내 리락, 울타리를 넘고 도랑을 넘어, 늪지를 지나고 풀숲을 지나며 쉬 지 않고 요정을 따라 헤매고 다녀야 했다.

아침이 밝아오기 시작하자 요정은 빌리를 바라보고 말했다.

"이제 집에 가도 좋아, 빌리. 하지만 오늘밤 라스가 있는 들판으로 오지 않으면 끝장날 줄 알아. 그랬다가는 길게 봤을 때 더 나쁜 일이 벌어질 테니까. 네가 좋은 하인이 된다면 나도 너그러운 주인이 되어 주겠어."

빌리 맥 대니얼은 집으로 갔다. 하지만 아무리 지치고 피곤했어도 요정 생각을 떨치지 못해 한숨도 잠을 이룰 수 없었다. 그래도 요정의 명령을 거역하기는 무서웠다. 그랬기에 저녁이 되자, 자리에서 일어나 요새가 있는 들판으로 향했다. 얼마 지나지 않아 요정이 다가와 말했다.

"빌리, 나는 오늘밤 긴 여행을 하려고 한다. 내 말에 안장을 채우고 너도 나랑 함께 가야 하니까 네가 탈 말에도 안장을 올리도록 해. 지난 밤 걸어 다니느라 피곤했을 테니 말이야."

빌리는 주인님의 마음 씀씀이가 좋다고 생각했고 감사 인사를 했다.

"그런데 주인님, 죄송하지만 어디로 가야 마구간이 나올까요. 여기에는 라스밖에 안 보이는데요. 그것 말고는 저 구석진 곳에 있는 늙은 가시나무랑 언덕 아래로 흐르는 시냇물, 맞은편의 작은 습지가 다고요."

"일일이 묻지 마, 빌리. 저 습지로 가서 제일 억센 골풀을 두 줄기 가져오도록 해."

빌리는 요정이 무슨 생각일까 궁금해 하며 시키는 대로 제일 억센 골풀을 꺾어 주인에게로 가져갔다. 골풀의 한쪽 끝에는 작은 갈색 꽃이 송이송이 달려 있었다.

"타라고, 빌리."

요정이 골풀 하나를 다리 사이로 가져가며 말했다.

"어디에 타라는 말씀이세요, 주인님?"

"뭐, 당연히 말에 타라는 얘기지, 나처럼."

"절 놀리시려는 거죠? 골풀을 두고 말에 타라고 하시다니요? 방금 제가 습지에서 꺾어 온 골풀을 말이라고 생각해라, 이 말씀이세요?"

"타라면 타! 잔말 말고."

요정은 아주 기분이 나빠 보였다.

"네가 타 본 최고의 말도 이 말에는 비교가 안 될 거다."

그래서 빌리는 전부 농담이라고 생각하면서도 주인님의 기분을 상하게 하고 싶지 않아 골풀 위로 다리를 벌리고 올라섰다.

"보람! 보람! 보람!(커져라! 커져라! 커져라!)"

요정이 세 번 외치자 빌리도 따라서 외쳤다. 곧 골풀이 부풀어 오르더니 훌륭한 말이 되었고, 요정과 빌리를 태우고 전속력으로 달려 나갔다. 하지만 방향을 눈여겨보지 않고 골풀을 다리 사이에 끼웠던 빌리는 말 등에 거꾸로 탄 셈이 되었다. 다시 말해 꼬리를 보고 탔으니 다소 곤란한 처지였는데, 말이 너무 빨리 뛰어나가는 바람에 돌아앉을 수도 없었다. 그저 꼬리를 잡고서 가만히 있는 것 말고는 달리 방법이 없었다.

마침내 둘은 목적지에 도착해 훌륭한 저택의 문 앞에서 걸음을 멈추었다.

"자, 빌리. 내가 하는 대로 하고 날 바짝 따라오도록 해. 네 녀석은 말의 꼬리와 머리도 분간을 못하니 머리로 서 있는지, 발로 서 있는지 몰라서 머리가 핑핑 돌지 않게 조심하는 게 좋겠군. 명심해. 오래된 술은 고양이가 사람의 말을 하게 하기도 하지만, 사람을 멍청이로 만들 수도 있는 법이야."

그러고 나서 요정은 묘한 말을 내뱉었다. 빌리는 이 말이 무슨 뜻인지 전혀 몰랐지만 어떻게든 요정을 따라했다. 그러자 둘은 열쇠 구멍을 하나씩 차례로 통과해 갖은 종류의 포도주를 잘 보관해 둔 포도주 저장고에 이르렀다.

요정은 능력이 닿는 한 잔뜩 술을 들이켰다. 주인이 모범을 보이자 빌리 역시 전혀 싫어하는 기색 없이 술을 마셔댔다.

"당신은 정말 최고의 주인님이에요. 누가 다음가는지는 모르겠지만요. 어쨌든 계속 이렇게 잔뜩 마시게만 해준다면 기꺼이 주인님을 섬기겠어요."

"네놈과 흥정을 할 생각은 없어. 앞으로도 말이야. 이제 일어나서 날 따라와."

둘은 열쇠 구멍을 통과하고 통과해 밖으로 나간 뒤, 문 앞에 남겨 두었던 골풀에 올라탔다.

"보람, 보람, 보람"

이 세 마디를 외치자마자 골풀이 말로 변해 눈앞에 펼쳐진 구름을 눈뭉치마냥 박차고 달아날 수 있었다.

라스가 있는 들판으로 돌아온 요정은 다음날 밤, 같은 시간에 다시 오라고 명령한 뒤 빌리를 돌려보냈다. 그렇게 둘은 밤마다 오늘 밤은 여기, 내일 밤은 저기로 목적지를 바꿔가며 길을 떠났다. 때로는 북쪽으로, 때로는 동쪽으로, 때로는 남쪽으로. 온 아일랜드의 부잣집 포도주 저장고는 다 한 번씩 다녀갔고, 포도주 맛도 집사보다 더 잘 분간할 수 있게 되었다.

어느 날 밤, 빌리 맥 대니얼은 평소처럼 라스가 있는 들판에서 요정을 만나 여행길에 타고 갈 말을 가지러 습지로 향했다. 그때 주인이 말했다.

"빌리, 오늘밤에는 말이 하나 더 있었으면 좋겠어. 돌아올 때 일행이 늘어날지도 모르거든."

주인님의 명령에 토를 달지 않는 편이 낫다는 것을 배운 빌리는 늘어나는 일행이란 누구일까, 혹시 동료 하인이 생기는 것일까 생각하며 세 번째 골풀까지 준비했다.

'만약 동료 하인이 생긴다면 그 녀석이 매일 밤 습지에서 말을 가져와야 해. 어느 모로 보나 나는 주인님 못지 않은 훌륭한 신사니까 말이야.'

빌리는 이렇게 생각했다.

어쨌든 그들은 길을 떠났고, 빌리가 세 번째 말까지 이끌었다. 쉼 없는 여정은 리머릭 지방의 아늑한 농가 앞에 이르러서야 끝이 났다. 그 위대한 브리안 보루[50]가 세웠다고 전해지는 캐리고거니엘 성 근처였다. 집 안에서는 대단히 흥겨운 연회가 한창이었다. 요정은 바깥에 서서 잠시 연회 소리에 귀를 기울이다가 돌연 돌아서서 빌리를 바라보고 말했다.

"빌리, 나는 내일로 천 살이 된다!"

"신의 축복이 있기를! 주인님, 정말이세요?"

"다시는 그 말을 입에 올리지 마, 빌리. 안 그러면 난 네놈 때문에 영원히 파멸할 테니까. 자, 빌리, 나는 내일이면 이 세상에서 천 년을 산 게 된다. 그러니 이제 혼기가 꽉 찬 것 같단 말이야."

"제 생각도 그래요. 전혀 의심할 여지도 없죠. 결혼하실 생각이 있다면요."

"바로 그것 때문에 캐리고거니엘까지 이 먼 길을 왔지. 이 집에서, 오늘 밤, 다비 라일리라는 청년이 브리짓 루니와 결혼하거든. 키가 크고 예쁘장한 아가씨야. 가족들도 다 점잖은 사람들이고. 난 브리짓을 데려가서 아내로 삼으려고 생각하고 있어."

"그럼 다비 라일리가 뭐라고 할까요?"

---

50 11세기, 네 지역으로 분리되어 있던 아일랜드를 최초로 통일한 왕.

"닥쳐!"

늙은 요정이 아주 험한 표정으로 말했다.

"꼬치꼬치 캐물으라고 널 여기까지 데려온 게 아니야."

요정은 더 말을 잇지 않고 공기처럼 자유롭게 열쇠 구멍을 통과할 수 있는 기묘한 주문을 외웠다. 빌리 역시 주인이 하는 대로 따라 읊을 수 있는 자신도 꽤 영리하다고 자부하며 주문을 외웠다.

요정과 빌리는 안으로 들어갔다. 요정은 사람들을 잘 관찰하려고 그들의 머리 위로 온 집안을 가로지르는 대들보에 수컷 참새마냥 민첩하게 올라가 앉았다. 빌리도 마주보는 대들보로 올라갔다. 하지만 그렇게 좁은 곳에 앉는 일이 익숙하지 않다보니 다리를 덜렁덜렁 늘어뜨리고 앉아야 했다. 도저히 주인처럼 제대로 올라앉을 수가 없었다. 만약 요정이 평생 재단사로 일해 왔다고 해도, 그처럼 만족스럽게 엉덩이를 붙이고 앉지는 못했을 것 같다.[51]

그렇게 주인과 하인은 아래에서 펼쳐지는 연회를 내려다보았다. 밑에는 신부님과 백파이프 연주자, 다비 라일리의 아버지, 다비의 두 형제와 사촌이 있었다. 브리짓 루니의 어머니와 아버지도 자랑스러운 눈으로 딸을 바라보고 있었다. 브리짓은 충분히 자랑스럽게 여길 만한 딸이었다. 브리짓의 네 자매는 새 리본을 단 모자를 썼고,

---

51 엉덩이를 바닥에 붙이고 다리를 교차해 책상다리로 앉는 것을 재단사처럼 앉는다고 표현하기도 한다.

세 오빠는 먼스터 지방 청년 그 누구보다도 말끔하고 영리해 보였다. 숙부, 숙모, 친구들, 친척들까지, 집안을 가득 채울 정도로 손님이 많았다. 탁자 위에는 두 배로 많은 손님들이 오더라도 모두 대접할 수 있을 만큼 먹고 마실 것이 넉넉하게 차려져 있었다.

루니 부인의 앞에는 흰 사보이 양배추를 깔아서 장식한 돼지머리가 놓여 있었다. 부인은 신부님이 이 돼지머리를 가장 먼저 자르도록 거들었다. 바로 그때 브리짓이 재채기를 했다. 탁자에 둘러앉은 사람들은 모두 놀랐지만, 아무도 "신의 축복이 있기를"이라고 말하지 않았다. 다들 신부님이 하셔야 할 말이라고 생각했던 것이다. 신부님이 의무를 다하려면 당연히 그래야 했으니 말이다. 하지만 신부님께 축복의 말을 청하려 하는 사람도 없었다. 불행히도 신부님의 입이 돼지머리 고기와 채소로 가득 차 있었기 때문이다. 잠시 뒤, 피로연의 흥이 되살아나면서 경건한 축복의 말은 끝내 들리지 않았다.

이때 빌리와 그의 주인은 높은 곳에서 무심히 지켜보고 있었다.

"하!"

요정은 이렇게 외치며 접고 있던 한쪽 다리를 뻗어 즐겁게 흔들었다. 두 눈이 기묘한 빛을 띠고 반짝였으며, 들어 올린 눈썹은 끝이 뾰족한 고딕 아치 모양으로 구부러져 있었다.

"하!"

요정은 브리짓을 음흉하게 내려다보다가 빌리를 쳐다보고 말했다.

"이제 신부를 반쯤 차지했군, 확실해. 브리짓이 두 번만 더 재채기를 하면 내 차지가 된다. 사제가, 기도서가, 다비 라일리가 있다고 해도 말이야."

아름다운 브리짓이 다시 재채기를 했다. 이번에는 소리 죽여 재채기를 한 것도 있고, 신부가 너무 부끄러워하기도 했기에 요정을 빼고는 눈치 챈 사람이 거의 없었다. 그러니 그 누구도 "신의 축복이 있기를"이라고 말할 생각을 하지 못했다.

빌리는 계속해서 유감스러운 표정으로 가엾은 신부를 바라보았다. 브리짓은 열아홉 살이었다. 크고 파란 눈에 투명한 피부, 보조개가 들어가는 뺨이 아름다웠으며 건강하고 명랑했다. 이렇게 생기 넘치는 아가씨가 못생기고 왜소한 요정, 그것도 하루만 지나면 천 살이 되는 늙은이와 결혼해야 하다니 끔찍하다고 생각할 수밖에 없었던 것이다.

바로 이 중대한 순간, 신부가 세 번째로 재채기를 했다. 빌리는 온 힘을 끌어 모아 소리쳤다.

"주여, 우리를 구하소서!"

이 외침이 그저 혼잣말이 튀어나온 것인지, 아니면 재채기 소리에 습관적으로 튀어나온 것인지 빌리 자신도 정확히 알 수 없었다. 하지만 이 말이 튀어나오자 요정은 곧 분노와 실망이 뒤섞인 얼굴로 펄쩍 뛰며 금이 간 백파이프처럼 새된 목소리로 외쳤다.

"빌리 맥 대니얼, 네놈은 이제 내 하인이 아니야. '이게' 네 급료다!"

그리고 요정은 어마어마한 분노를 실어 불쌍한 빌리의 등을 걷어찼다. 덕분에 운도 없는 하인은 식사가 차려진 탁자 한가운데에 얼굴을 처박으며 큰 대자로 떨어졌다.

빌리도 놀라긴 했지만 아무런 예고도 없이 사람이 떨어지는 것을 본 연회장의 사람들은 얼마나 더 놀랐을까. 하지만 빌리의 이야기를 듣자, 쿠니 신부님은 나이프와 포크를 내려놓고 순식간에 신랑과 신부를 맺어주었다. 빌리 맥 대니얼은 이 결혼식에서 린카[52]를 추고 술도 잔뜩 마셨다. 역시 빌리한테는 춤보다 술이 제일이었다.

---

52 아일랜드의 춤곡 중 하나.

3. 도니골의 파르 댜르그

러티샤 매클린톡

땜장이 팻 다이버는 떠돌이 생활이나 낯선 잠자리에 익숙한 사람이었다. 연기에 그을린 오두막집에서 거지와 담요를 같이 쓴 적도 있었고, 험한 이니쇼언 산맥 구석구석 위스키를 밀조하는 집을 찾아가 증류기 옆에서 웅크리고 잔 적도 많았다. 히스가 무성한 황야나 배수로에서 지붕도 없이 하늘을 천장 삼아 자기도 했다. 하지만 그가 겪어왔던 밤의 모험담은 이 특별한 하룻밤에 비하면 모두 그저 그런 뻔한 이야기에 불과했다.

그날 낮에 팻은 모빌과 그린캐슬에 있는 주전자며 솥을 모두 고치고 쿨다프로 향했다. 밤이 되었을 때 그는 인적 드문 산길을 걷고 있었다.

팻은 주머니에 든 반 페니를 짤랑거리며 하룻밤 묵어가게 해달라고 집집마다 문을 두드렸다. 하지만 어디에서도 안으로 들여보내주지 않았다.

한번도 그를 거절한 적이 없었던 이니쇼언 지방 특유의 너그러움은 어디로 가버린 것일까? 사람들이 이렇게 인색하게 굴 때는 돈을 내겠다고 해봐야 아무 소용이 없다. 이렇게 생각하면서 팻은 조금 멀리 떨어진 불빛 쪽으로 가서 오두막집 문을 다시 한 번 두드려 보았다.

집 안에는 노부부 한 쌍이 난로 양 옆에 앉아 있었다.

"하룻밤 묵어갈 수 있을까요, 어르신?"

팻이 공손하게 물었다.

"이야기는 할 줄 아시오?"

노인이 물었다.

"아니오, 어르신. 이야기를 잘한다고는 말씀드릴 수 없겠네요."

팻이 당황하며 대답했다.

"그럼 이대로 계속 가보구려. 이야기를 못하는 사람은 여기 들어올 수 없으니까."

이렇게 대답하는 노인의 어조가 몹시 단호했기에 팻은 다시 한번 청해보지도 못하고 발걸음을 돌렸다. 어쩔 수 없이 고단한 여정을 이어나가야 했다.

"이야기라, 정말이지. 할머니가 손주한테 옛날이야기를 해주는 것
도 아니고!"

이렇게 중얼거리며 땜질 도구를 집어 드는데, 집 뒤로 조금 떨어
진 곳에 있는 헛간이 눈에 들어왔다. 팻은 달빛의 도움을 받아 헛간
으로 향했다.

한쪽 구석에 짚더미가 쌓여 있는 깨끗하고 널찍한 헛간이었다. 여
기라면 경멸의 시선을 받을 필요가 없었다. 팻은 짚더미 위로 올라
가 금세 잠에 빠져들었다.

하지만 곧 발소리가 들려와서 그리 오래 잠들어 있을 수는 없었
다. 덮고 있던 지푸라기 틈으로 엿보니 키가 어마어마하게 큰 네 남
자가 헛간으로 시체를 끌고 들어와 바닥에 거칠게 던져놓았다.

남자들은 헛간 한가운데에 불을 피우고 시체의 발을 밧줄로 묶
은 뒤 지붕의 들보에 매달았다. 그중 하나가 불 앞에서 천천히 시체
를 돌리기 시작했다. 그리고 조금 뒤 넷 중에서 제일 큰 남자에게 말
했다.

"이봐, 난 이제 지쳤어. 네가 돌릴 차례야."

"그럴 수도 있고, 아닐 수도 있고. 난 차례 따위 몰라."

거대한 남자가 말했다.

"저기 짚더미 밑에 팻 다이버가 있어. 팻 차례로 하면 어때?"

네 남자는 끔찍한 소리를 지르며 불쌍한 팻을 불렀다. 도망칠 구

석이 없었던 팻은 시키는 대로 나가는 게 제일 현명한 선택이라고 생각했다.

"자, 팻. 시체를 돌리도록 해. 단, 태워먹었다가는 네가 대신 저 자리에 묶여서 구워질 줄 알라고!"

머리카락이 쭈뼛 서고 이마에 식은땀이 줄줄 흘러내렸지만, 시키는 대로 그 무서운 일을 하는 수밖에 없었다.

팻이 제대로 일을 하기 시작하자 키 큰 남자들은 가버렸다.

하지만 금방 불길이 치솟는 바람에 밧줄이 타버리고 말았다. 시체는 커다랗게 쿵 소리를 내며 불 속으로 떨어졌고 사방으로 타다 만 숯이며 재가 흩어졌다. 절망한 요리사의 입에서 고통스러운 비명이 울려 퍼졌다. 팻은 목숨을 부지하려고 미친 듯이 문밖으로 달려 나갔다.

지쳐서 쓰러지기 직전까지 뛰고 또 뛴 팻의 눈에 키 큰 풀이 무성하게 자라서 빼곡하게 덮인 배수로가 들어왔다. 그 안으로 기어 들어가 아침이 올 때까지 숨어 있으면 될 것 같았다.

하지만 얼마 지나지 않아 또 육중한 발소리가 들려왔다. 네 남자가 시체를 가져와 배수로 가장자리에 내려놓은 것이다.

"난 지쳤어. 이제 얼마간 네가 시체를 들 차례야."

하나가 다른 거인에게 말했다.

"그럴 수도 있고, 아닐 수도 있고. 난 차례 따위 몰라. 하지만 저기 배수로에 팻 다이버가 있어. 팻 차례로 하면 어때?"

"어서 나와, 팻. 나오라고!"

네 남자가 소리치자 무서워서 죽을 지경인 팻이 기어 나왔다.

팻은 시체가 무거워서 비틀거리며 킬타운 수도원까지 갔다. 밤새도록 부엉이가 울고 담쟁이덩굴이 뒤덮인 폐허였다. 벽 주위로 블랙베리 나무며, 금방망이 풀이 빽빽하게 엉켜서 자라고 있었는데, 그 밑에는 세상이 잊은 사람들이 묻혀 있었다. 이제는 그곳에 사람을 묻는 일이 없었지만, 거인들은 버려진 묘지로 들어가 무덤을 파기 시작했다.

거인들이 무덤 파기에 열중하는 것을 본 팻은 다시 한 번 도망치기로 하고, 울타리 역할을 하는 산사나무 위로 기어 올라갔다. 나뭇가지 뒤로 모습을 감출 요량이었다.

"난 지쳤어."

무덤을 파고 있던 남자가 제일 큰 거인에게 말했다.

"자, 삽을 받아. 네 차례야."

"그럴 수도 있고, 아닐 수도 있고. 난 차례 따위 몰라."

거인은 전과 같이 대답했다.

"저기 나무 위에 팻 다이버가 있어. 팻 차례로 하면 어때?"

팻은 나무에서 내려와 삽을 받았다. 그런데 그때 수도원 근처의 작은 농장이며 오두막집에서 수탉 울음소리가 들려왔다. 거인들은 서로를 바라보았다.

"우린 가야만 해. 수탉이 울어서 잘됐네, 팻 다이버. 시체랑 같이 묻힐 참이었는데."

그 후 두 달이 지났다. 팻은 멀리멀리 방랑을 계속해 도니골 지방까지 가게 되었다. 라포에 도착하니 때마침 축제가 한창이었다. 광장에 모인 인파 속에서 팻은 문득 키가 큰 남자와 맞닥뜨렸다.

"잘 지내, 팻 다이버?"

남자가 몸을 숙이고 땜장이의 얼굴을 바라보며 말했다.

"절 아시나 보네요, 나리. 아쉽게도 전 나리가 뉘신지 모르겠는데요."

팻이 더듬거리며 대답했다.

"날 모른다고, 팻?"

사내가 속삭였다.

"이제 이니쇼언으로 돌아가면 잠자리는 걱정 없을 거 아냐. 이야깃거리가 있을 테니까!"

CHAPTER 2
푸카

● ● ● **푸카**^{púca}는 기본적으로 동물의 정령으로 여겨진다. 숫염소를 뜻하는 폭^{poc}에서 이름이 유래되었다고 보는 사람들도 있다. 일부 이론가들은 푸카가 셰익스피어의 희곡 「한여름 밤의 꿈」에 나오는 요정, '퍽'의 조상이라고 생각한다. 푸카는 인적 없는 산 속이나 오래된 폐허에서 살며 "막대한 고독을 이기지 못해 괴물로 변하였고" 몽마[53]와 같은 일족이다. 더글러스 하이드 씨는 내게 보낸 편지에서 이렇게 설명한다.

"「막-나-미호알라」라는 작자 미상의 옛이야기 필사본을 보면 다음과 같이 적혀 있습니다. '렌스터 지방의 어느 언덕에 살이 잘 오른 이 두려운 말이 미끈한 모습을 반만 드러내고 종종 나타나 인간의 목소리로 사람들에

---

[53] 몽마(夢魔): 잠자는 사람을 괴롭히는 악한 괴물 혹은 정령.

게 11월 1일에 관해 이야기해주었다. 또 다음해 11월까지 자신에게 무슨 일이 일어날지 물어오는 사람이 있으면 언제나 영리하고 적절한 답을 해주곤 했다. 성 패트릭과 다른 성자들이 기독교를 가르치기 전에는 사람들도 언덕에 선물을 남겨두곤 했다.' 이 전설이 푸카와 관련된 전설 같습니다."

그렇다! 이 전설에 나오는 말이 단순히 아흐이슈케, 즉 수마(水馬)를 뜻하는 것이 아니라면 말이다. 수마는 전해오기로 한때 아주 흔해서 물속에서 나와 모래 위나 들판 위를 뛰어다녔다고 한다. 그러면 사람들이 물가에서 수마를 가로막고 고삐를 씌우곤 했다는데, 이렇게 사로잡힌 수마는 물이 보이지 않는 곳에서는 훌륭한 말이 되었다.

다만, 조금이라도 물을 보았다가는 사람을 태운 채로 물속에 들어가 밑바닥에서 갈가리 찢어 죽였다. 하지만 11월 1일은 푸카를 신성하게 기리는 날이므로, 11월의 정령 푸카에 대한 것으로 보는 편이 맞을 것이다. 또 수마처럼 사납고 눈에 띄는 정령이 저렇게 말주변 좋고 예의바르게 변한다니 믿기 힘들다.

푸카는 여러 모습으로 변한다. 말인가 하면 나귀로 변하고, 황소로 변했다가, 염소가 되기도 하고, 독수리가 되기도 한다. 다른 모든 정령들이 그러하듯, 형태로 이루어진 세상에서 푸카는 불완전한 존재이다.

— W. B. 예이츠

1. 백파이프 부는 사내와 푸카

더글러스 하이드 옮김 (아일랜드어로 쓴 『이야기 책』에서 발췌.)

옛날 옛적, 골웨이 주 던모어에 조금 모자란 사람이 살았다. 그는 음악을 무척 좋아했지만, '검은 악당' 딱 한 곡만 외울 수 있었다. 그래도 지역 신사들한테서 적잖이 보수를 받곤 했는데, 다들 사내를 놀리며 즐거워했기 때문이다.

어느 날 밤, 무도회가 열린 집에서 연주를 하고 반쯤 취해서 돌아오는 길이었다. 어머니 집으로 가는 길에 있는 작은 다리에 이르자, 사내는 백파이프를 눌러 '검은 악당(로게러 두^{rógaire dubh})'를 연주하기 시작했다. 그때 뒤에서 푸카가 나타나 사내를 휙 들어 올리더니 등에 태웠다. 푸카에게는 긴 뿔이 있었기에 사내는 그 뿔을 단단히 잡고 말했다.

"뒈져버려라, 이 나쁜 괴물. 날 집으로 보내줘. 내 주머니에 어머니한테 드릴 10페니짜리 은화가 들어있단 말이다. 어머니는 코담배를 사고 싶어 하신단 말이야."

"어머니는 신경 쓰지 말고 뿔이나 단단히 잡아. 떨어지면 목도, 백파이프도 다 부러질 테니."

푸카가 말했다. 그리고 또 덧붙이기를 "트샨 반 보호트t-seann-bhean bhocht'를 연주해 줘"라고 했다.

"모르는 곡인데."

"알든, 모르든 신경 쓸 것 없어. 연주하라고. 알게 해줄 테니까."

사내는 백파이프의 자루에 바람을 집어넣은 뒤 근사한 음악을 연주했고, 자기 자신도 깜짝 놀랐다.

"맹세하는데 넌 훌륭한 음악 선생이야. 그런데 날 어디로 데려가는 거야?"

사내가 물었다.

"오늘밤 크로프 패트릭 산꼭대기에 있는 반쉬네 집에서 큰 연회가 있어. 널 데려가서 음악을 연주하게 하려고. 약속하는데 보수는 걱정하지 않아도 돼."

"세상에나. 덕분에 두 번 걸음 안 해도 되겠네. 윌리엄 신부님이 크로프 패트릭 산에 다녀오라고 시키셨거든. 저번 성 마르틴 축일에 신부님의 흰 거위를 훔쳤다가 걸려서 말이야."

푸카는 언덕과 늪지와 강을 가로지르며 날쌔게 달렸고, 크로프 패트릭 산의 정상으로 사내를 데려갔다. 푸카가 발을 들어 세 번 내리치자, 커다란 문이 열리고 둘을 멋진 방 안으로 들여보내 주었다.

방 한가운데에 황금 탁자가 있고 칼랴흐^{cailleach}(늙은 여인)가 수백 명 탁자 주위에 둘러 앉아 있었다. 여인들이 자리에서 일어나 말했다.

"환영하고, 환영하고, 또 환영해요, 11월의 푸카. 그런데 함께 온 분은 누구죠?"

"아일랜드 최고의 백파이프 연주자랍니다."

푸카가 대답했다.

칼랴흐 중 하나가 발을 한 번 구르자, 한쪽 벽에서 문이 열리고 사내가 윌리엄 신부님께 훔쳤던 흰 거위가 나왔다.

"사실을 말하자면 저랑 저희 어머니는 이 거위를 모조리 먹어치웠답니다. 딱 날개 하나를 남겨서 모이 루아(붉은 머리 메리)에게 줬는데, 그 여자가 신부님께 거위를 훔친 건 나라고 일러바쳤죠."

거위는 탁자 위를 깨끗하게 치운 다음, 탁자도 밖으로 내갔다. 그러자 푸카가 말했다.

"부인들께 연주해 드려."

사내는 연주를 시작했다. 칼랴흐들은 춤을 추기 시작했고, 춤은 지칠 때까지 계속되었다. 푸카가 사내에게 보수를 지불해달라고 하자, 여인들은 저마다 금화를 하나씩 꺼내 사내에게 건넸다.

"성 패트릭의 위엄을 걸고, 난 이제 귀족 집 아들 부럽지 않은 부자다."

"자, 따라와. 집으로 데려다 줄게."

푸카가 말했다.

둘은 문을 나섰다. 사내가 막 푸카의 등에 올라타려는 순간, 거위가 다시 나와 사내에게 새로운 백파이프를 선사했다. 푸카는 금세 던모어로 달려가 전의 그 다리 위로 사내를 내려준 다음, 집으로 가라고 말하며 이렇게 덧붙였다.

"넌 이제 전에는 갖지 못했던 것을 두 가지 얻게 되었어. 지혜와 음악이지."

사내는 집으로 가서 문을 두드렸다.

"문 열어주세요. 전 이제 귀족만큼 부자예요. 아일랜드 최고의 연주자예요."

"취했구나."

어머니가 말했다.

"아뇨, 정말이에요. 술은 한 방울도 안 마셨어요."

어머니는 문을 열어 아들을 들어오게 했다. 사내는 금화를 꺼내 어머니에게 주었다.

"잠깐 기다리세요. 제 연주부터 들어보셔야 해요."

사내는 새 백파이프를 매고 연주를 시작했다. 그러나 음악 소리

대신 아일랜드의 거위들이 암컷, 수컷 가리지 않고 모두 모여 꽥꽥 거리는 것 같은 소리가 났다. 덕분에 잠에서 깬 이웃들이 몰려와 사내를 비웃었다. 하지만 사내는 원래 쓰던 백파이프를 꺼내 감미로운 음악을 연주하고는 그날 밤 자기가 겪은 일을 들려주었다.

다음 날 아침, 어머니가 금화를 확인해보니, 금화는 온데간데없고 나뭇잎만 잔뜩 들어 있었다.

사내는 신부님을 찾아가 자기가 겪은 일을 이야기했다. 하지만 신부님은 단 한 마디도 믿으려 하지 않았다. 결국 사내는 새 백파이프를 꺼내 거위들이 꽥꽥거리는 소리를 연주했다.

"썩 나가라, 이 도둑아."

신부님이 말했다.

그러나 사내가 원래 백파이프를 꺼내 연주를 시작하자, 신부님도 그의 이야기가 사실이라고 믿지 않을 수 없었다.

사내는 그날부터 죽는 날까지 헌 백파이프를 매고 아름다운 음악을 연주했다. 골웨이 지방에는 이 사내만큼 뛰어난 백파이프 연주자가 다시 나오지 않았다고 한다.

2. 대니얼 오러크

T. 크로프턴 크로커

많은 사람들이 대니얼 오러크의 유명한 모험담을 들어봤을 것이다. 하지만 그가 땅과 하늘 위에서 위태로운 모험을 하게 된 것이 전부 푸카의 탑 밑에서 잠들었기 때문이라는 사실을 아는 사람은 거의 없다. 나는 이 노인을 잘 안다. 그는 헝그리힐 밑자락, 밴트리로 가는 길 오른편에서 살았다. 내게 이 이야기를 들려주었을 때는 이미 백발에 코가 빨간 노인이었다.

1813년 6월 25일, 나는 그의 입에서 직접 이 이야기를 전해 들었다. 보기 드물게 기분 좋은 저녁, 노인은 늙은 포플러 나무 아래에 앉아 파이프를 피우며 입을 열었다. 그날 나는 글렌가리프에서 오전을 보냈고, 다시 섬의 동굴들을 둘러볼 예정이었다.

자주 이 얘기를 들려달라고들 한답니다. 선생님. 그래서 처음 하
는 이야기는 아니에요. 저희 주인 나리한테 아드님이 계신데, 프랑
스랑 스페인에 계시다가 오셨거든요. 나폴레옹이 나오기 전에는 젊
은 신사 양반들이 종종 외국에 나가셨으니까요. 그래서 아드님이 돌
아오시니까 주인 나리가 잔치를 베풀어주셨지요. 신분이 높든 낮든,
부자든 가난하든 누구나 잔치에 올 수 있었어요. 선생님 앞에서 이
렇게 말씀드리자면 실례겠지만, 옛날 신사 양반들은 이렇든 저렇든
신사였단 말입니다.

　물론 면전에서 욕을 할 때도 있었고, 채찍을 휘둘러 상처를 입힐
때도 있었지요. 하지만 끝에 가서 우리 같은 아랫것들이 손해를 보
는 일은 없었거든요. 이분들은 아주 원만하고 친절했어요. 멋들어진
집도 여러 채 있었고, 사람들을 수도 없이 환대하곤 했지요. 집세를
내라고 몰아붙이지도 않았고, 소작인들은 한 사람도 빠짐없이 1년
에도 몇 번이나 주인 나리의 너그러운 씀씀이 덕을 봤답니다. 이제
는 세상이 달라졌지만요. 어쨌든 선생님, 제 얘기를 시작하는 편이
좋겠군요.

　글쎄, 그날 우리는 뭐든지 최고로, 잔뜩 즐길 수 있었답니다. 먹고
마시고 춤을 췄죠. 젊은 나리도 마찬가지로 보헤린에서 온 페기 배
리랑 춤을 췄고요. 사랑스러운 한 쌍이었어요. 둘 다 지금은 몰락했

지만요. 간단하게 말하자면 그날 저는 잔뜩 취했던 모양입니다. 사실 어떻게 잔치에서 빠져나왔는지 도통 기억이 안 나요. 그런데도 그때 전 요술사[54] 몰리 크로노한한테 들러야겠다고 생각했습니다. 암염소가 뭔가에 홀린 것 같아서 의논을 해봐야겠다고 생각한 거죠.

그래서 발리아셰노 냇물의 징검다리를 건너다가 별을 올려다보고 축복을 내려달라고 빌었습니다. 왜냐고요? 그날이 성모 마리아 축일이었거든요. 그런데 그러다가 발을 헛디디는 바람에 물에 빠졌지 뭡니까. '큰일 났다. 빠져 죽을지도 모른다!' 이런 생각이 들더군요. 그래도 소중한 목숨을 건져야 하니까 헤엄치고, 헤엄치고, 또 헤엄쳤습니다. 어떻게든 겨우겨우 물가에는 나왔는데, 어떻게 된 건지 이게 또 외딴 섬이었어요.

걷고, 걷고, 어디로 가는지도 모르면서 계속 걸었더니 마침내 큰 늪이 나왔습니다. 달이 낮처럼, 아니 선생님이 사모하시는 숙녀 분 눈동자처럼 밝았답니다(함부로 입에 올려서 송구합니다). 동서남북, 사방을 둘러보니 늪, 늪, 늪, 늪밖에 없는 거예요. 대체 어쩌다 거기로 들어가게 된 건지 알 수가 없었습니다. 무서워서 심장이 차갑게 식어버렸죠. 여기가 내 무덤이구나 하고 확신했으니까요.

---

54 앞서 『라그나네이의 요정 샘』에 등장했던 '현명한 여인'과 마찬가지로 요정들과 함께 지내며 지식을 얻은 사람을 가리킨다. 이들은 사악한 주술을 깨뜨리거나 아픈 사람에게 약초를 처방해주는 등 사람들을 돕는 역할을 했다. 마녀와는 상반되는 존재로, 사람들이 조언을 구하러 가는 경우가 많았다.

그러나 운 좋게도 옆에 큰 돌이 있길래 그 위에 앉아서 머리를 긁적이며 울라곤(비가)을 불렀습니다. 그때 불현듯 달빛이 어두워졌어요. 올려다봤더니 무언가가 하늘에서 저를 향해 내려오는 것처럼 보이는 겁니다. 뭔지는 모르겠지만 별안간 내려와서는 저를 빤히 보는데, 다름 아닌 독수리가 아니겠습니까? 케리 지방에서 본 어느 독수리보다도 늠름했어요. 독수리는 제 얼굴을 보고 말했습니다.

"대니얼 오러크, 잘 지내시는가?"

"아주 잘 지냅니다. 고맙습니다, 나리. 나리도 잘 지내시길 빕니다."

저는 이렇게 대답했습니다. 그러면서도 계속 독수리가 어떻게 사람처럼 말을 할 수 있는지 의아해 하고 있었죠. 독수리가 물었습니다.

"무슨 일로 여기까지 왔나, 댄?"

"아무 일도 아닙니다, 나리. 제가 바라는 건 무사히 집에 돌아가는 것뿐입죠."

"이 섬 밖으로 나가고 싶단 말인가, 댄?"

"그렇습니다, 나리."

그리고 저는 어쩌다 술을 많이 마시게 됐는지, 어쩌다 물에 빠졌는지, 어쩌다 이 섬까지 헤엄쳐 오게 되었는지, 또, 어쩌다 이 늪까지 들어와서 나갈 길을 못 찾고 있는지 전부 털어놓았습니다. 독수리는 잠시 생각하더니 입을 열었습니다.

"댄, 성모 축일에 술에 취하다니 정말 불손하군. 그래도 술만 안 마시면 자넨 괜찮은 사람이야. 미사에도 잘 나가고, 나나 내 둥지에 돌을 던진 적도 없지. 소리를 지르며 우리들을 들판에서 몰아낸 적도 없고. 그러니 도와주겠네. 내 등에 올라타고 떨어지지 않게 꼭 잡게. 날아서 늪 밖으로 빼내주지."

"죄송하지만, 나리, 절 놀리시는 거지요? 독수리 등에 타다니 들어본 적도 없습니다요?"

"신사의 명예를 걸고 말하는데……."

독수리는 오른쪽 발을 가슴에 올리고 말했습니다.

"난 진지하네. 내 제의를 받아들일지, 이 늪에서 굶어죽을지는 이제 자네 선택에 달렸네. 그런데 자네 몸무게 때문에 돌이 가라앉고 있군."

정말이었습니다. 제 밑으로 돌이 점점 가라앉고 있었습니다. 그러니 선택의 여지가 없었지요. 저는 겁쟁이는 미인을 얻지 못하는 법이라고 자신에게 말했습니다. 꽤 납득이 되더군요.

"이렇게 도와주시겠다니 감사합니다, 나리. 신세 좀 지겠습니다."

저는 이렇게 말하고 독수리의 등에 올라탄 다음, 목 주변을 꼭 붙들었습니다. 독수리는 종달새처럼 가볍게 하늘로 날아올라갔습니다. 그때는 이 독수리가 제게 무슨 짓을 하려는지 전혀 모르고 있었지요. 위로, 위로, 위로 얼마나 올라갔는지는 주님만이 아실 겁니다.

"저, 그럼……." 하고 제가 말을 꺼냈습니다. 독수리가 저희 집으로 가는 길을 모를 것 같았거든요. 아주 공손하게 말했지요. 왜냐고요? 그야 제 목숨이 독수리한테 달려 있었으니까요.

"죄송하지만 나리, 감히 나서서 말씀드리자니 송구하옵니다만 조금 낮게 날아주시면 어떠신지요. 막 저희 집 위를 지나고 있어서, 저기 내려주시면 될 것 같아서 말씀드립니다. 그렇게만 해주시면 하해와 같은 은혜 잊지 않겠습니다."

"이런, 댄. 내가 바보인 줄 아는가? 옆 들판을 내려다보게. 두 남자가 총을 들고 있는 게 보이지 않나? 늪지의 차가운 돌 위에서 주정뱅이 하나 구해줬다가 총에 맞아서 죽으라니 농담이라도 듣고 싶지 않군."

저는 '짜증나는 놈'이라고 생각하긴 했지만 입 밖에 내지는 않았습니다. 그래봤자 아무 소용없으니까요. 어쨌든 선생님, 독수리는 계속해서 날고, 날았습니다. 계속 조금 내려가자고 부탁했지만 헛수고였어요.

"대체 어디로 가시는 겁니까, 나리?"

"입 다물게, 댄. 자네 일이나 신경 쓰고 남의 일에 간섭 말게."

"사실, 이게 바로 제 일인뎁쇼."

"조용히 하게, 댄."

그래서 저는 더는 입을 열지 않았습니다.

마침내 우리는 목적지에 도착했습니다. 다름 아닌 달이었어요. 이제 여기서는 볼 수 없지만 달 한쪽에는 낫이 박혀 있어요. 아니, 제가 젊었을 때는 있었습니다(그는 이렇게 말하며 지팡이 끝으로 땅에 모양의 그림을 그렸다).

독수리가 말했습니다.

"댄, 이렇게 멀리까지 날았더니 지쳤네. 이렇게 먼 줄은 정말 몰랐어."

"세상에, 나리. 대체 누가 이렇게 멀리 날아오시라고 했습니까. 제가 그랬습니까? 30분 전부터 내려가자고, 내려가자고 하지 않았습니까?"

"이제 와서 말해봐야 소용없네, 댄. 난 정말 지쳤어. 그러니 내가 좀 쉴 수 있도록 자네가 내려가서 달 위에 앉아 있게."

"달 위에 앉으라고요? 이 작고 동그란 데에 앉으라고요? 세상에 그럼 순식간에 떨어질 게 뻔한데요. 갈가리 부서지고 찢겨져서 죽게 될 텐데. 당신, 사기꾼이구만. 이 비열한 사기꾼!"

"무슨 소린가, 댄. 저쪽에 튀어나온 낫을 꼭 잡고 있으면 떨어지지 않을 걸세."

"그래도 싫소."

"그렇지 않을 텐데."

독수리가 조용조용 말했습니다.

"자네가 안 내려가겠다면 내 날개를 한 번 크게 흔드는 수밖에. 그럼 자네 몸의 뼈란 뼈는 모조리 아침마다 양배추 잎에 맺히는 이슬처럼 조그맣게 산산조각이 날 테지."

"아이고, 이런 놈이랑 같이 오는 게 아니었는데."

저는 이렇게 혼잣말을 중얼거리며 독수리가 알아들으면 안 된다는 생각에 아일랜드어로 욕을 실컷 해주고는 무거운 마음으로 내려가 낫을 잡고 달 위에 앉았습니다. 아주 차갑더군요. 정말입니다.

제가 달 위에 자리를 잡자 독수리가 저를 보고 말했습니다.

"잘 있어라, 대니얼 오러크. 잘도 속아 넘어갔구나. 작년에 내 둥지를 훔친 죗값이다(그건 사실이었습니다. 어떻게 알아냈는지는 모르겠지만 말입니다). 어디 인간들이 수탉을 매달고 돈을 던지며 노는 것처럼 달에 매달려서 평생 기다려 봐라."

"이게 다냐, 이런 식으로 날 버려두겠다 이거야? 이 나쁜 놈아. 흉측하게 생긴 괴물 놈, 끝내 날 이렇게 대하겠다고? 저주할 테다. 코도 굽은 주제에. 대대로 저주를 받을 줄 알아라, 이 악당아!"

이렇게 소리쳤지만 아무 소용이 없었습니다. 독수리는 거대한 날개를 펼치고 큰 소리로 껄껄 웃으며 번개처럼 날아가 버렸으니까요. 저는 멈추라고 소리를 질렀습니다. 하지만 평생 소리쳐 부른들 뭐하겠습니까. 들은 척도 안 하는데요. 독수리는 날아가 버렸고, 그날 이후 저는 그 독수리를 다시 보지 못했습니다. — 서운할 것도 없지만 요! 자, 이쯤 되면 제가 아주 막막한 처지가 되었다는 건 선생님도 잘 아실 겁니다.

절망에 사로잡혀서 계속 소리를 지르고 있었더니 달 한가운데에 서 문이 열렸습니다. 끼이익 하고 경첩이 삐걱거리는 소리가 나는 것이, 대략 한 달은 열린 적이 없는 것 같더군요. 경첩에 기름칠을 해야 한다는 것도 모르는 모양이었고요. 안에서 사람이 나왔는데, 누구겠습니까. 당연히 달나라 사람이지요. 더벅머리를 보니 알아보 겠더군요.

"안녕하신가, 대니얼 오러크. 잘 지내나?"

달나라 사람이 말했습니다.

"잘 지냅니다. 고맙습니다, 나리. 나리도 잘 지내시길 빕니다."

"여긴 왜 왔나, 댄?"

달나라 사람이 묻기에 저는 주인댁 잔치에서 술에 좀 취했던 일, 외딴섬에 흘러가게 된 일, 늪에서 길을 잃은 일, 저 비열한 독수리가 늪에서 빼내주기로 약속해 놓고 절 달에다 버려놓고 간 일을 이야 기해줬습니다.

"댄."

제가 이야기를 마치자 달나라 사람이 코담배를 조금 꺼내며 말했 습니다.

"자넨 여기 있으면 안 되네."

"그렇고말고요, 나리. 저도 정말 여기 있고 싶어서 있는 게 아닙니다. 하지만 어떻게 하면 돌아갈 수 있단 말입니까?"

"그건 자네가 알아서 할 일이고. 내가 할 일은 자네한테 여기 있으면 안 된다고 말해주는 걸세. 그러니 당장 나가게."

"달리 나쁜 짓은 하지 않고 있잖습니까. 그저 떨어지지 않게 낮을 붙들고 있을 뿐인데요."

"그게 안 된다는 게야, 댄."

"부탁드립니다, 나리. 가족이 몇 분이나 계신지 모르겠지만 이 불쌍한 나그네에게 잘 곳을 빌려주시지 않으시겠습니까. 아시다시피 이렇게 먼 길이니 이방인이 귀찮게 구는 일도 그리 흔치 않으리라 생각합니다만."

"난 혼자 사네, 댄. 그래도 자네는 낮을 놓는 편이 좋겠어."

"죄송하지만 전 절대 낮을 놓지 않을 겁니다. 놓으라고 하면 하실수록 절대 놓지 않겠어요."

"놓으라니까, 댄."

저는 눈으로 사내를 머리부터 발끝까지 훑어보고 체격을 가늠한 다음 이렇게 말했습니다.

"글쎄, 그럼 난쟁이 친구. 흥정은 양쪽이 하는 거지. 난 꼼짝도 안 할 테니까 당신은 당신 마음대로 하라고."

"어떻게 될지 두고 보게."

사내는 이렇게 말하고 돌아가더니 문을 세게 닫았습니다(화가 나서 씩씩거리고 있었으니 놀랄 일도 아니었죠). 그래도 얼마나 세게 닫았는지 달이고 뭐고 다 떨어지는 줄만 알았습니다.

어쨌든 저는 사내와 한판 붙을 각오를 다지고 있었습니다. 그때 사내가 손에 큰 식칼을 들고 나타났습니다. 그는 단 한 마디 경고도 없이 제가 붙잡고 있는 낫의 손잡이를 쾅, 쾅, 두 번 내리쳤습니다.

"잘 가게, 댄."

잘린 손잡이를 손에 쥔 채로 그대로 떨어지는 저를 보며 그 늙고 사악한 난쟁이 악당이 말했습니다.

"와 줘서 반가웠네. 잘 지내게, 대니얼."

저는 대답할 틈도 없이 데굴데굴, 여우사냥을 할 때처럼 빠르게, 구르고 또 굴렀습니다.

"신이여, 도우소서! 점잖은 사람이 이 밤에, 그것도 이 시간에 이런 모습을 보이다니 심히 곤란하잖아. 정말 끝장났군."

막 이렇게 말하려는 찰나, 슝! 제 귓가로 야생 거위 한 떼가 날아가지 뭡니까. 발리아셰노 냇가에서부터 여기까지 날아왔던 거예요. 그렇지 않으면 거위들이 어떻게 저를 알았겠습니까. 무리의 대장인 늙은 거위가 고개를 돌리고 말했습니다.

"댄, 자넨가?"

"맞습니다."

저는 거위가 말을 하는데도 기죽지 않고 대답했습니다. 이쯤 되니 이런 일들에 익숙해진 것도 있고, 그 거위를 예전부터 알았던 것도 있었습니다.

"안녕한가, 대니얼 오러크. 오늘 아침 기분은 어떤가?"

"좋습니다, 나리. 친절하게 물어봐주셔서 감사합니다."

그리고 숨을 들이마셨습니다. 그러지 않고는 못 배길 상황이었지요.

"나리도 잘 지내시길 빕니다."

"그런데 자네, 지금 떨어지는 것 같군, 대니얼."

거위가 말했습니다.

"그렇다고 할 수 있습니다, 나리."

"어딜 그리 황급히 가는 겐가?"

거위가 물었습니다.

그래서 저는 술을 마셨다가 섬에 가게 되고, 늪에서 길을 잃었다가 빌어먹을 독수리 때문에 달에 오게 되고, 달나라 사람마저 절 쫓아낸 이야기를 들려주었습니다.

"댄, 내가 자넬 구해주지. 손을 뻗어서 내 다리를 잡게. 집으로 데려다 주겠네."

"이야, 다리가 마치 꿀단지에 손을 넣은 것처럼 매끈하네요, 귀하신 나리."

저는 이렇게 말하면서도 속으로는 네놈도 그리 믿지는 못하겠다고 중얼거리며 있었습니다. 하지만 어쩔 수가 없으니 거위 다리를 잡고 다른 거위들과 함께 그를 따라 어마어마한 속도로 날아갔습니다.

날고, 날고, 또 날아서 망망대해에 이르렀습니다. 오른쪽에 케이프클리어가 툭 튀어나온 걸 보고 확실히 알 수 있었답니다.

"아, 나리."

어쨌든 저는 머릿속에 떠오르는 대로 제일 공손하게 말하는 편이 좋겠다고 생각했습니다.

"괜찮으시다면 육지 쪽으로 가주십시오."

"그건 당분간은 불가능하네, 댄. 우린 아라비아로 가는 길이라서 말이야."

"아라비아라고요! 그건 분명 머나먼 외국의 어딘가겠지요. 오! 거위 나리. 그러면 전 정말 불쌍한 처지가 됩니다."

"쉿, 조용히 해, 이 멍청아. 입 다물게. 아라비아는 꽤 괜찮은 곳이야. 웨스트 카베리와 엇비슷하지. 모래가 좀 더 많을 뿐이야."

이런 이야기를 할 때 바람을 받아 유유히 미끄러지는 배 한 척이 보이기 시작했습니다.

"아! 그러시면 나리, 괜찮으시다면 저를 저 배 위에 떨어뜨려 주시겠습니까?"

"아직 완전히 배 위에 이르진 못했네. 지금 떨어뜨리면 물속에 떨어지게 돼."

"아닙니다. 저도 그 정도로 바보는 아닙니다. 마침 아래에 방해될 게 아무것도 없으니 어서 떨어뜨려 주십시오."

"꼭 원한다면 들어주지. 자, 가보게."

거위는 움켜쥐고 있던 발톱을 풀어주었습니다. 정말 거위 말이 맞았습니다. 저는 짜디짠 바다 밑바닥으로 떨어졌으니까요. 밑바닥까지 내려간 다음에는 하염없이 위로, 위로 올라갔습니다. 그때 잠에서 깨어난 고래 한 마리가 와서 제 얼굴을 빤히 쳐다보는 겁니다. 그러고는 아무 말도 없이 꼬리를 들어 올려서 제 온몸에 차가운 소금물을 뿌려댔어요. 어디 하나 마른 구석 없이 흠뻑 젖도록 말입니다. 그리고 누군가 말하는 소리가 들려왔습니다. 분명 아는 목소리였어요.

"일어나, 이 주정뱅이야, 어서!"

그래서 눈을 떠보니 아내 주디가 큰 통에 든 물을 제 온몸에 뿌려대고 있었습니다. 저 세상에서도 잘 지내길! 주디는 좋은 아내였지만 제가 술에 취한 꼴은 견디지 못했어요. 손이 맵기도 했지요.

"일어나. 아니 우리 동네에는 잘 데도 많은데, 쓰러져서 잔 데가 왜 하필이면 캐리가푸카의 오래된 벽 밑이야? 틀림없이 편히 자지도 못했겠네."

아내가 다시 말했습니다.

정말 그랬습니다. 독수리며, 달나라 사람이며, 하늘을 나는 거위들, 고래 때문에 아주 괴로웠죠. 늪을 벗어나 달 위에 올라가고, 푸른 바다 밑바닥까지 가봤으니까요. 제가 열 배는 더 취해 있었다면 더 많은 일을 겪었겠지요. 장담해요.

3. 킬데어 푸카[55]

패트릭 케네디

H―R― 씨는 생전에 더블린에서 오래 살았지만, '98년'[56] 일 때문에 꽤 오래 해외에서 지내야 했던 적이 있다. 하지만 하인들은 남아서 ○○라스에 있던 저택을 지켰다. 그들은 주인 가족이 살고 있을 때와 하나도 다르지 않게 집을 돌봤다. 다만 잠자리에 든 이후로 부엌문이 쾅 닫히는 소리, 난로용 삽이나 부젓가락, 솥, 접시 따위가 쨍그랑거리는 소리가 나면 놀라서 겁을 집어먹곤 했다.

어느 날 저녁, 하인들은 번갈아가며 유령이니 생령이니 하는 이야

---

55 [원주] 아일랜드 켈트 족의 전설적인 설화이다.

56 1798년 아일랜드에서 영국의 지배에 맞서 일어났던 반란.

기를 하느라 전에 없이 늦게까지 깨어 있었다. 그 자리에는 부엌에서 심부름을 하는 어린 소년도 있었다. 원래는 불 옆에 자리를 얻지 못해서 마구간의 말들 위에 올라가서 자던 아이였는데, 이야기하는 틈을 타 따뜻한 난롯가에 끼어든 것이다. 소년은 유령 이야기가 별로 무섭지 않았던지라 싫증이 나서 깊은 잠에 빠져들고 말았다.

소년은 하인들이 난로의 재를 긁어 불씨를 묻어두고 잠자리에 든 이후에야 깨어났다. 부엌문이 열리고 안에서 당나귀 걸음 소리가 들려왔기 때문이다. 몰래 엿보니 정말로 큰 당나귀가 난로 앞에 엉덩이를 붙이고 앉아 하품을 하고 있는 것이 아닌가. 당나귀는 잠시 주위를 둘러보더니 아주 피곤한 것처럼 귀를 긁기 시작하며 말했다.

"미루지 말고 어서 시작하는 편이 좋겠지."

소년은 너무 무서워서 이가 딱딱 맞부딪치기 시작했다. 머릿속에 '이제 잡아먹히겠구나' 하는 생각이 들었다. 하지만 귀와 꼬리가 긴 짐승한테는 다른 할 일이 있었다. 먼저 난로의 재를 헤집어 불길을 살리고, 바깥 펌프에서 들통에 물을 받은 다음, 나가기 전에 불 위에 걸어두었던 큰 솥에 부었다.

그러고 나서야 당나귀는 손을 — 아니, 발을 — 뜨거워진 난롯가로 뻗어 소년을 끌어냈다. 겁에 질린 소년이 비명을 내질렀지만 푸카는 그냥 내버려 두었다. 소년을 쳐다보기만 했을 뿐, 너 따위 아무것도 아니라는 듯 아랫입술을 삐죽 내밀고는 다시 원래 있던 곳에 던져버렸다.

이제 푸카는 불 앞에 드러누워서 물 끓는 소리가 나길 기다렸다. 그리고 찬장 안에 넣어둔 접시며 스푼 따위를 전부 꺼내서 그 많은 것을 씻고 말리는데, 거기서부터 더블린까지 부엌일을 도맡아 하는 하녀를 다 데려와도 뒤지지 않는 능숙한 솜씨였다.

그 다음에는 접시와 식기들을 모두 제자리에 되돌려 놓더니, 부엌까지 싹싹 쓸어서 치웠다. 그러고 나서야 푸카는 다시 소년 앞에 앉아 한쪽 귀는 축 늘어뜨리고, 다른 쪽 귀는 쫑긋 세우며 씩 웃어보였다. 불쌍한 소년이 소리를 지르려고 애썼지만 목에서는 아무 소리도 나오지 않았다. 푸카는 마지막으로 재를 긁어 불씨를 덮어두고 밖으로 나가 쾅하고 문을 닫았다. 그 소리에 소년은 집이 무너지는 줄만 알았다.

다음날 아침, 가엾은 소년이 자기가 본 것을 전하자 하인들 사이에서는 큰 소동이 일어났다. 모두 하루 종일 이 이야기뿐이었다. 누군가 한 마디를 하면, 또 다른 이가 한 마디를 더 보탰다. 하지만 제일 재치 있는 발언은 뚱뚱하고 게으른 하녀 입에서 나왔다.

"와! 우리가 잘 때 푸카가 부엌을 다 치워준다면 왜 우리가 힘들게 부엌을 치워 둬야 하죠?"

"정말이네! 카우스, 너 모처럼 똑똑한 말을 했구나. 난 대찬성이야."

말한 대로 되었다. 그날 저녁 하인들은 설거지거리에 물 한 방울 묻히지 않았고, 빗자루질도 하지 않았으며, 해가 지자마자 잠자리에 들었다. 다음날 아침, 모든 것이 제대로 치워 두었을 때처럼 말끔하게 정리되어 있었다. 당장 시장님을 대접해도 될 정도였다. 당연히 게으른 하인들은 아주 편안하게 지내게 되었다. 그렇게 만사가 순조롭게 흘러갔다. 어느 날 밤, 한 무모한 소년이 자지 않고 기다렸다가 푸카와 이야기를 해보겠다고 나설 때까지는 말이다.

문이 열리고 당나귀 모습의 푸카가 난롯가로 다가오자 소년은 조금 겁이 났다. 하지만 끝내 용기를 내서 말을 걸 수 있었다.

"저, 건방지다면 죄송하지만, 누구신지, 왜 하녀들이 반나절 동안 할 일을 매일 밤 친절하게 대신 해주시는지 여쭈어 봐도 될까요?"

"건방질 것 없단다. 기꺼이 말해 주마."

푸카가 대답했다.

"나는 R 지주님의 부친을 모셨던 하인이었단다. 주인님이 먹여주시고 입혀주셨는데도 아무것도 하지 않고, 누구보다도 더 게으름을 피우는 나쁜 놈이었지. 그래서 저세상에 갔을 때 벌을 받게 되었단다. 매일 밤마다 여기 와서 이 모든 일을 하고 추운 바깥으로 나가야 하는 벌을. 날씨가 좋을 때는 그럭저럭 나쁘지 않지. 하지만 폭풍이 몰아치는 날, 살이 에이는 추운 겨울밤, 자정부터 아침까지 다리 사이에 얼굴을 묻고 버티는 게 어떤 건지 넌 모를 게다."

"불쌍하게도 그런 사연이었군요. 저희가 뭔가 해드릴 수 있는 게 없을까요?"

"세상에, 글쎄다. 혹 잘 누빈 모직 외투가 한 벌 있으면 기나긴 밤을 버티는 데 도움이 될 것도 같구나."

"그렇군요. 이런 얘기를 듣고도 동정이 가지 않는다면 저희는 정말이지 은혜도 모르는 것들이 될 거예요."

긴 이야기를 짧게 줄이자면, 다음날 혹은 그 다음날 밤, 소년은 다시 푸카를 기다렸다. 소년이 두툼하고 멋진 외투를 들어 보이자 가엾은 푸카는 매우 기뻐했다! 푸카는 소년의 도움을 받아 외투의 네 소매 안으로 다리를 집어넣고 가슴부터 배까지 단추를 잠근 다음, 너무나도 기뻐하며 어떤 모습인지 보려고 유리창 앞까지 걸어갔다.

"갈림길이라고는 없는 머나먼 길이었지. 너와 다른 하인들에게 고맙다는 인사를 하마. 덕분에 드디어 행복해졌다. 그럼 잘 자거라."

그리고 푸카는 밖으로 향했다. 소년이 소리쳤다.

"어! 너무 일찍 가시는 거 같은데요. 오늘 설거지랑 청소는요?"

"아, 하녀들에게 이제 자기 일을 할 차례가 왔다고 전하렴. 나는 열심히 노력해서 상을 받을 만하다고 여겨질 때까지 벌을 받게 되어 있었단다. 이제 다시 만날 일은 없겠구나."

이후 하인들은 다시 푸카를 볼 수 없었고, 은혜도 모르는 푸카한테 너무 빨리 상을 준 것을 아주 후회하게 되었다.

CHAPTER 3
반쉬 ⑧

●●● 여자를 뜻하는 반^{bean}과 요정을 뜻하는 쉬^{sidhe}에서 유래된 **반쉬**$^{bean-}$ ^{sidhe}는 유서 깊은 가문을 따르는 수행 요정으로, 가족 누군가가 죽음을 앞두고 있으면 곡을 한다. 이러한 요정은 반쉬 외에는 존재하지 않는다. 많은 사람들이 반쉬가 손뼉을 치며[57] 곡을 하고 돌아다니는 모습을 본 적이 있다. 아일랜드 농가에서 장례식 때 부르는 노래 킨(keen, 아일랜드어로는 쿠이너$^{cao-}$ ^{ineadh})은 반쉬의 울음소리를 흉내 낸 것이라고 한다.

반쉬가 하나 이상 나타나서 함께 곡을 하고 노래를 하면 성인이나 위인이 죽은 것을 의미한다. 반쉬가 나타날 징조⑨로 가끔 죽음의 마차(코슈테

---

[57] 아일랜드의 장례 문화로 곡을 할 때 하는 행동 중 하나다.

보우르^{cóiste-bodhar})가 보이기도 한다. 아주 큰 검은 마차로 관이 실려 있고, 둘라한(Dullahan)이 모는 목 없는 말이 끈다. 크로커에 의하면, 이 마차가 덜컹거리며 문 앞을 지날 때 문을 열었다가는 얼굴에 대야 가득 든 피를 뒤집어쓰게 된다고 한다.

둘라한처럼 목이 없는 유령은 아일랜드 밖에서도 찾아볼 수 있다. 1807년에는 런던의 세인트 제임스 파크 바깥을 지키고 있던 두 보초가 놀라서 죽는 일이 있었다. 한밤중이 되면 상반신을 벌거벗은 목 없는 여자 유령이 나타나 난간 위로 올라가곤 했기 때문이다. 얼마 후, 유령이 나타나는 곳에는 보초를 세우지 않게 되었다.

또 노르웨이에서는 죽은 자의 유령이 힘을 얻지 못하게끔 시체의 목을 잘랐다. 이로 인해 둘라한이 존재하게 되었는지도 모른다. 이들이 머리를 입에 물고서 영국 해협을 헤엄쳐 올라간 아일랜드 거인의 후손이 아니라면 말이다.

— W. B. 예이츠

1. 토머스 코널리가 반쉬를 만난 이야기

J. 토드헌터

아, 반쉬 말입니까, 선생님? 글쎄, 선생님, 말씀드리려고 했답니다. 어느 날, 전에 말씀드렸던 캐시디 씨 댁에서 일을 마치고 집으로 돌아오던, 땅거미가 질 무렵의 일이었습니다. 하숙집까지는 2km 정도 — 아니, 3km 가깝게 — 남아 있었습니다. 비디 맥과이어라는 점잖은 미망인의 집이었어요. 일터와 가까운 데서 살려고 하숙을 했지요.

11월 첫째 주였습니다. 길은 한적했고 높은 나무가 무성하게 자라서 꽤 어두웠습니다. 중간쯤에는 도더 강으로 흘러들어가는 조그만 개울이 있었기 때문에, 그 개울 위로 놓인 작은 다리를 건너야 했습니다. 저는 큰길 한가운데로 걷고 있었습니다. 그때는 해리 씨, 그때 이후로도 오랫동안 그랬지만, 오솔길이 생기기 전이었거든요. 어쨌든 말씀드렸듯이, 저는 다리 근처에 이르렀습니다. 원래대로라면 분명 길이 조금 트이는 곳인데, 철거되기 전의 옛 다리 위에 수퇘지의 등처럼 생긴 산인지 무덤인지가 불쑥 솟아 있는 게 아니겠습니까. 게다가 그 주위로는 흰 물안개까지 피어오르더군요.

글쎄요, 해리 씨. 거긴 제가 자주 지나던 곳이었습니다만, 그날 밤은 참 낯설어 보였습니다. 꿈속에서 본 곳처럼요. 다리로 올라가자 텅 빈 가슴 속으로 차가운 바람이 불어오는 것처럼 느껴지기 시작했습니다. 저는 자신에게 말했습니다.

"세상에, 토머스! 그 안에 있는 건 너냐? 그렇다면 대체 무슨 일이 생긴 거야, 대체?"

태연한 척했지만 한 걸음, 한 걸음 다리를 움직이게 하느라 애를 먹고서야 제일 높은 지점까지 갈 수 있었습니다. 벽에서 촛불이 빛나고 있는 가운데, 놀랍게도 노파 하나가 잔뜩 웅크린 채 앉아 있는 모습이 보였습니다. 고개를 푹 숙인 모습이 엄청난 고통에 시달리고 있는 듯했습니다.

그런데 선생님. 저는 이 노파에게 동정심을 느꼈습니다. 사람이라면 누구나 그렇듯 저도 적지 않게 두렵긴 했습니다만, 불쑥 말이 튀어 나왔습니다.

"부인이 지내시기에 여긴 너무 추운데요."

노파는 제 말을 듣고도 단 한 마디 대답이 없었습니다. 마치 제가 말을 건 일이 없었던 것처럼 저 따위는 신경 쓰지 않았습니다만, 단지 가슴이 아픈 것처럼 몸을 앞뒤로 계속 흔들었습니다. 그래서 저는 다시 말을 걸었습니다.

"저, 부인. 무슨 문제라도 있으세요?"

그리고 손을 뻗어 어깨를 잡으려고 했는데, 흠칫하고 그만두게 되었습니다. 가까이에서 보니까 여인은 노파도, 늙은 고양이도 아니었던 겁니다. 제일 처음 눈치 챈 건 말입니다, 해리 씨, 머리카락이었습니다. 양쪽 어깨 위로 늘어뜨린 머리카락이 땅 위로도 한 1m는 늘어져 있었으니까요. 아, 놀라 자빠질 뻔했어요. 그게 머리카락이었다니! 젊은 여자건 늙은 여자건, 기억하는 한 그때까지 사람한테서 그런 머리카락은 본 적이 없었습니다.

머리카락 자체는 뭐, 흔히 보는 여자애들 머리처럼 굵고 건강하게 자라고 있었습니다만, 그 색깔이 말로 설명하기 힘들 정도로 신비로웠습니다. 처음 잠깐 봤을 때는 평범한 노파들과 같이 은회색 백발로 보였습니다. 하지만 가까이 다가가니까 하늘이 드러나서 조금 밝아졌거든요. 거기서 보니 배반자 유다의 색과 비슷했고 명주실처럼 매끄럽게 윤기가 흘렀습니다. 이 머리카락이 여인의 어깨 위로, 머리를 기대고 있는 균형 잡힌 두 팔 위로 흘러내렸는데, 정말이지 그림에서 본 막달라 마리아 성녀님과 똑같았습니다.

그 다음으로는 회색 망토와 그 아래 입은 녹색 드레스가 눈에 들어왔는데, 이것들도 제가 이 세상에서 본 적이 없는 소재로 만들어졌더군요. 자, 말씀드릴 것도 없겠지만, 선생님. 설명하자니 길게 말했지, 저는 이 모든 걸 눈 깜짝할 사이에 봤단 말입니다. 그래서 그 여인에게서 한 걸음 물러나며 신의 가호를 구하고자 큰소리로 외쳤습니다.

"주님 저와 함께 계시니 저를 위험에서 구하소서!"

하지만 해리 씨, 이 말이 제 입에서 나오기가 무섭게 여자가 고개를 돌려 저를 바라보았습니다. 아, 해리 씨. 그건 제가 본 것 중 가장 무시무시한 망령이었습니다. 저를 바라보던 그 여자의 얼굴 말입니다! 그건 마치 — 주여, 이런 말을 입에 담는 저를 용서하소서 — 말보로 스트리트의 예배당에 있는 '엑시 호모'[58]처럼 보였습니다. 그 밖에 다른 얼굴은 떠오르지 않는군요.

여자의 얼굴은 시체처럼 창백하고 칠면조 알처럼 무수한 주근깨로 뒤덮여 있었습니다. 두 눈은 너무 많이 운 탓인지 빨간 실로 꿰맨 것처럼 보였습니다. 눈동자는, 해리 씨, 두 송이 물망초처럼 파랬고 추운 밤에 늪 구덩이에서 바라보는 달처럼 차가웠습니다. 죽은 것처럼 생기가 없는 그 시선을 본 순간 저는 오한이 들어서 뼛속까지 떨

---

58 가시 면류관을 쓴 예수 그리스도의 초상화.

렸습니다.

'제발 사람이기만 해라!'

그때 제 머리카락에서 식은땀이 뚝뚝 떨어지는데, 선생님이 종을 울려서 하인한테 식은땀 한 잔 가져오라고 시켜도 될 정도였답니다. 그 여자가 자리에서 일어날 때는 완전히 죽었구나 하는 생각뿐이었지요. 그런데 세상에! 그 여자는 넬슨 기념비[59]만큼 큰 거예요. 절지긋이 바라보면서 두 팔을 앞으로 뻗고 지팡이를 꺼내는데, 난로 청소하는 빗자루 아시죠? 제 머리털이 전부 거기 달린 뻣뻣한 돼지털마냥 빠짝 일어서더군요.

여자는 미끄러지듯 움직였어요. ― 다리 구석을 미끄러지듯 빙빙 돌더니 다리 밑의 개울로 내려갔습니다. 그제야 저는 그녀의 정체를 의심하기 시작했습니다.

'설마, 토머스!'

저는 혼잣말을 중얼거리며 엄청나게 애를 쓴 끝에야 공포로 후들거리는 다리를 겨우 움직일 수 있었습니다. 그날 밤 어떻게 집으로 돌아왔는지는 모르겠습니다. 주님만이 아시겠지요. 아마도 허겁지겁 문을 박차고 구르듯이 들어오다가 바닥에 머리를 부딪친 모양이에요. 거의 한 시간 정도 기절해 있었던 것 같습니다.

---

59 나폴레옹 전쟁 당시 활약한 허레이쇼 넬슨을 기리는 기념비로 현재의 더블린 첨탑 자리에 있었다.

정신을 차려보니 맥과이어 부인이 제 의식을 되살리려고 큰 잔에 펀치를 담아와 목에 흘려 넣고 있었습니다. 부인이 처음 절 발견했을 때 놀라서 차가운 물을 뿌렸던 탓에 머리도 젖어 있었습니다. 부인이 말했습니다.

"세상에, 코널리 씨. 대체 무슨 일이에요? 이 외로운 미망인을 놀라게 하다니요?"

"여기는 이승인가요, 저승인가요?"

"설마요! 여기가 우리 집 부엌이 아니면 어디란 말이에요?"

"오, 주님께 영광을! 아무리 못해도 연옥에 떨어진 줄만 알았습니다. 말할 것도 없이 끔찍한 그곳에요. 단지 고통의 불로 뜨거워야 하는데 너무 춥다 싶었지만요."

"정말이지 내가 아니었으면 절반쯤은 연옥에 가 있었을지도 몰라요. 도대체 어떻게 된 거예요? 죽기 직전에 자기 혼을 본다던데, 그런 거예요, 코널리 씨?"

"아, 신경 쓰지 마세요! 제가 뭘 봤는지는 신경 쓰지 않으셔도 됩니다."

이후로 저는 조금씩 기운을 차리기 시작했습니다. 이게 바로 제가 반쉬를 만난 사연이랍니다, 해리 씨!

"그런데 어떻게 그게 정말로 반쉬인 줄 알았어요, 토머스?"

"신에게 맹세코, 선생님, 제 경험만으로도 그 여자가 망령이라는 건 충분히 잘 알고도 남았습니다만, 그때 벌어진 상황 덕에 확신할 수 있었습니다. 아시다시피 그때 오네일즈 씨가 이 근방을 방문하고 있었지요. 티론의 오네일즈 하면 참 보기 드물게 유서 깊은 아일랜드 토착 가문이지 않습니까. 바로 그날 밤 반쉬가 집 주변에서 곡하는 소리가 들렸고, 그것도 하나가 아니었다고 합니다. 아니나 다를까, 해리 씨, 오네일즈 씨는 다음 날 아침 침대에서 죽은 채로 발견되었습니다. 그러니 제가 그때 만난 것이 반쉬가 아니라면 대체 뭐였는지 알고 싶군요."

2. 비 가 (悲歌)

1642년 플랑드르에서 사망한 케리의 기사,
모리스 피츠제럴드 경의 죽음을 애도하며.

클래런스 만간 옮김

비통한 목소리 하나 되어 울려 퍼진다,

사람의 슬픔을 뛰어 넘는 비가(悲歌)

저 너른 남쪽 여기저기에서

쓰러진 수장을 애도한다.

깊은 밤 울음소리 전율을 일으키기에

눈을 들어 한밤중의 하늘을 보고.

온통 슬픔에 잠긴 나의 영혼,

무릎을 꿇고 기도를 올린다.

그날 밤 구르 호수 위로, 한 번 — 두 번 — 그래, 세 번 —

용사를 애도하는 애절한 통곡소리 퍼져가고

절반은 얼음 되어

거울마냥 달을 비추는 파도에 휘감겼다.

그러자 광기 어린 찬가, 여러 목소리가

입을 모아 부르니, 시작은 어둠 내린 오그라 골짜기.

그리고 모길리의 유령 여인들

제랄딘가(家)를 애도한다.

저 먼 카라 모나 에메랄드빛 평원

비명과 한숨이 한참 뒤섞이고

퍼모이 그 변덕스런 선율에 맞추어

탑 위에서 답한다.

욜, 키날미키, 디모킬리,

일제히 애도하니, 가슴 찢어지는 통곡의 노래

떠도는 생명을 깨운다.

고요한 인치퀸 협곡의 생명을.

루흐모에서부터 황색의 더나노어까지

두려움 내리니, 트랄리의 상인들[60]

황금 번쩍이는 가게에 모여서

도망칠 준비를 한다.

밤부터 아침까지 배에서 회장(會場)에서,

희미한 첫 햇살 스며들 때까지,

이방인들 모두 경고 소리를 들었다,

두려운 존재로부터!

"이는," 이방인들 말했네, "우리의 죽음을 알리는 징조,

서둘러 이 운명에서 도망치지 않는 한!"

분수도 모르는 바보들아! 그렇게

제멋대로 지껄여대라!

흥정만 할 줄 아는 천한 색슨 족 사기꾼들을 위해

해변과 바다로 비탄의 노래 울려 퍼지겠느냐!

예의도 모르는 행상꾼의 영혼을 지닌 잡놈들을 위해

우리 반쉬 곡하겠느냐!

---

60 여기까지 제럴딘 가문을 제외한 이 시의 고유명사는 모두 아일랜드의 지명이다.

기상 높은 밀레시안[61]만을 위해

반쉬의 비통한 노래 영원히 울리리라!

전사한 옛 왕좌의 후계자,

쓰러진 우리들의 수장을 위해서만!

들어라! …… 다시 그녀의 울음소리 들리고

저기! 그때처럼 그녀 내 곁에 있음인가?

아니면 밤바람이

텅 빈 협곡을 스쳐가는 소리일 뿐인가?

---

61 켈트 신화에 나오는 인간 종족으로 아일랜드인을 뜻한다.

3. 맥 카 시 가(家)의 반 쉬

T. 크로프턴 크로커

1749년, 찰스 맥 카시는 대가족의 유일한 후계자가 되었다. 아버지는 그가 스무 살을 갓 넘겼을 때 돌아가셨고, 맥 카시 영지를 아들에게 남겨주었다. 하지만 영지가 아일랜드에 있었기에 그리 성가신 짐이 되지는 않았다.

명랑하고 잘생긴 찰스는 가난을 몰랐으며, 아버지나 후견인처럼 훈계할 사람도 없었으므로 스물한 살이 되었을 때는 이미 규칙적인 삶이나 도덕적인 인생과는 거리가 멀었다. 쉬운 말로 하자면, 타락한 정도까지는 아니어도 아주 씀씀이가 헤픈 청년이 되었다. 어울리는 친구들은 짐작할 수 있듯이 근방의 상류층 자제들로, 대개 찰스보다 재산이 많았기에 훨씬 더 거리낌 없이 쾌락을 추구했다.

찰스는 이런 친구들의 모습에서 자극을 받았고, 방탕하게 살아도 된다는 핑계거리를 찾아냈다. 게다가 아일랜드 젊은이들은 오늘에 이르기까지 아주 침착하다거나 착실하다는 평을 받은 적이 없었다. 그리고 당시에는 방탕한 족속들이 돈으로 정열을 추구하는 거의 모든 부분에 있어 아일랜드가 전 세계에서 돈이 제일 덜 드는 곳이기도 했다.

이때는 엄숙하신 장부를 한 손에 들고, 무자비한 펜을 다른 손에 들거나 모자 띠에 끼우고, 조끼 단추에 ('고발자의 검은 상징') 잉크병을 매단 저 끔찍한 세금 징수원이 술집에서 술집으로 돌아다니며 애국심 넘치는 상인들을 고발하기 전이었다. 그 이름조차 영국 '의회(팔러먼트)'에서 따온 형편없는 술을 원치 않는 사람들에게 억지로 팔게끔 강요를 받았지만, 영국 법과는 아무 상관도 없는 (혹은 그 법을 교묘하게 피하고자) 위스키 쪽을 선호했던 상인들 말이다.

법을 기록하는 천사, 술통 검량관이 술집 주인의 사소한 실수를 기록하려고 할 때, 주인이 아무 말 없이 한 방울 눈물을 흘리는 것만으로 모든 일을 영원히 덮어주던 시절이기도 했다! 어쨌든 소비세의 수호자들도 어디에서나 이웃들의 환대를 받았으니, 거리낌 없이 누리던 사치스러운 권리를 괜히 나서서 줄이려 하지 않았던 것이다.

따라서 별다른 위험을 느끼지 못했던 밀조 위스키 암매상과 보호받을 필요가 없었던 준법정신 투철한 상인 사이의 경쟁으로 아일랜드는 단순히 젖과 꿀이 흐르는 땅이 아니라, 위스키와 포도주까지 흐르는 땅이 되었다. 밀매상이 대주는 술과 그 비슷한 즐거움은 의지박약의 청년에게는 너무나도 유혹적이라 찰스 맥 카시는 과도하게 쾌락을 탐닉하게 되었다.

그 결과 스물네 살이 되었을 때, 찰스는 일주일간의 폭음을 한 뒤 고열에 시달렸고, 깊어가는 병세와 허약한 몸으로 회복을 꿈꾸기 어려운 처지가 되었다. 처음에는 아들을 바로잡아 보려고 무던히도 애썼던 어머니는 결국 아들이 급속히 파멸의 길로 나아가는 것을 침대 머리맡에서 조용히 절망하며 밤낮으로 지켜볼 수밖에 없었다.

부모로서 느끼는 괴로움도 있었지만, 거기에는 훨씬 더 깊은 절망감이 뒤섞여 있었다. 사랑하는 자식을 도덕적이고 경건한 사람으로 기르려고 열심히 노력했다. 그 결과 자식이 더 바랄 수 없을 정도로 잘 성장해 어른이 되는 것을 지켜보지 않았던가. 그러나 누구보다도 더 자부심을 느끼고 제일 큰 기대가 곧 이루어지리라는 희망이 부풀어 오르던 바로 그때였다.

그토록 사랑하던 아들이 분별없이 방탕의 길로 곤두박질치더니 순식간에 부도덕한 생활에 빠져들어, 회개할 시간도, 회개할 힘도 없이 저세상과의 경계에 서게 된 것을 지켜보는 처지가 된 것이다. 절망하지 않을 수 없었다. 어머니는 열심히 기도했다. 발병 이후 열에 들뜬 헛소리가 점점 심해지고 있으니, 아들의 목숨을 구할 수 없다면 적어도 죽기 전에 이 헛소리나마 사라지게 해주소서. 진노하신 주님께 사죄할 수 있게끔 빛과 고요를 허락해 주소서.

그러나 며칠이 지나자, 체력도 다 바닥이 난 모양으로 찰스는 죽은 것과 마찬가지인 상태가 되었다. 깊은 잠에 빠졌다고 착각하기 쉬운 모습이었다. 얼굴이 창백하게 빛나는 대리석 같았는데, 이는 생명이 육체를 떠났음을 알리는 증상이었다. 감은 눈은 푹 꺼져 있었고, 꼭 닫힌 채 움직이지 않는 눈꺼풀은 다정한 손길이 마지막으로 할 일은 해준 것만 같았다. 반쯤 다문 입술은 또 어떠한가. 완연한 잿빛을 띤 입술 사이로 이가 드러난 모양이 그 무엇보다도 섬뜩한 죽음을 느끼게 하면서도 그 무엇보다 인상적이기도 했다.

찰스는 똑바로 누워 있었고 양 옆에 내려둔 손조차 거의 움직이지 않았다. 제정신이 아닌 어머니가 아들의 생사를 확인하려고 수없이 시도해 보았으나, 미약한 움직임조차 확인할 수 없었다. 결국 그 자리에 있던 의사가 늘 하던 방식대로 환자의 숨이 붙어 있는지 확인해 본 뒤 사망 선고를 내렸다.

의사는 곧바로 상갓집을 떠날 준비를 하기 시작했고, 하인이 의사의 말을 문 쪽으로 데려왔다. 현관문이 열리자 창문 앞에 모여 있던 사람들, 앞마당 여기저기에 무리지어 모여 있던 사람들이 모두 몰려왔다. 소작인, 유모, 가난한 친척들이었다. 정에 끌려서 온 사람도 있었고 호기심에 가까운, 그러나 호기심이라고 단정하기는 어려운 관심 때문에 온 사람도 있었다. 사람이 저세상으로 떠날 때 신분이 낮은 사람들이 몰리는 것은 이런 까닭이다.

이들은 의사가 저택의 문을 열고 나와 말을 타러 가는 것을 보았다. 그리고 의사가 느릿느릿, 침울한 분위기를 자아내며 말에 오르는 사이 대답을 구하는 듯한, 무언가 아쉬운 듯한 표정으로 우르르 그 옆에 몰려들었다. 단 한 마디 입을 여는 이가 없었어도 무슨 말을 하고 싶은지는 명백했다.

의사가 안장 위에 올라타니 출발을 늦추려는 듯 그때까지도 고삐를 잡고 있던 하인이 사람들의 긴장감을 덜어주었으면 하는 것처럼 걱정스러운 표정으로 주인의 얼굴을 바라보았다. 의사는 고개를 저으며 낮은 목소리로 "다 끝났네, 제임스"라고 말한 뒤 천천히 멀어져 갔다. 의사의 말을 듣는 순간, 그 자리에 있던 수많은 여인네들이 날카로운 비명을 질렀다.

이 탄식 소리는 30초 정도 이어지다가 느닷없이 완전한 통곡소리로 바뀌었다. 큰 소리로 끊임없이 이어지는 통곡은 불협화음을 이루면서도 애달팠다. 때때로 곡소리보다 더 크게 한 청년이 흐느끼는 소리, 슬픔을 못 이기고 내뱉은 비탄의 고함소리가 들려왔다. 이 불쌍한 청년은 찰스의 젖형제였다. 이제 청년은 사람들 사이를 돌아다니며 가슴 찢어지는 슬픔에 손뼉을 치다가 두 손을 맞비비고 있었다. 그는 어린 시절부터 찰스의 놀이 친구이자 말벗이었고, 나중에는 시종이 되었다. 하지만 언제나 찰스에게서 특별한 관심을 받아왔던 까닭에 젊은 주인을 자기 목숨만큼이나 사랑했던 것이다.

각오하고 있던 사태가 현실이 되었다는 사실이, 사랑하는 아들이 최후의 심판을, 그것도 무수히 많은 죄를 지은 채로 받게 되었다는 사실이 확실해지자 맥 카시 부인은 차가운 아들의 얼굴에 그대로 시선을 고정했다. 순간 무언가가 안에서 가장 부드럽고 다정한 감정을 일깨우기라도 한 듯, 불안한 마음으로 아들을 지켜보느라 창백해진 두 뺨 위로 눈물이 연이어 흘러내렸다.

그래도 부인은 계속해서 아들을 바라보았다. 의식이 없는 것이 명백했기에 부인은 단 한 번 손수건으로 눈물을 훔치려고도 하지 않고 계속 흐느껴 울었다. 울음은 아일랜드의 관습에 따라 부인에게 아직 해야 할 의무가 남아 있음을 깨닫고 나서야 멈췄다. 농민보다 높은 신분에 속한 여성들이 큰 소리로 울면서 몰려들어왔는데, 그 수가 방 안을 다 채울 정도였던 것이다.

부인은 자리에서 물러났다. 웨이크(경야) 의식을 지휘해야 했다. 또 이와 같이 슬픈 일이 있으면 응당 문상객을 대접해야 했다. 갖은 계급의 문상객이 수도 없이 찾아올 것이다. 부인의 목소리는 거의 들리지 않을 정도로 작았고, 하인들과 장례식 준비를 도우려고 나선 맥 카시 가문의 오랜 가신 한둘 외에는 부인을 보지도 못했지만, 모든 일이 대단히 질서 있게 수행되었다.

부인은 굳이 자신의 슬픔을 억누르려 하지 않았다. 하인들이 단 한 순간조차 슬픔에 눈을 돌릴 여유를 주지 않았기 때문이다. 이런 재앙 속에서 집안의 질서를 유지하려면 그 어느 때보다도 부인의 관심이 필요했다. 부인이 없다면 모든 것이 혼란에 빠질 터였다.

밤이 깊어졌다. 낮 동안 집 안팎으로 크게 울리던 곡소리도 이제 엄숙하고 애절한 정적에 자리를 내주었다. 오랫동안 계속된 간호로 지쳤는데도 맥 카시 부인은 가슴이 무너져서 잠을 이룰 수가 없었다. 그래서 아들의 방과 나란히 붙은 침실에서 무릎을 꿇고 간절한 기도를 올렸다. 그 순간, 시신을 둘러싸고 지켜보던 사람들 사이에서 이상한 소리가 들려와 부인의 기도를 방해했다.

처음에는 낮게 중얼거리는 소리가 났고, 금세 다시 고요해졌는데 시신을 지키던 사람들이 급작스럽게 찾아온 공포 때문에 움직이지 못하기 때문인 듯했다. 일순 공포에 찬 비명 소리가 모두의 입에서 터져 나왔다. 문이 벌컥 열리고 밀려서 넘어진 사람을 뺀 나머지는 모두 미친 듯이 계단에 이어지는 복도로 쏟아져 나와 그 복도를 바라보고 열려 있는 맥 카시 부인의 방으로 들어왔다.

부인은 사람들을 제치고 아들의 방으로 들어갔다. 아들이 침대 위에 일어나 앉아서 멍하니 주위를 둘러보고 있었다. 마치 무덤에서 일어난 시체 같았다. 환하게 켜놓은 빛이 홀쭉한 얼굴과 빼빼 마른 몸을 비추자, 그 모습에서 이 세상의 것이 아닌 공포가 느껴졌다.

맥 카시 부인은 심지가 굳은 여인이었다. 하지만 그녀 역시 여인이었기에 아일랜드에서 전해 내려오는 미신을 아예 믿지 않는 것은 아니었다. 부인은 즉시 무릎을 꿇고 두 손을 모은 뒤 큰 소리로 기도를 하기 시작했다. 앞에 보이는 사람의 형상이 입술만 움직여 겨우 "어머니"라고 말했다. 이어서 말을 끝내려는 듯 창백한 입술이 계속 움직이긴 했지만, 혀가 말을 듣지 않는 모양으로 소리는 나오지 않았다. 맥 카시 부인은 벌떡 일어나 아들의 팔을 잡고 외쳤다.

"말해라! 성자와 성령의 이름으로 말해라! 살아 있느냐?"

아들은 천천히 부인을 바라보고 여전히 힘겨워하며 말했다.

"네, 어머니, 살아 있어요. 그리고 — 먼저 앉아서 좀 진정하세요. 제 이야기를 들으시면 지금보다 훨씬 더 놀라실 거예요."

부인이 침대 옆에 무릎을 꿇은 채로 아들의 손을 움켜쥐고는, 보고 듣고 만진, 이 모든 감각을 믿지 못하겠다는 표정으로 바라보고 있는 사이 찰스는 베개에 몸을 기대고 말을 이어나갔다.

"제가 이야기를 끝낼 때까지 말을 가로막지 말아주세요. 다시 살아난 덕에 흥분해서 기운이 있는 동안 얘기해 두고 싶어요. 곧 긴 휴식이 필요할 테니까요. 병에 걸렸을 때에 관해서는 혼란스러운 기억밖에 없지만 지난 12시간의 기억은 또렷합니다. 저는 하느님 앞에, 심판의 자리에 있었습니다. 그렇게 못 믿겠다는 듯한 눈으로 바라보지 마세요. 명백한 사실이니까요. 제 죄가 명백하듯 말입니다.

그리고 확신하건대, 제가 회개할 것이란 사실도 이처럼 명백할 겁니다. 저는 자비의 자리를 정의가 대신할 때, 두려움을 자아내는 무시무시한 심판자 하느님의 모습을 겁에 질려 바라보았습니다. 전지전능한 하느님께서 분노하신 위엄 넘치는 모습을 보았습니다 ― 기억하고 있어요. 그 모습이 여기 선해요. 머릿속에 지워지지 않는 글자로 새겨져 있습니다. 하지만 사람의 말로는 설명할 수 없네요. 제가 말할 수 있는 건, 말하려 하는 건 ― 글쎄요, 간단하게 말할게요. 저는 저울에 올라갔고 무게가 부족한 것으로 드러났습니다. 이렇게 말씀드리면 충분하겠죠. 되돌릴 수 없는 심판이 내려지려는 순간이었습니다. 전능하신 심판자 하느님께서 이미 저를 바라보고 계셨고, 그 눈빛에서 제 운명을 반쯤 읽을 수 있었습니다. 그때 어린 시절 어머니가 기도를 올리라고 시키곤 하셨던 제 수호성인께서 자비심과 연민이 어린 눈으로 절 바라보고 계시는 것을 알아차렸습니다. 저는 그분께 두 팔을 뻗고 저를 위해 나서달라고 애원했습니다. 1년이라도, 한 달이라도 참회하고 그동안 지은 죄를 속죄할 수 있게 이승에서 지낼 시간을 허락해 달라고 애원했습니다. 그러자 성인께서 심판자 하느님의 발밑에 몸을 던지고 자비를 간청했습니다. 오! 절대로, 1만 년을 잇달아 산다고 한들, 그 순간의 공포는 절대로 영원히 잊을 수 없을 거예요. 제 운명이 걸려 있는 순간이었으니까요. 그 순간의 결정으로 말로 다할 수 없는 고통이 제가 감당해야 할 몫이 되어 끝없는 세월 동안 반복될 수도 있는 겁니다! 하지만 정의는 판결을 미뤘고, 그 대신 자비가 확고하면서도 부드러운 어조로 말했습니다. '하느님의 법이 세상과 그대를 만드셨건만, 그대는 그 세상에서 하느님의 법을 어기기 위해서만 살아왔다. 이제 다시 같은 세상으로 돌아가라. 3년의 회개할 시간을 허락할 테니, 그 시간이 지나면 다시 이 자리에 돌아와 구원 받을지, 영원히 버림받을지 심판을 받으라.' 그 후로 더는 아무것도 들리지 않았고 아무것도 보이지 않았어요. 깨어나자 어머니가 들어오시던 바로 그때였습니다."

마지막 말을 마치자 찰스는 힘이 다했는지 두 눈을 감고 지칠 대로 지친 몸을 뉘였다. 앞에서도 언급했듯이 초자연적인 일을 믿는 면이 다소 있었던 맥 카시 부인이었지만, 아들의 말을 믿어도 될지는 망설여졌다. 병마의 최대 고비였던 무의식 상태에서 깨어났다고 해도 열에 들뜬 망상의 영향이 남아 있을 터였다. 어쨌든 무엇보다도 휴식이 필요했기에 부인은 아들이 방해 받지 않고 푹 쉴 수 있게 즉시 조치를 취했다. 몇 시간이 지난 뒤 깨어났을 때 찰스는 생기를 되찾았다. 그 이후로는 서서히, 그러나 꾸준히 회복해 나갔다.

찰스는 자신이 본 환상에 대해 처음과 같은 이야기를 고집스레 반복했다. 환상이 아닌 현실이라는 확신이 있었으므로 성격이나 행동거지도 명백하게 달라졌다. 마음을 고쳐먹었다고 해서 까다로운 성미가 된 것은 아니었으니 예전 친구들과의 교제를 전부 포기하지는 않았다. 하지만 흥청망청하는 자리에는 절대 나가지 않았고, 오히려 친구들을 바른 길로 인도하려고 애쓰는 일이 많았다. 이 경건한 노력에 결실이 있었는지는 모르겠다. 하지만 그 자신은 독실하나 과시하는 법이 없고, 절제하되 도를 지나치는 법도 없었다고 기록되었다. 주변의 존경이나 인기, 혹은 행복을 잃지 않고도 악덕을 미덕으로 바꾼 실제 사례라고 말이다.

시간이 흐르고 3년이 채 지나기도 전에 찰스의 환상 이야기는 잊혀갔다. 간혹 화제가 되는 것도 그런 것을 믿다니 어리석다며 예를 들 때뿐이었다. 찰스는 규칙적이고 절제하는 생활을 한 덕에 그 어느 때보다도 더 건강해졌다. 사실 스물일곱 살 생일이 가까워오면서 처신을 바르게 하고자, 갈수록 진지하게 몰입한 탓에 친구들의 놀림을 받는 일이 많았다.

하지만 이런 경우보다는 항상 그래왔듯이 밝고 활발하게 행동하는 때가 대부분이었다. 사람들 앞에서는 예의 그 예언에 대해 확실하게 대답할 필요가 없도록 여러모로 애썼다. 가족들만이 그가 여전히 예언을 믿고 있다는 사실을 잘 알고 있었다. 그러나 정말 그런 것이 있는지는 모르겠지만, 예언이 실현될 날이 다가왔을 무렵 찰스는 겉모습만 보면 오래오래 건강하게 살 것이 분명해 보였다.

따라서 친구들은 그의 자택 스프링하우스에서 잔치를 열어 생일을 축하하자고 찰스를 설득했다. 이 잔치와 그에 따른 정황은 다음 편지들을 직접 읽어보는 편이 제일 알기 쉬울 것이다. 친척 중 하나가 소중하게 보관하고 있던 편지로, 첫 번째는 맥 카시 부인이 스프링하우스에서 80km 정도 떨어진 코크 주의 한 부인에게 보낸 것이다. 두 사람은 아주 가까운 친척이자 소중한 친구였다고 한다.

─ 배리 성의 배리 부인께

사랑하는 메리

오랜 친구이자 친척으로서 나에 대한 네 애정을 다시 한 번 시험대 위에 올리게 하는 것 같아서 미안해. 어수선하고 길 상태도 나쁜 요즘 같은 계절에 이틀이나 걸리는 길을 와달라고 정신 말짱한 사람을 설득하기는 어렵겠지. 하지만 우리 사이의 각별한 우정에 기대서 부탁할게. 실은 꼭 와줬으면 하는 특별한 이유가 있어. 그런 이유가 있다고 상상하고 있는 건지도 모르겠고.

우리 아들에 대한 이야기는 알고 있지. 그 아이가 본 꿈인지 환상인지에 나왔던 예언의 진위가 이번 일요일에 입증될 거야. 그런데 어째서인지 설명하지는 못하겠지만, 일요일이 다가오면서 가슴이 울렁거려. 도무지 이걸 억누르지 못하겠어. 하지만 사랑하는 메리, 네가 있어주면 나아질 것 같아. 지난날에도 네 덕에 수많은 슬픔을 달랬듯이 말이야. 또 내 조카 제임스 라이언이 제인 오스본(알지, 우리 아들이 후견인인 그 아이)하고 결혼하게 되었어.

피로연도 일요일에 같은 장소에서 열릴 예정이야. 찰스가 하루나 이틀 뒤로 미루자고 강력하게 주장하긴 했지만. 주님께 바라건대 — 아니, 자세한 이야기는 만난 뒤에 하기로 해. 만약 남편 분이 농장 일 때문에 같이 오지 못하실 것 같으면 혼자서라도 꼭 일주일 정도 와줘. 딸들도 데리고. 되도록 일요일이 오기 전에 일찍 와줬으면 좋겠어.

언제나 친애하는 메리에게 사촌이자 친구가 사랑을 보내며.

1752년 10월 15일
스프링하우스, 화요일 아침,
앤 맥 카시로부터

이 편지는 늪과 황야를 건너 말이나 마차가 통과할 수 없는 길을 달려온 전령에 의해 수요일 아침 일찍 배리 성에 도착했다. 배리 부인은 즉시 스프링하우스로 갈 결심을 했지만, 집안일을 단속하려면 미리 조정해둘 것이 너무 많았다(아일랜드에서 중간 정도 되는 상류층 집안이라면 안주인이 집을 비울 경우 온 집안이 혼란에 빠지기 쉽기 때문이다).

따라서 부인과 아래 두 딸은 금요일 오전 늦게야 출발할 수 있었다. 큰딸은 아버지를 도와 집안일을 관리하기 위해 집에 남았다. 모녀는 말 한 마리가 끄는 칸막이 없는 이륜마차를 타고 갔다. 그리고 안 그래도 상태가 좋지 않은 길이 폭우가 내린 탓에 더 질척거렸으므로, 여정을 이틀로 나누어 불편을 덜어보기로 했다. 중간쯤에서 밤을 보내고, 토요일 저녁 일찍 스프링하우스에 들어가기로 한 것이다.

그러나 계획을 변경할 수밖에 없었다. 출발이 예상보다 늦어졌고, 첫날 기껏해야 30km밖에 가지 못했기 때문이다. 따라서 모녀는 배리 성에서 그 정도 떨어진 곳에 평소 친분이 있는 버크 씨 댁이 있으니 그곳에서 묵기로 했다. 다소 불편한 여정 끝에 모녀는 무사히 버크 씨 댁에 도착했다. 그 후의 여정과 스프링하우스에 도착한 이후 벌어진 일에 대해서는 차녀 배리 양이 언니에게 보낸 다음 편지에 자세히 기록되어 있다.

― 스프링하우스, 일요일 밤
1752년 10월 20일

사랑하는 엘렌 언니.

이 편지에 동봉하는 엄마 편지를 보면 내가 이 편지에 자세히 적을 슬픈 사건에 대해 간략하게 알 수 있을 거야. 지난 이틀 동안 있었던 놀라운 일에 대해 자세히 적는 편이 좋다고 생각해서 이 편지를 보내.

버크 씨 가족들이 금요일 밤 늦게까지 우리를 잡아둔 탓에 어제는 꽤 늦게 출발하게 됐어. 그래서 버크 씨 댁에서부터 25km쯤 가고 나니까 해가 지고 말았지. 지난주에 내린 폭우 때문에 길이 말도 못하게 질척거려서 우리는 아주 천천히 움직일 수밖에 없었어. 결국 엄마는 500m 거리에 있는 버크 씨 동생분 댁에서 밤을 보내기로 결정하셨어. 스프링하우스에는 일요일 일찍 가서 아침 식사를 함께 하자고 말이야.

그날은 바람이 많이 불고 때때로 비도 쏟아졌어. 정말 변덕스럽고 불안정하고 우울한 날씨였다니까. 가끔씩 보름달이 환하게 드러나기도 했지만, 그렇지 않을 때는 검고 짙은 먹구름이 떼를 지어 흘러가는 바람에 달을 완전히 가려버리는 거야. 이 구름이 갈수록 한데 모여서 커지는데, 마치 다가오는 폭풍을 위해 힘을 비축하는 듯했어. 얼굴을 때리는 바람도 좁은 길가의 산울타리를 따라 음산하게 횡횡 불었고. 우리는 깊은 진창 때문에 수없이 고생해야 했어. 몇 킬로미터 내에는 몸을 피할 농장도 집도 없었고. 엄마는 마차를 몰고 있던 리어리한테 버크 씨 댁(동생)이 얼마나 남았냐고 물어보셨어.

"여기서 약 10스페이드[62] 정도 가면 갈림길이 있습죠. 거기서 왼쪽으로 틀기만 하면 저택으로 들어가는 길이 나옵니다요, 마님."

"알았네, 리어리. 갈림길에 이르면 최대한 빨리 버크 씨 댁으로 가주게."

엄마가 이렇게 말씀하시자마자 날카로운 비명이 들려왔어. 심장을 꿰뚫는 듯한 소리라 우리 모두 소름이 돋았다니까. 비명은 오른쪽 산울타리에서 들려왔는데, 갑작스레 치명상을 입은 여자가 숨이 끊어질 듯한 길고도 깊은 통증 때문에 죽어가며 내지른 비명이라고밖에 생각할 수 없었어.

"주님, 저희를 보호하소서!"

엄마는 이렇게 외치셨어.

"울타리로 가보게, 리어리. 아직 살아 있다면 저 여자를 구해야 해. 아까 지났던 오두막으로 돌아가서 가까운 마을에 서둘러 알리면 될 거야."

"여자라구요!"

리어리가 말을 세게 내리치면서 떨리는 목소리로 말했어.

"저건 사람이 아니에요. 최대한 빨리 움직이는 편이 좋습니다, 마님."

---

62 삽의 날과 자루를 모두 합친 길이.

그리고 리어리는 계속 말을 재촉해 속도를 내려고 애썼어. 아무것도 보이지 않았어. 달도 숨어 있었고, 주위가 너무 어두워서 금방이라도 큰 비가 내릴 것 같았지. 그런데 리어리가 저렇게 애기하고 나서 말을 다그쳐 빨리 걷게 했더니, 이번에는 크게 손뼉 치는 소리가 분명하게 들려오고 뒤이어 비명소리도 들려오는 거야. 그것도 우리가 달리는 속도에 맞춰 울타리 안에서 사람이 쫓아오며 마지막 절망과 고통을 분출해 보이는 것처럼 말이야.

하지만 여전히 아무것도 보이지 않았어. 왼쪽으로는 버크 씨 댁으로 들어가는 진입로로, 오른쪽으로는 스프링하우스에 가는 길로 갈라지는 갈림길까지 10m쯤 남았을 때였어. 돌연 달이 구름 뒤에서 벗어난 거야. 드디어 내가 지금 이 편지지를 보는 것처럼 평범하게 주위를 볼 수 있었지.

우리를 따라오던 것은 키가 크고 깡마른 여자였어. 머리에 아무것도 쓰지 않아서 긴 머리가 어깨 위로 흘러내렸는데, 헐렁한 흰색 망토를 입은 것 같기도 하고, 서둘러서 시트를 감고 나온 것 같기도 했어. 그녀는 스프링하우스로 가는 길모퉁이에 서서 우리를 바라보고 왼손으로 스프링하우스를 가리켰어. 우리를 그쪽으로 유인하려는 듯 오른쪽 팔을 빠르고 격렬하게 흔들면서. 말도 그 자리에 멈춰 섰다니까. 갑자기 나타난 여자 때문에 놀란 것이 분명했어.

그녀는 지금 말한 것처럼 서서 여전히 심장을 꿰뚫는 듯한 울음소리를 30초가량 내뱉었어. 그러고는 길 위로 펄쩍 뛰었는데, 일순 시야에서 사라졌다가 우리가 가려던 저택 진입로에서 조금 들어가면 있는 높은 담 위에 다시 나타났어. 손은 계속 스프링하우스를 가리키고 있었지. 하지만 우리가 진입로로 들어가는 걸 막을 준비를 하는 것처럼 도전하는 듯한, 명령하는 듯한 태도를 하고 있었어. 이번에는 거의 침묵했고, 바람에 펄럭거렸던 옷도 몸에 잘 감싸 입었더라.

"리어리, 스프링하우스로 가게, 어서! 저 여자의 정체가 뭔지는 몰라도 더 화나게 하면 안 돼."

엄마가 이렇게 말했어.

"저건 반쉬랍니다, 마님. 오늘같이 저주 받은 밤에는 목숨을 구하기 위해서라도 스프링하우스 외의 다른 곳으로 가면 안 될 겁니다. 다만, 거기서 뭔가 안 좋은 일이 벌어지고 있을 게 걱정될 뿐이죠. 안 그러면 반쉬가 우릴 거기로 보낼 리가 없으니까요."

이렇게 말하고 리어리는 마차를 몰았어. 오른쪽 길로 접어들자 불현듯 달빛이 사라져서 더는 그 망령을 볼 수 없었지만, 손뼉 치는 소리는 계속해서 분명하게 들려왔지. 그 소리를 내는 사람이 빠른 속도로 멀어지는 것처럼 점차 소리가 작아지긴 했지만 말이야. 길 상태도 엉망이었고 마차를 끄는 말도 지쳐 있었어. 그래도 우리는 이런 악조건이 허락하는 한 최대한 빨리 달려서 밤 11시에 스프링하우스에 도착했어. 거기서 어떤 일이 우리를 기다리고 있었는지는 엄마 편지에서 읽었지? 더 자세히 설명하려면 먼저 지난주에 있었던 일부터 차례대로 이야기해야만 해.

언니도 알다시피 오늘 제인 오스본과 제임스 라이언이 결혼을 할 예정이었어. 그 때문에 그 두 사람의 친구들도 지난주부터 이 저택에 머무르고 있었어. 지난 화요일 아침에 맥 카시 아주머니가 우리를 초대한다는 편지를 보내셨잖아? 바로 그날 이 사람들이 다 함께 정찬 시간 조금 전에 정원을 산책하고 있었다나봐.

그런데 그 며칠 전부터 제임스 라이언에게 버림받은 불쌍한 처녀가 침울한 상태로 그 주위를 배회하고 있었대. 라이언은 벌써 몇 달 전에 그녀랑 헤어졌고, 꽤 넉넉하게 챙겨줬던 모양이야. 하지만 애초에 결혼을 약속하면서 그녀를 유혹했던 게 문제였지. 버림받았다는 수치심에 실망과 질투가 더해지면서 이 처녀가 정신을 놓아버렸거든. 그녀가 화요일 오전 내내 스프링하우스 근처의 농장을 거니는 모습을 본 사람들이 있어. 망토로 몸을 꼭 감싸고 모자로 얼굴을 거의 다 덮고 있었다는데, 가족하고도 대화를 나누기는커녕 만나려 하지도 않았다고 해.

아까 얘기한 그 시간, 찰스 맥 카시는 나머지 사람들하고 조금 떨어져서 제임스 라이언, 그리고 또 한 사람과 함께 관목숲으로 경계를 만든 자갈길을 걷고 있었어. 그러니 빽빽하게 심은 관목 숲 어딘가에서 총소리가 들렸을 때 다들 엄청나게 놀랐을 수밖에. 거긴 방금 찰스 일행이 지나간 데였으니까. 찰스는 곧바로 쓰러졌어. 다리에 상처를 입었던 거야. 일행 중에는 의사도 있었는데, 그가 곧바로 나서서 상처를 살펴본 다음, 뼈도 부러지지 않았고 단순히 살만 다친 거니까 아주 경미한 부상이라고 말했대. 며칠만 지나면 좋아질 게 분명하다고. 하지만 찰스는 방으로 실려 가면서 "그건 일요일에 더 자세히 알게 될 겁니다"라고 대답했다고 해.

상처 치료도 곧바로 이루어졌고, 그리 불편한 점도 없다시피 했기 때문에 그날 저녁에는 친구들이 한동안 찰스의 침실에 남아 어울려줬대.

조사해 보니, 총을 쏜 건 앞에서 얘기한 그 불쌍한 처녀였어. 찰스가 아니라 자신의 순결과 행복을 짓밟은 장본인을 노렸던 것도 밝혀졌어. 찰스와 나란히 걷고 있던 제임스 라이언 말이야. 정원을 다 뒤졌지만 그녀는 발견되지 않았어. 오히려 자기 발로 가족들이 사는 집으로 돌아가 웃으면서 춤을 추고 신나게 노래하다가, 문득문득 드디어 라이언 씨를 죽였다고 소리쳤대.

하지만 총에 맞은 건 라이언 씨가 아니라 찰스라는 걸 알고는 급격하게 몸을 떨더니 격렬한 발작을 일으키고는 얼마 뒤 문밖으로 뛰쳐나갔다고 해. 쫓아간 사람들을 다 따돌리고서 말이야. 어젯밤이 되어서야 겨우 잡혀서 우리가 여기 도착하기 조금 전에 데려왔다는데, 완전히 미쳐서 제정신이 아닌 것 같아.

찰스의 상처는 대수롭지 않은 걸로 여겨졌기 때문에 일요일에 있을 피로연 준비도 평소와 다름없이 진행하고 있었대. 하지만 금요일 밤이 되니까 찰스가 몸을 들썩이며 잠을 이루지 못하고 고열에 시달리는 거야. 토요일(어제) 아침에는 상태가 너무 나빠져서 다시 의사에게 보여야 한다고 판단하게 되었지. 그날 낮 12시경, 내과의사 두 명과 외과의사 한 명이 서로 의견을 나누었고, 그 결과 밤이 되기 전까지 호전되지 않으면 24시간 내로 죽음을 면하기는 어려울 것이라는 진단이 나왔대. 붕대를 너무 꼭 감았든지, 치료가 부적절하든지 했다고.

의사들 말이 맞았어. 나아지는 징후가 보이지 않았거든. 우리가 스프링하우스에 도착했을 때는 이미 모든 희망의 빛이 사라진 상태였어. 도착하고 나서 우리가 본 광경은 아마 악마라도 가슴 아파했을 거야. 정원 대문에서부터 찰스 씨가 위독하다고 간략하게 전해 들었거든. 저택 현관에 도착하니까 문을 열어준 하인이 그 말이 사실이라고 확인해 주었어.

막 안으로 들어가는데, 계단 쪽에서 너무나도 끔찍한 비명소리가 들려오는 거야. 소름이 끼칠 정도였어. 엄마는 가엾은 맥 카시 아주머니 목소리라고 생각해서 급히 달려가셨어. 우리도 뒤따라 갔지. 하지만 몇 계단 올라가다 보니 젊은 아가씨 하나가 광기에 사로잡혀서 자기를 잡고 있는 남자 하인 둘을 떨쳐내려고 미친 듯이 날뛰고 있는 거야. 위쪽 계단에는 큰 충격을 이기지 못한 맥 카시 아주머니가 쓰러져 있었는데, 이 아가씨가 그쪽으로 달려가려 하는 걸 남자 하인 둘이 막는데도 힘이 달리는 것 같았어. 나중에야 이 아가씨가 앞에서 얘기한 그 불쌍한 처녀라는 걸 알게 되었지.

그녀는 찰스의 방으로 가서 "그가 저세상으로 간 뒤 자기가 그를 죽였다고 비난하기 전에 용서를 받고 싶다"고 했어. 이런 무모한 생각에는 과거 자기 마음을 차지하던 감정을 거스르는 듯한 생각이 뒤섞여 있었지. 그러니까 간단히 정리하자면, 찰스에게 용서를 구하고, 다음으로는 찰스와 자신을 죽인 살해자라며 제임스 라이언을 비난하려 한 거야. 결국 끌려가면서 그녀는 마지막으로 이렇게 소리를 질러댔어.

"제임스 라이언, 그를 죽인 건 당신이야. 내가 아니야. 당신이 그를 죽였어. 내가 아니라!"

정신이 든 맥 카시 아주머니는 엄마 품속으로 무너지셨어. 엄마가 있는 것만으로도 크게 안도하셨나봐. 흐느끼셨는데, 그 치명적인 사고가 있은 후로 처음 흘린 눈물이었다고 해. 아주머니는 우리를 찰스의 방으로 데려가셨어. 우리가 도착하는 즉시 만나고 싶다고 했다면서.

찰스는 죽음이 가까워오는 걸 느끼고는 살아 있는 마지막 순간을 혼자 조용히 기도하고 명상하며 보내길 원했대. 그는 조금도 동요하지 않고 모든 걸 받아들인 듯했어. 심지어는 쾌활해 보이기까지 했어. 자신에게 닥친 이 끔찍한 사건에 대해서 말할 때도 용기와 확신을 잊지 않았고, 저번에 중병을 앓았을 때부터 준비해 온 운명이라고 하더라. 그게 진짜 예언이라는 사실을 단 한 번도 의심하지 않았다고.

찰스는 마치 짧고 편안한 여행을 떠나는 듯 우리에게 작별을 고했어. 그와 헤어지면서 받은 감동은 고통스러운 기억이기는 하지만, 영원히 잊지 못할 거라고 생각해.

가엾은 맥 카시 아주머니는 ─ 날 부르고 있어. 가족들 사이에 가벼운 소동이 있는 것 같아. 아마도 ─

편지는 여기에서 끝난다. 이 편지에 동봉되었다고 몇 번 언급된 편지에 이후의 일이 간략히 적혀 있긴 하지만, 맥 카시 가문에 대해 내가 알고 있는 것은 이것이 전부이다. 찰스 맥 카시의 영혼은 스물일곱 번째 생일날, 해가 지기 전에 창조주 하느님 앞에 마지막 심판을 받으러 갔다.

예이츠의 문화적 독립 운동,
아일랜드 요정 이야기

PART 3
땅과 물의 요정들

—

『아일랜드 요정 이야기(Irish fairy tales)』 중에서

1. 요정들이 춤추는 곳

윌리엄 칼턴

랜티 맥클러스키는 결혼을 해서 당연하게도 아내와 함께 살 집이 필요했다. 6에이커 정도의 작은 농장을 손에 넣긴 했지만, 집이 딸려 있지 않았기에 랜티는 집을 짓기로 결심했다. 그것도 가능한 한 안락한 집으로 말이다. 그래서 랜티는 요정들의 놀이터라고 여겨지는 아름다운 둥근 녹지를 집터로 골랐다.

그런 랜티에게 경고하는 사람들도 있었다. 하지만 그는 고집불통이었기에 두려워하기는커녕 유럽의 모든 요정들한테 은혜를 베풀기 위해 그렇게 좋은 집터를 포기하지는 않을 거라고 말했다. 그리고 정말 집을 짓기 시작해 아주 깔끔하게 공사를 마쳤다.

이런 경우 이웃과 친구들을 불러 집들이를 하는 것이 보통이었으므로, 랜티도 이 훌륭하고도 즐거운 옛 관습을 지키기로 했다. 따라서 그날 중으로 아내를 집에 데려다 놓고 바이올린 연주자를 고용한 뒤 위스키를 잔뜩 준비했다. 저녁이 되자 랜티는 사람들을 불러 무도회를 열었다.

무도회는 아주 순조롭게 진행되었다. 그런데 즐거운 시간이 무르익어가고 밤이 깊어가자, 지붕의 뼈대와 서까래를 쿵쿵 치고 당기는 듯한 소리가 집 꼭대기에서 들려왔다. 사람들은 모두 모여 이 소리에 귀를 기울였다. 의심할 여지도 없이 내리치고, 들어 올리고, 밀치는 소리였다. 끙끙거리는 신음 소리며 헐떡이는 숨소리도 섞여 있었다. 마치 천 명은 족히 되는 '작은 사람들'이 지붕을 무너뜨리려는 것처럼 말이다.

"자, 힘을 내. 자정이 되기 전에 랜티네 집을 무너뜨려야만 하는 거 알지."

명령조의 목소리도 들려왔다.

랜티에게는 달갑지 않은 소식이었다. 하지만 랜티는 이들한테 맞설 수 없다는 사실을 알고 있었기에 앞으로 나서서 이렇게 말했다.

"신사 여러분, 여러분 땅에 집을 지었다니 참으로 송구합니다. 은혜를 베푸셔서 오늘 하룻밤만 봐주시면 제가 내일 아침 이 집을 허물고 치워드리겠습니다."

그러자 수많은 작은 손이 박수를 치는 듯한 소리가 들려왔다.

"브라보, 랜티! 그럼 길 위쪽, 산사나무 두 그루 사이에 집을 짓도록 해."

이 외침 뒤로도 진심으로 기뻐하는 작은 환호성이 이어지더니, 재빠른 발소리가 들렸다. 그리고 이후로는 잠잠해졌다.

하지만 이야기는 여기에서 끝나지 않는다. 새집의 토대를 만들기 위해 요정이 알려준 곳에서 땅을 파던 랜티는 골풀 양초용 쇠그릇에 가득 담긴 금화를 발견했다. 요정들의 놀이터를 돌려준 대가로 상상도 못했던 큰 부자가 된 것이다. 그 후 랜티가 다시 요정들과 얽히는 일은 없었다.

2. 실 잣 기 시 합

윌리엄 칼턴

북아일랜드에서는 처녀들이 곧잘 농가에 모여 실을 자으며 경쟁
하곤 했는데, 이런 모임을 캠프라고 불렀다. 실잣기 솜씨가 뛰어나
고 손놀림이 빠른 처녀들은 대개 동이 트기 한 시간 전에 캠프가 열
리는 집에 모두 모였다. 이때는 연인이나 남자 친척이 동행하며 물
레도 들어주었다. 그리고 그때그때 사정에 따라 밭을 건너기도 하
고, 큰길을 따라가기도 하며, 처녀가 무사히 목적지에 도착할 수 있
게 길잡이 노릇을 했다.

캠프는 활기차고 즐거운 모임이기도 했지만, 젊은 처자들이 더 부
지런해지고 적당히 자부심을 느끼게 하고자 만든 모임이기도 했다.
실잣기 시합은 보통 날이 밝기 두세 시간 전에 시작되었다. 덕분에 웃거나 노래하는 아가씨들의 명랑한 목소리, 윙윙거리며 바삐 돌아가는 물레 소리, 가끔씩 삐걱삐걱 물레가 흔들리는 소리, 얼레에 실이 감기는 소리, 얼레에 감긴 실의 양을 가늠하고 처녀의 이름과 생산량을 알리는 큰 목소리가 아침의 정적을 깨뜨렸다. 그러면 멀리서 듣기만 해도 이보다 더 기분 좋고 활기찰 수 없을 정도였다.

이렇게 쾌활한 분위기에는 아가씨들이 기대감에 부풀어 있는 것도 한몫했다. 모든 캠프가 춤을 추는 것으로 마무리되었던 것이다. 그리고 공정한 심사에 따라 발표된 우승자는 그 캠프의 여왕으로서 마땅한 존중을 받았다.

자, 그럼 이야기로 들어가서, 숀 비에 맥가버린은 모든 사람에게 인정받는 청년이었다. 포아발라 교구민 중 그만큼 말끔하고 행동거지가 올바르며 부지런한 청년은 또 없었다. 더구나 도리깨나 삽, 낫 따위를 다루는 솜씨나 그날그날 할 일을 감탄스럽고 훌륭하게 해내는 면에서도 그를 따라올 사람을 찾기는 힘들었다. 게다가 숀은 건강하고 체격도 흠잡을 데 없었으며, 축제에나 나가야 만날 수 있을 법한 미남이기도 했다. 그러니 드러내놓고 다투지는 않았어도 예쁘장한 아가씨들치고 그를 남편으로 삼고 싶어 하지 않는 아가씨가 없었다.

하지만 숀은 잘생긴 외모만큼이나 신중한 사람이었다. 물론 아내를 맞고 싶은 생각은 있었지만, 그에게 결혼은 골칫거리가 아닐 수 없었다. 자기처럼 솜씨도 좋고 영리하며, 예의도 바르고 부지런한 아가씨를 원했는데, 바로 그 점이 문제였던 것이다. 주변에 그런 아가씨가 하나만 있으면 모르겠는데, 아무리 못해도 열두 명은 넘었기 때문이다. 다들 그가 생각하는 조건에 딱 맞았고, 기꺼이 그의 아내가 될 의향이 있었으며, 얼굴도 하나같이 예뻐서 누구 하나 크게 뒤지는 사람이 없었다.

그래도 그중에 나머지보다 조금 더 나아 보이는 아가씨가 있기는 했다. 비디 코리건과 샐리 고먼이었다. 하지만 두 아가씨가 너무 막상막하이다 보니 숀은 도무지 어느 한쪽으로 마음을 정하기가 어려웠다. 둘 다 캠프에서 우승한 적이 있었고, 알 만한 사람들은 다 우열을 가리기가 어렵다고 말하곤 했다.

교구 내에서 이 둘만큼 추앙받는 처녀는 없었고, 그만큼 추앙받아 마땅한 처녀도 없었다. 한 마디로 모든 이들이 비디와 샐리를 칭찬하며 행복을 빌어주었다. 우연히도 숀 역시 이미 이 두 아가씨의 실을 당겨준 적이 있었지만, 둘 중 누구로 정해야 할지 알 수 없었다. 그래서 가능하면 아가씨들이 직접 결론을 내려주었으면 하고 일주일 뒤에 캠프를 열겠다는 소식을 이웃들에게 전했다.

특히 비디와 샐리에게는 누구든 캠프에서 우승하는 쪽과 결혼하겠다는 의사를 밝혔다. 교구민 모두 알고 있듯이, 둘 중 하나가 반드시 우승하리라는 사실을 숀도 잘 알고 있었기 때문이다. 비디와 샐리는 기분 좋게 그 제안을 받아들였다. 비디는 분명 샐리가 이길 거라며 라이벌에게 덕담을 건넸고, 비디 못지않게 예의 바른 샐리 역시 같은 덕담을 건넸다.

그 주가 끝나갈 무렵, 켐프까지 이틀밖에 남지 않았을 무렵의 일이었다. 오후 3시경에 굽이 높은 구두를 신고 짧은 빨간 망토를 두른 왜소한 여인이 패디 코리건의 집으로 들어왔다. 집에는 비디 한 사람밖에 없었다. 비디는 자리에서 일어나 난롯가에 의자를 가져다 놓고 손님에게 앉아서 좀 쉬시라고 권했다. 빨간 망토를 두른 여인이 난롯가에 앉자, 두 사람은 곧 활발하게 대화를 나누기 시작했다.

"듣자 하니 숀 비에 맥가버넌 집에서 큰 켐프가 열린다지?"

낯선 여인이 말했다.

"네 그래요, 아주머니."

미소를 지으며 대답하던 비디는 자신의 운명이 그 켐프에 달려있다는 생각이 들자 얼굴을 붉혔다.

"그리고 누구든 켐프에서 이기면 남편을 얻는다고?"

"네, 그런 것 같아요."

"그래, 숀하고 맺어지는 처녀는 누구든 행복할 테지. 숀은 누구에게나 모범이 되는 착한 청년이니까."

"어떻게 되든 그건 맞는 말씀이세요."

비디는 한숨을 내쉬었다. 숀을 잃게 될까봐 걱정하고 있다는 것을

누가 봐도 알 수 있었다. 그게 아니더라도 사실 젊은 아가씨들한테
는 한숨을 쉴 이유가 수없이 많기 마련이다. 비디는 화제를 바꾸기
로 했다.

"그런데 아주머니, 피곤해 보이시네요. 요기를 좀 하시고 진한 우
유를 한 잔 드시면 남은 여정에 힘이 될 거예요."

"친절하게도 고마워, 아가씨. 아가씨가 그리 권한다면 조금 들어
보지. 나한테 내주는 음식이 앞으로 열두 달 동안 부족하지 않기를."

"그럴 거예요. 아시다시피 친절한 마음으로 가진 것을 나눌 때는
언제나 축복이 따라오니까요."

"그 말 그대로라우, 아가씨. 정말로 친절한 마음에서 나누어줄 때
는 말이야."

그리고 손님은 비디가 내어준 음식을 마음껏 먹었다. 식사를 마치
자 얼굴에 훨씬 생기가 돌았다. 여인은 자리에서 일어나며 말했다.

"자, 아가씨는 아주 착한 사람이군. 캠프가 열리는 화요일 아침까
지 내 이름을 알아낼 수 있다면 장담하건대 아가씨가 캠프에서 이
기고 남편을 얻게 될 거라우."

"아니, 전 아주머니를 뵌 적도 없는 걸요. 아주머니가 누구신지,
어디 사시는지도 모르는데, 어떻게 아주머니 성함을 알아낼 수 있겠
어요?"

"물론 아가씨는 나를 만난 적이 없지. 그리고 딱 한 번을 제외하면

다시 날 만날 일도 없을 테고. 켐프가 끝날 때까지 내 이름을 대지 못하면 아가씨는 모든 걸 다 잃고 가슴 아파하게 될 거야. 아가씨가 숀 비에를 사랑한다는 사실을 내가 잘 알거든."

이렇게 말하고 여인은 떠나버렸다. 가엾은 비디는 여인이 남기고 간 말 때문에 의기소침해졌다. 사실인즉슨 비디는 숀을 너무나도 사랑했던 것이다. 하지만 이 작은 여인의 이름을 도저히 알아낼 수 있을 것 같지 않았다. 비디에게는 그 이름에 모든 것이 달려있는 것처럼 보였다.

같은 날 같은 시각 즈음, 샐리 고먼도 집에 혼자 남아 켐프에 대해 생각하고 있었다. 그때, 예의 그 빨간 망토를 두른 작은 여인이 들어왔다.

"축복 받으세요, 아주머니. 오늘 날씨가 참 좋아요. 주님께 찬양을!"

샐리가 말했다.

"더 바랄 나위가 없을 만큼 좋은 날씨네, 정말!"

"여행하시면서 뭐 특별한 소식이라도 들으셨어요?"

"이 근처에서 들은 소식이라고 하면 숀 비에 맥가번네 집에서 열리는 큰 켐프뿐이지. 사람들 말이 아가씨가 숀을 얻든가 뺏기든가 한다던데."

여인은 이렇게 말하면서 샐리를 찬찬히 살펴보았다.

"전 그렇게 걱정 안 해요."

샐리가 자신 있게 말했다.

"혹시나 손을 얻지 못한다고 해도 그만큼 좋은 사람을 만나면 되죠."

"그렇게 좋은 사람을 만나기는 쉽지 않은 법이라우. 그래도 손을 차지할 수 있으면 아주 기쁘겠지?"

"걱정 없어요. 비디는 좋은 애에요. 그건 저도 인정하죠. 하지만 실잣기라면 제가 걔한테 뒤처지는 날은 절대 오지 않을 거예요. 앉아서 쉬지 않으시겠어요? 좀 피곤하신 것 같아요."

'지금이 아가씨가 마음 씀씀이를 보일 때야.'

작은 여인은 이렇게 생각하면서 아무 말도 하지 않았다. 그리고 속으로 몇 마디 더 떠올렸다.

'하지만 아예 아무것도 안 하는 것보다는 늦게라도 하는 편이 나으니까. 잠시 앉아서 어쩌는지 좀 더 자세히 지켜보기로 할까.'

따라서 작은 여인은 자리에 앉아 젊은 아가씨들이 좋아할 법한 몇 가지 주제로 한 30분 정도 샐리와 이야기를 나누었다. 그리고 자리에서 일어나 작은 지팡이를 손에 쥐고 샐리에게 작별을 고한 뒤 길을 나섰다. 샐리네 집에서 조금 떨어지자, 작은 여인은 뒤를 돌아보고 이렇게 말할 수밖에 없었다.

"붙임성 있고 영리한 아가씨,

그러나 진심이 부족하네.

성실하고 깔끔한 아가씨,

그러나 고기는 내주지 않네."

가엾은 비디는 가능한 한 모든 이웃들에게 이 작은 여인의 정체에 대해 물어봤다. 그러나 아무런 소득도 얻지 못했다. 단 한 사람도 이런 여자를 보았다거나 들어봤다는 사람이 없었던 것이다. 비디는 몹시 낙담해서 자신감을 잃기 시작했다. 손을 빼앗긴다면 의심의 여지없이 많은 나날을 슬픔에 잠겨 보내야 했다. 그에 버금가는 사내와 맺어지는 일도 결코 없을 터였다. 아니, 적어도 자신이 손만큼 사랑할 수 있는 사람은 없을 것이다.

결국 아무것도 알아내지 못한 채로 캠프가 열리는 날이 밝았다. 근처의 예쁜 아가씨들은 모두 손 비에의 집에 모였다. 그중에서도 손을 두고 경쟁할 두 아가씨는 모두 감탄할 만큼 더 예뻤다. 확실히 캠프는 유쾌하고 즐거운 행사였다. 예쁜 입술들에서 가벼운 웃음과 달콤한 노래가 많이도 흘러나왔다.

비디와 샐리는 모두 예상한 대로 다른 아가씨들보다 많이 앞서 나갔다. 실을 잣는 속도가 거의 같았기 때문에 실을 감아주는 사람들조차 누가 더 나은지 감히 말할 수 없었다. 아름다운 두 아가씨는 막상막하로 치열한 경쟁을 벌였다. 누가 승리를 차지하게 될지 알 수 없었으므로, 캠프에 모인 사람들의 관심과 호기심도 최고조에 달했다.

이제 하루도 절반 넘게 지나고 있었지만, 여전히 두 사람 사이에는 아무런 차이가 없었다. 그때 그 자리에 있던 모든 사람들이 놀라고 안타까워하는 일이 발생했다. 비디 코리건의 물레에서 실을 실감개로 넘기는 부품이 두 조각으로 부러진 것이다. 그러니 아무리 봐도 시합은 비디의 경쟁자에게 유리하게 끝날 것만 같았다. 게다가 비디 입장에서 더 분한 것은 아직도 빨간 망토 아주머니의 이름을 모른다는 점이었다.

할 수 있는 일은 다했다. 마침 부품이 부러지는 순간, 시합이 어떻게 되어 가는지 알아보라는 부모님의 심부름으로 비디의 열네 살 난 남동생, 조니 코리건이 그 자리에 와있었다. 조니는 물레를 만드는 목수, 도널 매커스터에게 전속력으로 달려가 부품을 고쳐오기로 했다.

이것이 비디에게 마지막 기회가 될 터였으나 전망은 어두웠다. 조니는 누나가 꼭 이겼으면 했기 때문에 최대한 시간을 아끼려고 들판을 가로질러 갔다. 그리고 그 와중에 요정들이 모여서 노는 곳이라고 잘 알려진 킬루덴 라스를 지나갔든가, 그 근처를 지나갔든가 했다. 어쨌든 그곳의 산사나무를 지나치던 도중 놀랍게도 물레 돌아가는 소리를 반주 삼아 노래하는 여자 목소리가 들려왔다.

이 마을에는 내 이름을 모르는 아가씨가 있지.
하지만 내 이름은 이븐 트롯 — 이븐 트롯.

소년도 이 노래를 이어서 불렀다.

이 마을에는 깊은 슬픔에 잠긴 아가씨가 있지.
물레 부품이 부러져서 남편을 얻지 못할까봐 두려워서.
난 지금 부품을 고치러 도널 매커스터에게 가는 길.

"그 아가씨 이름이 뭐지?"

빨간 망토의 작은 여인이 물었다.

"비디 코리건이요."

작은 여인은 곧바로 자기 물레에서 부품을 빼더니 소년에게 주었다. 그리고 나서는 도널 매커스터에게 가는 대신 누이에게 이 부품을 가져가라고 일렀다.

"낭비할 시간이 없단다. 어서 가서 누나에게 이걸 전해 주렴. 어떻게 얻었는지는 절대 말하면 안 된다. 무엇보다도 이븐 트롯이 줬다고는 절대 말하면 안 돼."

조니는 돌아가서 누나에게 부품을 전했다. 그리고 당연히 그래야 하는 듯 이븐 트롯이란 빨간 망토의 작은 아주머니가 부품을 줬다고 말했다. 비디의 눈에서 기쁨의 눈물이 흘러나왔다. 이제 그 아주머니의 이름을 알았으니 좋은 일이 생길 것만 같았다. 비디는 다시 실을 잣기 시작했다. 그때까지 사람의 손가락이 그렇게 빨리 실을 뽑아낸 적은 결코 없었으리라.

　캠프에 모인 사람들 모두 비디의 얼레에 감기는 실의 양을 보고 깜짝 놀랐다. 비디의 친구들은 가슴이 벅차올랐다. 반면, 샐리의 친구들은 사기가 떨어졌다. 시간이 갈수록 비디는 샐리의 생산량을 바짝 따라붙었다. 비디가 쫓아오는 것을 알고 샐리 역시 가능하다면 거의 두 배로 속도를 내고 있었는데도 말이다. 마침내 두 사람의 생산량이 다시금 같아졌다. 바로 그때 비디의 친구, 예의 그 빨간 망토 아주머니가 나타나서 큰 소리로 물었다.

　"이 캠프에 모인 사람들 중 내 이름을 아는 사람이 있을까?"

　이 질문이 세 번 되풀이 되고서야 비디가 용기를 내서 노래를 불렀다.

이 마을에는 아주머니 이름을 아는 아가씨가 있답니다 ―
아주머니의 이름은 이븐 트롯 ― 이븐 트롯.

"맞아, 그게 내 이름이지. 앞으로 이 이름이 아가씨와 아가씨 남편의 인생에 지표가 되기를. 착실하게 사는 거야. 한결같이, 멈추지 말고 꾸준히 나아가야 해. 그럼 아가씨가 이 이븐 트롯을 처음 만났던 날을 후회하는 일은 없을 테니까."

비디가 캠프에서 우승하고 남편을 얻었으며, 그 후로 숀과 함께 오래오래 행복하게 살았다는 사실을 말할 필요도 없으리라. 그러니 친절한 독자 여러분, 원컨대 여러분과 나도 오래오래 행복하게 살 수 있기를.

3. 어린 백파이프 연주가

크로프턴 크로커

옛날 옛적 티퍼레어리 주의 경계에 믹 플래니건과 주디 멀둔[63]이 란 점잖고 정직한 부부가 살았다. 부부는 가난했지만 옛 속담에 나 오는 것처럼 아이 넷이 다 사내아이였으니 축복 받은 셈이었다. 그 중 셋은 태양이 빛난 이래 전례가 없을 정도로 건강하고 튼튼했으 며, 잘생기고 성격도 좋았다. 장밋빛 두 뺨에 아름다운 금발의 곱슬 머리를 늘어뜨린 아이들이 화창한 여름날 오후 1시경, 김이 모락모 락 피어오르는 잘 삶은 감자를 손에 들고 오두막집 문 앞에 서 있는 모습을 보면 아일랜드 사람 누구나 민족의 혈통을 자랑스럽게 여길

---

63 옛 아일랜드와 스코틀랜드에서는 결혼한 여성이 성을 바꾸지 않는 일이 흔했다.

정도였다.

믹은 이렇게 예쁜 아이들이 퍽 자랑스러웠다. 자랑스럽기는 주디도 마찬가지였다. 부부에게는 그럴 만한 이유가 충분했다. 하지만 남은 한 아이는 정반대였다. 셋째 아들은 신께서 허락하신 생명 가운데 제일 보잘것없고 흉측하며 심술궂은 아이였던 것이다. 셋째는 너무 연약한 나머지 혼자서는 설 수도 없었고, 아이용 침대 밖으로 나가지도 못했다.

텁수룩하게 엉겨 붙은 긴 곱슬머리는 검댕처럼 새까맸다. 얼굴은 녹색이 감도는 노란색이었고, 두 눈은 마치 불타는 석탄과 같았으며, 쉬지 않고 움직이는 것이 마치 멈출 줄 모르는 듯했다. 게다가 12개월이 채 되기도 전에 입 안 가득 녹색 이가 났다. 손은 솔개의 발톱과 같았고, 다리는 기껏해야 채찍 손잡이와 비슷할 정도로 가늘었으며 낫처럼 굽기까지 했다. 더 심각한 문제는 가마우지처럼 식탐이 넘치는 데에다가 허구한 날 징징거리고, 악을 쓰지 않으면 쇳소리를 질러대거나 기분 나쁘게 울부짖는다는 점이었다.

이웃들은 모두 이 아이에게 문제가 있다고 여겼다. 의심을 불러일으킬 만한 일이 있었기 때문이다. 어느 날, 마을 사람들이 주디네 집 난롯가에 모여 시골사람들이 흔히 그러듯 종교와 행운에 대해 이야기한 일이 있었다. 이때도 주디는 언제나처럼 아늑한 기분을 느끼며 쉬라고 셋째 아들의 침대를 난롯가에 가져다 놓았다. 하지만 마을 사람들의 이야기가 한창 무르익어가자, 셋째가 자리에서 일어나 앉더니 진짜 악마가 들린 것 같은 소리를 질러댔다. 덕분에 이웃들은 모두 뭐가 잘못돼도 단단히 잘못되었다고 생각하게 되었다.

이후 마을 사람들은 하루 날을 잡아 이 아이를 어떻게 하는 것이 좋을지 의논을 했다. 몇몇은 삽 위에 올려서 내다 버리라고 했다. 하지만 주디는 도저히 그럴 수가 없었다. 엄마에게 자식은 아무래도 귀여운 법이었다. 그런 아들을 마치 죽은 새끼고양이나 약을 쳐서 잡은 쥐처럼 삽에 올려 거름더미에 내던지라니. 아니, 안 돼. 주디는 그런 이야기 따위는 조금도 듣고 싶지 않았다.

그러자 요정 일에 훤하고 아주 노련하다는 평판을 받는 노파가 부젓가락을 새빨갛게 달궈서 아이의 코를 떼어내라고 적극적으로 권했다. 그러면 의심의 여지없이 자기가 누구인지, 어디에서 왔는지 털어놓을 것이라고 말이다(마을 사람들은 대부분 이 아이가 요정들이 바꿔치기한 아이라고 의심하고 있었다). 하지만 주디는 마음이 너무 여렸고 이 작은 악당한테 너무 정이 들었기에 이 조언 역시 받아들일 수 없었다. 모두 그녀가 틀렸다고 말했고 정말 그럴지도 몰랐지만, 그래도 엄마를 탓하기는 어려운 노릇이었다.

그렇게 하나씩 돌아가며 해결책을 내놓다가, 마지막에 가서 아주 성스럽고 박식한 신부님을 모셔와 아이를 보여드리자는 말이 나왔다. 당연히 주디도 이 계획에는 반대하지 않았다. 하지만 신부님을 모셔오려고만 하면 반드시 일이 생겨서 다음 기회로 미뤄야만 했다. 그 결과, 신부님이 아이를 보러 오시는 일은 영영 일어나지 않았다.

한동안 전과 다름없는 나날이 흘러갔다. 아이는 여전히 소리를 지르거나 큰 소리로 울어댔고, 형제 셋을 합친 것보다 더 많이 먹었다. 장난기도 넘쳐서 갖은 질 나쁜 장난을 치기까지 했다. 그러던 어느 날, 앞을 보지 못하는 백파이프 연주자 팀 캐럴이 순회 연주를 하러 다니던 도중에 믹 부부의 집에 들렀다. 음악에 인색하게 구는 사람이 아니었던 팀은 난롯가에 앉아 주디와 이야기를 나누다가 백파이프를 메고 멋들어지게 연주를 시작했다.

연주가 시작되는 순간, 생쥐처럼 침대에 가만히 누워 있던 셋째 아들이 벌떡 일어나 앉더니 활짝 웃었다. 흉측한 얼굴을 일그러뜨리며 긴 황갈색 팔을 흔들고, 굽은 다리로 발길질까지 하는 모습이 음악소리를 듣고 기뻐서 어쩔 줄 모르는 듯했다. 그러다 셋째는 자기 손에 백파이프가 들어오지 않으면 만족할 수 없는 지경이 되었다. 주디는 아들의 비위를 맞추기 위해 팀에게 악기를 잠시 빌려달라고 부탁했다. 팀은 아이들을 좋아했기에 흔쾌히 허락해주었다.

앞을 보지 못하는 연주자 대신 주디가 악기를 침대로 가져가 아들에게 메어주려 했다. 하지만 그럴 필요조차 없었다. 아이는 능숙하게 백파이프⁶⁴를 메더니 주름진 부분을 한쪽 팔 밑에 넣은 다음, 공기주머니를 반대쪽 팔 밑에 넣었다. 그리고 한 20년은 연주를 해온 사람처럼 완벽하게 악기를 다루며 경쾌한 리듬으로 '실라 나 기라(sheela na guira)'를 상상조차 못할 정도로 훌륭하게 불었다.

모두 깜짝 놀랐고 가엾은 주디는 성호를 그었다. 그러나 팀은 앞서 말했듯이 앞을 보지 못했기에 누가 연주했는지 제대로 알지 못한 채 몹시 기뻐했다. 그리고 아직 다섯 살도 안 된 작은 말썽쟁이가, 그것도 평생 백파이프를 한 번도 본 적이 없는 아이가 연주를 했다는 말을 듣자, 주디에게 이런 아들을 두었으니 얼마나 기쁘냐고 덕담을 건넸다. 또 아이와 떨어져 지낼 수 있다면 자기한테 맡겨주지 않겠냐고 묻기까지 했다. 타고난 연주가로 천재성이 있으니 자기가 조금만 더 가르치면 아일랜드 전역에서 이 아이보다 더 나은 연주가를 찾을 수 없을 것이라는 얘기였다.

가엾은 주디는 이 이야기를 듣고 뛸 듯이 기뻤다. 특히 타고난 천재라는 표현이 마음속 불안감을 덜어주었던 것이다. 이 아이는 평범하지 않다던 이웃들의 말이 정말 사실일지도 모른다는 생각이 들었다. 게다가 사랑하는 아들이(주디는 이 아이를 정말 사랑했다) 강제로 쫓겨나서 구걸하며 사는 대신 필요한 만큼은 스스로 벌어먹을 수

---

64 이 백파이프는 아일랜드식 백파이프인 일랸 파이프(uileann pipe)를 말한다. 한쪽에 풀무처럼 생긴 주름진 송풍기가 있는 것이 특징이다.

있을 거라 생각하니 더 흡족했다.

따라서 저녁에 남편이 일을 마치고 돌아오자 곧바로 낮에 있었던 일이며 팀 캐럴이 한 말을 전해주었다. 믹 역시 아내의 이야기를 듣고 아주 기뻐했다. 사실 어쩔 방도가 없을 만큼 상태가 나쁜 불쌍한 아들이 걱정이 돼서 늘 신경이 쓰였던 것이다. 믹은 다음날 곧바로 돼지를 끌고 장에 나갔다. 그리고 돼지를 판 돈을 들고 클론멜로 가서 아이의 몸에 맞는 크기의 새 백파이프를 주문했다.

2주가 지나자 백파이프가 집에 도착했다. 침대에 누워 있던 셋째 아들은 백파이프를 본 순간 기뻐하며 첫소리를 내지르다가, 괴상한 다리를 공중으로 들어 올리고 몸을 들썩이며 침대에 부딪치는 등 익살스러운 장난을 멈추지 않았다. 결국 부부는 아들을 진정시키고자 바로 백파이프를 건네주었다. 아이는 곧장 악기를 메고 '지그 폴토그(Jig Polthog)'를 연주했다. 듣는 사람 모두 감탄할 수밖에 없는 훌륭한 연주였다.

주디네 셋째 아들의 연주 실력이 뛰어나다는 소문은 널리 퍼져나갔다. 그도 그럴 것이 '옛 모데라의 후회'나 '옥수수밭의 토끼', '여우 사냥 지그', '카셀의 방탕아들', '백파이프 연주자의 변덕' 등 원하든 원치 않든 사람들이 춤을 추지 않고는 못 배기게 하는 훌륭한 아일 랜드 춤곡, 지그를 연주하는 데 있어서는 근처 여섯 개 주에 그와 실력을 겨룰 만한 연주가가 아무도 없었던 것이다.

특히 빠른 박자로 연주하는 '여우 사냥'은 사냥개가 짖는 소리, 그
뒤에서 테리어 종의 개가 으르렁거리는 소리, 사냥꾼들과 사냥개 담
당이 개들을 격려하거나 혼내는 소리가 실제 들리는 것만 같았다.
한 마디로 사냥터를 직접 지켜보는 것을 제외하면 이보다 더 생생
한 경험은 없을 정도였다.

게다가 제일 좋은 것은 셋째가 쩨쩨하게 굴지 않고 음악을 연주
해주었다는 점이다. 덕분에 근처에 사는 처녀, 총각들은 종종 주디
네 오두막집에 놀러와 춤을 추었다. 셋째 아들이 이들을 위해 음악
을 연주하면 사람들은 자기 발이 살아서 움직이는 것 같다고 말했
다. 그동안 여러 연주에 맞춰 춤을 추었지만 이렇게 가볍고, 이렇게
경쾌하게 춤을 추지는 못했다고 말이다.

그런데 셋째는 훌륭한 아일랜드 춤곡 말고도 기묘한 곡을 하나 더
알고 있었다. 지금껏 들어본 적이 없는 특이한 곡이었다. 한 번 이 곡
을 연주하기 시작하면 집안의 모든 것들이 춤을 추기 시작하는 것처
럼 보였다. 선반에서는 접시와 사발이 댕그랑거리고, 굴뚝에서는 냄
비 고리와 냄비가 쨍그랑거렸다. 의자에 앉아 있던 사람들은 엉덩이
밑의 의자마저 들썩이는 듯한 느낌을 받았다. 하지만 의자야 어찌됐
든 일단 누구 하나 계속 앉아 있을 수 없다는 것만은 분명했다.

이 노래만 들려오면 젊은이, 늙은이 모두 어김없이 자리에서 일
어나 온 힘을 다해 폴짝폴짝 뛰기 시작했기 때문이다. 처녀들은 이

곡만 들리면 반드시 춤을 추게 되었다. 그때마다 다리를 원하는 대로 움직일 수도 없고, 바닥이 얼음처럼 미끄럽게 느껴져서 금방이라도 앞이나 뒤로 넘어질 것 같다고 불평했다. 새 구두나 선명한 빨간색, 녹색, 노란색 양말대님을 과시하면서 춤 실력을 뽐내고 싶었던 젊은 청년들도 이 곡을 들으면 혼란스러워져서 힐앤드토나 커버더버클[65], 아니, 제일 능숙한 스텝조차도 제대로 밟을 수 없다고 말했다.

항상 눈이 핑핑 돌고 어쩔 바를 모르게 돼서 다들 꼴사납게 서로 떠밀고 부딪치게 된다고 말이다. 이 재수 없는 꼬마는 사람들을 이런 식으로 온통 빙글빙글 돌게 만들고서는 크게 웃으며 좋아하기도 하고, 씩 웃으며 재잘대기도 했다. 자기 장난에 온 세상이 다 원숭이가 되는 것 같으니 웃음이 나올 수밖에 없었다.

셋째가 자라면 자랄수록 장난은 더 심해졌다. 여섯 살이 되었을 무렵에는 참지 못할 지경에 이르렀다. 셋째는 툭하면 형들과 동생을 불에 데게 하든가, 냄비나 의자에 다리를 부딪치게 했다. 한번은 추수철이라 셋째만 남겨두고 모두 집을 비운 적이 있었는데, 엄마가 돌아와 보니 고양이가 말을 타듯 개 위에 올라타 있었다. 그것도 머리가 꼬리를 향하게 다리로 개를 감싸고 있었다. 아니나 다를까, 셋

---

[65] 아일랜드 춤의 스텝 종류들.

째가 그 기묘한 곡을 연주하고 있었다. 개는 짖어대며 고양이를 떨쳐내려고 뛰는데, 고양이는 살려달라고 울며 꼬리를 위, 아래로 흔드니 꼬리가 개의 턱을 치는 꼴이 되어서 개는 또 그 꼬리를 덥석 물고 난리도 아니었다.

또 한 번은 믹을 고용한 농장주가 우연히 들른 적이 있었다. 점잖고 존경받는 사람이었다. 주디는 앞치마로 의자를 닦아서 내주고 앉아서 잠시 쉬어가시라고 청했다. 그는 셋째가 누운 침대를 등지고 앉았는데, 뒤에는 돼지 피가 든 냄비가 있었다. 주디가 돼지 푸딩을 만드는 도중이었기 때문이다. 셋째는 침대에 가만히 누워서 끝에 낚싯바늘이 달린 노끈을 준비하며 기회를 엿보았다. 그리고 솜씨 좋게 노끈을 던져 농장주가 새로 장만한 가발의 곱슬머리에 용케 바늘이 걸리게 한 다음, 가발을 그대로 돼지 핏속에 집어넣어버렸다.

또 언젠가는 엄마가 우유를 짜서 머리에 양동이를 이고 들어왔다. 그 모습을 보자마자 셋째는 그 지옥의 선율을 연주했고, 가엾은 주디는 박수를 치며 지그를 추느라 양동이를 놓쳐버렸다. 덕분에 저녁을 만들 토탄을 가지고 들어오던 믹이 우유를 전부 뒤집어쓰는 신세가 되었다. 간단히 말해서 이 꼬마의 못된 장난은 말하자면 끝이 없었다.

곧이어 농장주의 가축들에게 문제가 생기기 시작했다. 말 한 마리가 선회병(旋回炳)에 걸렸고, 체격 좋은 송아지도 기종저(氣腫疽)로 죽었으며, 양 몇 마리는 혈뇨를 보았다. 소들은 사나워져서 우유 받는 양동이를 걷어찼고, 헛간 지붕마저 한쪽이 내려앉았다. 농장주는 믹 플래니건의 재수 없는 아들이 이 모든 불행의 원인이라고 생각했다. 그래서 하루는 믹을 따로 불러서 말했다.

"믹, 지금 일이 순리대로 돌아가지 않는 건 자네도 잘 알 걸세. 솔직하게 말함세, 믹. 나는 자네 아들이 이 모든 일의 원인이라고 생각하네. 정말 걱정이 돼서 죽을 지경이야. 내일 아침에 또 무슨 일이 벌어질까 생각하면 잠도 오지 않아. 그러니 다른 일자리를 찾아주면 좋겠네. 자넨 이 고장에서 손꼽히는 일꾼이니까 일자리 찾을 걱정은 안 해도 될 게야."

"주인님이 손해를 보신 건 저도 유감으로 생각하고 있습니다. 게다가 제가 그 원인이라고 생각하신다니 더 유감이군요. 저도 아들 녀석을 생각하면 마음이 편치 않습니다만, 자식은 자식이니까 거두는 수밖에요."

믹은 이렇게 대답하고 즉시 다른 곳에 일자리를 찾아보겠다고 약속했다.

다음 일요일, 믹은 성당에 나가 이웃들에게 이제 존 리오던 씨 밑에서 나가려 한다는 소식을 전했다. 그러자 곧바로 몇 킬로미터 떨어진 곳에 살고 있는 농장주가 믹에게로 다가왔다. 전에 일하던 사람이 막 나갔기 때문에 당장 쟁기질 할 사람이 필요했던 것이다. 그는 믹에게 집과 텃밭을 내어줄 테니 1년 동안 일을 해주지 않겠냐고 제안했다. 그가 좋은 고용주라는 사실을 알고 있던 믹은 그 자리에서 계약을 맺었다. 농장주는 가구를 옮길 수 있게 우마차를 보내주기로 했고, 이사는 다음 화요일로 정해졌다.

화요일이 되자 약속대로 우마차가 도착했다. 믹은 짐을 싣고 제일 위에 셋째가 누운 작은 침대를 실은 뒤 백파이프를 올려주었다. 주디는 옆에 앉아 아들을 돌보기로 했다. 혹시라도 침대가 굴러 떨어져 아들이 죽기라도 할까봐 걱정이 되었던 것이다. 소를 앞장세우고 개는 뒤따라오게 했다. 물론 고양이는 남겨두었다.[66] 추수도 끝물에 다다른 화창한 날이었으므로, 나머지 세 아들은 길을 따라 걸으며 산사나무 열매와 블랙베리를 땄다.

가족들은 강을 건너야 했다. 하지만 양쪽에 높은 둑이 있었기에 가까이 가기 전에는 강이 보이지 않았다. 가만히 침대에 누워 있던 셋째는 마차가 다리에 들어설 무렵이 되자, 물이 세차게 흐르는 소리를 듣고(지난 이삼 일간 장대비가 내린 탓에 강물이 많이 불어나 있었다.) 그제야 일어나 앉아 주위를 둘러보았다. 강물을 보자마자, 그리고 곧 강을 건널 참이라는 사실을 알아차리자마자 어찌나 악을 쓰고 비명을 질러대는지! 덫에 걸린 생쥐가 내지르는 비명은 비교도

---

66 아일랜드에는 이사할 때, 특히 강을 건너가야 할 때는 고양이를 데려가서는 안 된다는 미신이 있었다.

안 될 정도였다.

"쉿, 우리 아들. 무서워하지 않아도 된단다. 돌다리 위로만 지나갈 거야."

주디가 아들을 달랬다.

"빌어먹을 소리 하네, 이 쓸모없는 할망구야! 잘도 날 속여서 여기까지 데려왔군!"

셋째는 이렇게 말하며 계속 소리를 질렀고, 다리로 들어가면 들어갈수록 더 크게 소리를 질렀다. 결국 믹이 더 참지 못하고, 손에 들고 있던 채찍으로 아들을 세게 내리치면서 말했다.

"악마한테 목이나 졸려라, 이 버릇없는 놈아. 그만 두지 못해? 시끄러워서 못 견디겠네."

채찍을 맞자마자 셋째는 침대에서 일어나 재빨리 백파이프를 팔 밑에 넣고 아버지를 향해 더할 나위 없이 사악한 웃음을 지어보이더니 다리 난간 너머 강물 속으로 뛰어들었다.

"오, 우리 아가, 우리 아가! 우리 애를 다시는 못 보게 됐어."

주디가 외쳤다. 믹과 나머지 세 아들이 다리 맞은편으로 달려가 살펴보니, 셋째가 하얀 물결 위에 책상다리를 하고 앉아 아무 일도 없었다는 듯 즐거운 노래를 연주하며 둥근 다리 밑에서 나왔다. 세찬 물살 때문에 셋째 역시 무서운 속도로 떠내려갔다.

하지만 아이는 물결보다 빠르게, 그래, 더 빠르게 연주를 계속했다. 아버지와 형제들이 강둑을 따라 온 힘을 다해 쫓아갔지만, 다리에서 100m쯤 내려가 언덕을 끼고 강이 급격히 꺾어지는 곳까지 갔을 때는 이미 셋째의 모습이 보이지 않았다. 이후 아무도 셋째를 다시 보지 못했다. 하지만 사람들은 그가 백파이프를 들고 자기 종족, 좋은 사람들(요정들)한테로 돌아가 음악을 연주하고 있으리라 생각했다.

4. 요정의 마법

이야기: 마이클 하트
기록: W. B. 예이츠

예전에 곧잘 운하를 이용해 여행을 하던 시절, 더블린을 떠난 적
이 있었습니다. 멀린가까지 가니까 운하도 끝이 나서 걷기 시작했는
데, 더딘 여행을 해왔던 탓에 몸이 뻣뻣하고 피곤해 죽을 지경이었
지요. 길동무도 몇 명 있었어요. 저희는 걷기도 하고, 우마차를 얻어
타기도 하면서 여정을 이어나갔습니다. 그러다가 우유 짜는 아가씨
들을 보고 잠깐 멈춰서 농담을 주고받았습니다. 좀 지나서는 우유를
얻어 마실 수 없겠냐고 물어봤지요. 그러니까 아가씨들이 이렇게 말
하더군요.

"여기엔 우유를 담을 그릇이 없어요. 집으로 따라오세요."

그래서 저희는 아가씨들 집으로 가서 난롯가에 둘러 앉아 이야기 그런데 아무도 손을 대려 하지 않았습니다.

"그 아이를 죽였다가는 네가 대신 죽어야 할 거야."

저는 덜덜 떨면서 나와서 꼬챙이를 돌리기 시작했습니다.

"마이클 하트, 거기서 나와서 고기를 돌려!"

그러자 다른 남자가 대답했습니다.

"누가 꼬챙이를 돌릴까?"

고챙이에 꿴 시체를 사정까지 돌렸습니다.

고 말다툼을 하긴 했습니다. 그런데 □ □

□ □ 안 하겠다고 하더군요. 그리고 난 □

□ □ □리로 말했습니다.

"□□ □줄 수 있어?"

"□□□"

□□ 남자는 제 어깨를 붙잡고 총알같이 적□

□□□ □습니다. 태어나서 그런 밤은 본 적□

□ □ □ 가운데서도 제일 어두운 □ □

"□□ 가 어디에 있는지 알 수 없을 정도□□□

□□ □를 따라와 제 어깨를 잡고 '□□□

□□ □ 수 있겠어?"라고 물었을 때 "물론 □□"

□□□

□□ 내 앉히고 말했습니다.

□□ □□습니다. 제가 여기 남아 있을□데, 당신□

□□이에 팬 다음 저한테 □□라고 했어□

□□ □가서 침대에 누워도 돼."

□□습니다. 아침이 되고 눈을 떠보니, □□ □

5. 리 강 의 타 이 그

크로프턴 크로커

"이 집에는 못 있겠어. 캐리그로한 옛 성 밑에 묻혀 있는 돈을 다 준대도 여기 있지 않을 거야. 정말로 그런 게 있다고 해도 말이야! 밤낮으로 내 면전에서 모욕을 하는데 정작 그 장본인은 앞에 없다니! 게다가 내가 화를 내면 큰 소리로 '호, 호, 호!' 하면서 비웃질 않나. 오늘밤만 지나면 이 집에서 나가주겠어. 어디든 이 한 몸 의지할 곳은 있겠지."

이 분노에 찬 독백이 존 시한의 입에서 흘러나온 것은 캐리그로한의 오래된 저택에 있는 큰 방에서였다. 존은 새로 고용된 하인이었다. 유령이 나온다는 소문이 있는 이 저택에 온 지 겨우 사흘, 존은 모욕과 비웃음에 시달리고 있었다. 나무통을 머리에 뒤집어쓴 듯한 남자 목소리가 들려오는데, 목소리의 주인공은 찾을 수 없었다. 그리고 그 목소리가 어디에서 들려오는지도 알 수 없었던 것이다.

"여길 떠날 거야. 그걸로 다 끝이야."

존이 말했다.

"호, 호, 호! 조용히 하라고, 존 시한. 안 그러면 더 나쁜 일이 생길 테니까."

존은 즉시 창문 쪽으로 달려갔다. 목소리는 분명 창문 바로 밖에서 들려오고 있었다. 하지만 아무도 보이지 않았다. 막 유리창에 얼굴을 대려는 순간 또다시 커다랗게 "호, 호, 호!" 하는 소리가 들려왔다. 이번에는 바로 뒤, 방 안에서였다. 번개처럼 빠르게 고개를 돌려보았지만, 여전히 살아있는 것은 아무것도 보이지 않았다.

"호, 호, 호, 존!"

이렇게 외치는 목소리는 집 앞 잔디밭에서 들려왔다.

"타이그를 볼 수 있을 것 같나? 오, 절대 안 되지! 살아 있는 동안은! 그러니 타이그 찾기는 그만두고 자네 일이나 신경 쓰라고. 오늘은 코크에서 손님들이 많이 와서 정찬을 들 테니까. 식탁보를 준비할 시간이야."

"주님의 가호가 있기를! 점점 더 심해지잖아! 질대, 단 하루도 너 머무르지 않겠어."

존이 되풀이해서 말했다.

"입 다물어. 입 다물고 거기 가만히 있으라고. 저 보이스 씨 숟가락에 한 것처럼 프랫 씨한테도 장난칠 생각 말고."

존 시한은 보이지 않은 학대자의 말을 듣고 당황했지만, 그래도 입을 열 수 있을 만큼 용기를 끌어 모았다.

"당신 누구야? 사나이라면 여기 와서 얼굴을 보여줘."

하지만 돌아오는 대답이라고는 섬뜩한 조롱 섞인 웃음소리뿐이었고 곧이어 "안녕! 정찬 자리에서 지켜보겠어, 존!"이란 인사가 들려왔다.

"주님, 저희를 지켜주소서! 이 기도면 뭐든 막을 수 있어! 정찬 때 날 지켜보겠다고! 그럴지도 모르지! 지금은 훤한 대낮이야. 그러니까 놈은 유령이 아니란 말이야. 그래도 여긴 무서운 곳이야. 오늘을 마지막으로 떠나고 말겠어. 그나저나 숟가락 건은 놈이 어떻게 알고 있는 걸까? 거기에 대해 입만 뻥긋 하면 난 끝장이야! 산 사람 중에 놈한테 그걸 말해줄 수 있는 사람은 팀 배럿뿐인데, 팀은 지금 머나먼 보터니 만의 황야에 가 있고. 그럼 대체 어떻게 알았지? 뭐가 뭔지 하나도 모르겠어! 저쪽 담벼락 구석에 있는 건 뭐야! 사람이 아니잖아! 오, 이런 바보 같으니! 그냥 고목 밑동이잖아! 그래도 여긴 지독한 곳이야. 절대로 더는 여기 있지 않겠어. 내일 당장 떠날 거야. 이 집은 겉모습부터 누구든 겁에 질릴 정도잖아."

확실히 저택에는 황량한 분위기가 감돌았다. 잔디밭 한가운데서 있긴 했지만 군데군데 심은 지 얼마 안 되는 수선화와, 저택을 지었을 때와 같은 시기에 심은 고목 몇 그루를 빼면 아무것도 없어서 살풍경했다. 또 큰길에서 그리 멀리 떨어지지 않았는데도 역사가 100년을 거슬러 올라가다보니 세월의 흔적이 고스란히 남아 있었다. 담은 비바람에 온갖 색으로 얼룩져 있고, 지붕은 곳곳에 하얀 부분이 드러나 있었다. 그래서 조금도 편히 쉴 수 있는 곳으로 보이지 않았다.

외부는 모든 것이 어둑어둑하고 우중충해보였다. 내부 역시 위대함이 사라진, 그리고 여전히 사라져가는 우울한 기운이 가득해서 저택의 외관과 잘 어우러졌다. 정사각형 모양의 큰 연회장에 들어가거나 그 회장을 둘러싼 회랑을 따라 걸을 때, 혹은 계단 아래 긴 복도를 지날 때면 거의 공포에 가까운 인상이 느껴졌다. 이런 인상은 온 집안이 젊은이들과 그들에게서 비롯되는 명랑한 활기로 넘쳐나야만 겨우 지울 수 있었다.

무도회장이라고 부르는 큰 응접실과 다른 방 몇 개는 무너지고 있다고 해도 과언이 아니었으며, 벽도 습기 때문에 얼룩덜룩했다. 나는 사내아이답게 활기차고 의욕 넘치는 나날을 보냈던 어린 시절, 이 저택의 지하에 내려간 적이 있다. 그때 내 몸을 타고 올라오던 공포의 감각을 잊지 못한다. 축축하고 음울한 지하에서 내 몸은 안도, 밖도 모두 차갑게 식어버렸고 지하의 엄청난 규모도 겁을 집어먹게

했다.

당시에는 아버지가 존경받는 목사여서 한때 그 저택을 빌려 살았던 학교 친구도 두 명 같이 있었다. 하지만 친구들이 즐겁게 웃고 떠드는 소리조차 낭만적인 상상이 자아내는 두려운 느낌을 떨치는 데에는 도움이 되지 않았다. 그 느낌은 지하를 벗어나 다시 위로 올라와야만 사라졌다.

정찬 시간이 가까워지자 존은 그럭저럭 마음을 진정시켰다. 이윽고 손님들이 도착했고, 모두 식탁에 둘러앉아 훌륭한 식사를 즐기기 시작했다. 그때 잔디밭에서 목소리가 들려왔다.

"호, 호, 호! 프랫 씨. 불쌍한 타이그한테 식사를 좀 나눠 주시지요? 호, 호! 좋은 친구들을 두셨군요. 좋은 음식도 많아 보이고. 설마 이 불쌍한 타이그를 잊으신 건 아니시겠지요?"

존은 손에 들고 있던 유리잔을 떨어뜨렸다.

"누구예요?"

포병대 장교인 프랫 씨의 동생이 물었다.

"타이그야. 내가 종종 말하는 걸 들은 적이 있을 거다."

프랫 씨가 웃으면서 말했다.

그러자 다른 한 신사가 물었다.

"그럼 프랫 씨, 대체 타이그가 누굽니까?"

"그건 저도 말씀드리기가 어렵군요. 타이그를 얼핏이라도 볼 수 있었던 사람은 아무도 없답니다. 저도 아들들과 하룻밤 내내 지켜본 적이 있지만, 가끔씩 바로 귓가에서 목소리가 들리는데도 모습은 보이지 않더군요. 사실 그때 전 흰 모직 재킷을 입은 남자가 정원에서 잔디밭으로 통하는 문을 지나갔다고 생각했습니다만 상상에 불과했어요. 확인해 보니 문이 잠겨 있었거든요. 그 동안에도 이 자는, 정체가 뭐든지 간에, 당혹해 하는 저희를 비웃고 있었답니다. 타이그는 가끔씩 저희를 찾아옵니다. 때로는 마지막 방문이 있고 한참 지난 후에야 찾아오기도 하죠. 바로 지금처럼요. 창밖에서 이 공허한 목소리를 듣는 건 거의 2년만이군요. 저희가 아는 한, 그가 누굴 다치게 한 적은 없습니다. 한번은 접시를 깨뜨린 적이 있는데, 똑같은 걸로 다시 가져다 놓았답니다."

"아주 신기한 일이군요."

손님 몇몇이 감탄스러운 듯 외쳤다. 이번에는 한 신사가 젊은 프랫 씨에게 물었다.

"지금 아버님 말씀이 타이그가 접시를 깨뜨렸다는데, 어떻게 모습을 보이지 않고 접시를 가져갈 수 있단 말입니까?"

"타이그가 식사를 부탁하면 저희는 음식이 담긴 접시를 창밖에 내놓고 물러나 있습니다. 지켜보고 있으면 가져가지 않거든요. 저희가 물러나기 무섭게 가져간답니다."

"어떻게 지켜보고 있는지 아는 걸까요?"

"그건 저도 알 수 없습니다만, 알거나 의심하거나 둘 중 하납니다. 하루는 제가 동생 로버트, 제임스와 같이 정원 쪽으로 창이 난 뒤편 응접실에 있었는데, 타이그가 밖에 와서 이렇게 말하더군요. '호, 호, 호! 제임스, 로버트, 헨리 도련님. 불쌍한 타이그에게 위스키 한 잔 주시지요.' 제임스가 가서 유리잔에 위스키와 식초, 소금을 넣어와 타이그에게 전해주었습니다. '여기 있네, 타이그. 와서 가져가.' ― '그럼 거기 창밖 계단에 두세요.' 저희는 타이그가 원하는 대로 해주고 서서 지켜보았습니다. '자, 이제 저리 가세요.' 타이그가 소리를 치기에 저희는 조금 물러나서 계속 지켜보았습니다. '호, 호! 도련님들, 타이그를 보고 있군요! 방 밖으로 나가세요. 자, 안 그러면 안 가져갑니다.' 저희가 문밖으로 나갔다가 다시 돌아오니까 유리잔은 사라지고 없었습니다. 그리고 조금 뒤 타이그가 소리를 지르고 무섭게 욕하는 소리가 들려왔죠. 타이그가 가져갔던 유리잔은 다음날 창문 밖 돌계단 위에 다시 올라와 있었습니다. 안에 빵 부스러기가 있는 것이 마치 타이그가 주머니에 넣어뒀던 것처럼 보였습니다. 그 후로 오늘까지 타이그의 목소리를 듣지 못했답니다."

대령이 말했다.

"오, 전 이 자의 정체를 봐야겠습니다. 여러분은 이런 일에 익숙하지 않을 겁니다. 저 같은 노병 정도는 돼야지요. 이 날개까지 먹고 식사를 마치고 나면 다음 번 목소리가 들릴 때 쫓아가보지요. 벨 씨,

포도주 한 잔 더 하시겠습니까?"

"호, 호! 벨 씨."

타이그가 외쳤다.

"호, 호! 벨 씨. 당신 오래 전에 퀘이커 교도였지요, 호, 호! 벨 씨, 예쁘장한 꼬마였던 벨 씨! 예쁘장한 퀘이커 교도였지만, 지금은 퀘이커 교도도 아무것도 아니군요. 호, 호! 벨 씨. 그리고 거기 파크스 씨. 확실히 오늘 파크스 씨는 머리에 분칠도 하고, 사치스러운 실크 양말도 신고, 멋들어진 빨간색 새 조끼도 입고, 대단히 멋져 보이는 군요. 그리고 저기 콜 씨. 이런 사람 본 적 있습니까? 프랫 씨, 멋쟁이들만 한자리에 모아 놓으셨군요. 나무 말리는 가마에 들어갔다 나왔는지 다른 사람이 된 퀘이커 교도에, 버터씩이나 사면서 상류층인 체 하는 멜로 레인의 가난뱅이에, 콜 퀘이의 주정뱅이 세무관. 게다가 인도 제국에서 오신 훌륭하신 포병대 대장까지 뵙다니요. 손님들 중에서도 이 분이 제일 쓸모없습니다만."

"이 악당! 네 정체를 밝히고 말겠다."

대령은 이렇게 외치며 방 한구석에 두었던 검을 잡아채고 창밖으로 뛰쳐나가 잔디밭으로 달려갔다. 곧 큰 웃음소리가 너무나도 공허하게, 사람의 목소리와는 너무나도 다르게 들려왔다. 그러자 대령도, 커다란 참나무 막대기를 들고 대령의 뒤를 바짝 뒤쫓아 온 벨 씨도 걸음을 멈췄다. 손님들 중 일부는 잔디밭으로 따라 나갔고, 나머지는 일어나서 창가로 갔다. 벨 씨가 말했다.

"자, 대령님. 이 무례한 악당 놈을 꼭 잡읍시다."

"호, 호! 벨 씨. 난 여기요. — 타이그는 여기 있어요. — 잡아보지 그러시오? 호, 호! 프랫 대령. 아무도 해친 적 없는 불쌍한 타이그한테 검을 뽑아 들다니 참 훌륭한 군인이시구려."

"모습을 드러내라, 이 악당."

대령이 말했다.

"호, 호, 호! — 날 보시오 — 날 보란 말이오. 바람이 보이시오, 프랫 대령? 곧 타이그를 보게 될 테니 가서 식사나 마치시구려."

"네가 땅을 디디고 사는 존재라면 널 찾아내고 말 거다, 이 악당!"

조롱하는 섬뜩한 외침소리가 들려오는 사이 대령이 외쳤다. 목소리는 저택의 모서리 뒤쪽에서 들려오는 듯했다.

"저기 모서리를 돌아가면 있어요. 뛰어요, 뛰어!"

벨 씨가 소리쳤다.

두 사람은 목소리를 쫓아갔다. 목소리는 간격을 두고 정원 담을 따라 들려왔지만, 사람은 찾을 수 없었다. 결국 두 사람이 한숨 돌리기 위해 추적을 멈추자, 곧바로 귓전에서 고함 소리가 들려왔다.

"호, 호, 호! 프랫 대령, 이제 타이그가 보이시오? 타이그 목소리가 들리시오? 호, 호, 호! 바람을 쫓다니 당신은 참으로 훌륭한 대령님이라오."

"그쪽이 아닙니다, 벨 씨. 그쪽이 아니라, 이쪽이에요."

대령이 말했다.

"호, 호, 호! 당신네들 정말 바보로군. 타이그가 저 들판에서 당신네들한테 모습을 드러낼 것 같은가? 하지만 대령, 할 수 있다면 날 따라와 보시오. 진짜 군인이라면 말이야! 호, 호, 호!"

대령은 분노해서 산울타리 너머로, 도랑으로 목소리를 뒤쫓아 갔다. 보이지 않는 사냥감은 번갈아가며 대령을 비웃고 조롱했다(뚱뚱한 벨 씨는 금세 나가떨어졌다!). 마침내 기진맥진한 추적을 계속한 끝에 대령은 자신이 리 강 위로 뻗은 절벽까지 온 것을 깨달았다. 깊이가 어마어마하고 물 색깔이 검어서 '지옥의 구멍'이라는 별명이 붙은 리 강 말이다. 대령은 절벽 가장자리에서 숨을 헐떡이며 손수건으로 이마를 닦았다. 그 와중에도 대령의 발치에서 목소리가 들려왔다.

"자, 프랫 대령. 자, 당신이 진정한 군인이라면 여기서 뛰어내려 보시지! 자, 타이그를 보시오. 타이그를 보라니까? 호, 호, 호! 따라오시오. 덥지 않소, 프랫 대령. 그러니 와서 몸 좀 식히시구려. 타이그는 수영을 할 테니까!"

목소리는 위에서부터 아래로, 이 그림 같은 절벽을 뒤덮은 담쟁이 덩굴과 덤불들 사이로 내려가는 것처럼 들려왔다. 하지만 그곳에서 사람이 발을 디딜 곳을 찾기란 불가능했다.

"자, 대령. 뛰어 내릴 용기가 있소? 호, 호, 호! 아주 훌륭한 군인이

시구려. 잘 가시오. 10분 뒤 위에서, 저택에서 다시 봅시다. 시계 잘 보고 계시오, 대령. 그럼 대신 뛰어드리지."

그리고 무거운 것이 물속으로 뛰어드는 소리가 들렸다. 대령은 그 자리에 가만히 서 있다가 그 뒤로 아무 소리도 들려오지 않았기에 느릿느릿 저택으로 돌아왔다. 크래그에서 저택까지는 1km도 채 떨어져 있지 않았다.

"그래, 타이그는 봤나?"

프랫 씨가 동생에게 물었다. 대령의 조카들도 간신히 웃음을 억누르며 아버지 옆에 서 있었다.

"포도주 좀 주세요. 내 평생 이렇게 끌려 다닌 적이 없어요. 그놈이 날 이리 돌리고, 저리 돌리고 잔뜩 끌고 다녀서 벼랑 끝까지 데려갔단 말입니다. 그리고 지옥의 구멍으로 내려갔는데, 10분 뒤 여기로 돌아오겠다고 했어요. 지금쯤이면 10분도 더 지났는데, 아직 안 왔군요."

"호, 호, 호! 대령, 타이그가 안 왔다고요? 타이그는 평생 거짓말을 한 적이 없답니다. 자, 프랫 씨. 술과 식사를 주세요. 그럼 여러분 모두와 작별하지요, 이제 지쳤으니까요. 다 대령 때문이에요."

프랫 씨는 하인에게 접시에 음식을 담아오라고 시켰다. 존이 두려움에 벌벌 떨면서 밖으로 나가 창문 밑 잔디밭에 접시를 내려놓았다. 모두 계속해서 지켜보았고, 한동안 접시는 아무도 손대지 않은 채로 남아 있었다.

"아! 프랫 씨. 불쌍한 타이그를 굶겨 죽이실 셈인가요? 다들 창문에서 물러나라고 하세요. 헨리 도련님도 나무 밑에서 나오시고, 리처드 도련님도 정원 담에서 물러나시고."

사람들의 시선이 모두 나무와 정원 담으로 향했다. 두 청년은 나무와 담에서 내려오느라 정신이 없었고, 손님들도 그들을 바라보았다. 그때였다.

"호, 호, 호! 복 받으세요, 프랫 씨! 훌륭한 식사였습니다. 저기 접시가 있어요. 신사, 숙녀 여러분. 잘 있으시오. 대령! 잘 있어요. 벨씨! 여러분 모두 안녕히!"

다시 시선을 돌려 보니 풀밭에는 빈 접시만 놓여 있었다. 그리고 그날 저녁 타이그의 목소리는 더 이상 들리지 않았다. 그 후로도 타이그는 여러 번 찾아왔지만, 결코 모습을 드러내지 않았다. 그리고 그가 어떤 모습인지, 어떤 존재인지 밝혀낸 사람도 없었다.

6. 요정, 그레이하운드

작자 미상

패디 맥더미드는 킬데어 지방 전체를 통틀어 제일 놀기 좋아하는 청년으로 손꼽혔다. 수호성인 축제가 열렸는데, 그가 끼지 않는 일은 없었다. 마치 불행처럼 어디든 모습을 드러냈다. 농사철이 돌아와도 그나마 가지고 있는 작고 빈약한 밭에 씨조차 거의 뿌리지 않았고, 보리를 수확하려고 생각하고 있던 곳에는 잡초만 자라났다. 가난한 패디는 점점 돈을 구하기 힘들어졌다. 그래서 처음에는 돼지를, 그 다음에는 소를, 이렇게 가진 것은 모조리 팔아치웠다. 하지만 그에게도 행운이 찾아왔다. 그걸 알아차릴 수 있을 정도의 분별력이 패디에게 있을 때의 이야기였지만 말이다.

어느 날 밤, 술에 취한 패디는 집까지 갈 수 없어서 모노그의 라스에 드러누웠다가 최고로 멋진 꿈을 꾸었다. 자기가 누워 있는 자리에 사람이 기억하지 못하는 아주 옛날부터 돈이 든 항아리가 묻혀 있다는 꿈이었다. 패디는 다음 날 밤까지 이 꿈에 대해 발설하지 않고 있다가 삽과 곡괭이, 성수 한 병을 들고 라스로 갔다. 그리고 꿈에 나온 지점에 성수를 빙 둘러 뿌린 다음 정말로 땅을 파기 시작했다.

그는 영혼 밑바닥에서부터 영원히 부유한 삶을 누리게 되리라 확신하고 있었다. 무릎 높이의 두 배쯤 깊게 파내려가자, 곡괭이가 '퍽' 하는 소리를 내며 판판한 돌에 부딪쳤다. 동시에 패디는 아주 가까운 곳에서 숨소리를 들었다. 위를 올려다보자 바로 앞에 잘생긴 그레이하운드 개가 바닥에 엉덩이를 붙이고 앉아 있었다.

"주님의 축복이 있기를."

패디가 말했다. 머리카락이 전부 아카시아나무 잔가지처럼 꼿꼿하게 일어섰다.

"친절한 양반도 축복 받으시오."

그레이하운드는 이렇게 '주님'이란 말을 빼놓고 대답했다. 그도 그럴 것이 이 개는 악마였던 것이다. 예수님, 이런 악마들을 만나는 일이 없게 저희를 도우소서.

"이거야 원, 패디 맥더미드. 당신 거기 무덤 같은 걸 파다니 뭘 찾고 있는 거요?"

개가 물었다.

"정말로 아무것도 아닙니다. 아무것도 아니에요."

이 낯선 존재가 마음에 들지 않았던 패디는 이렇게 대답했다.

"이런, 걱정 마시오, 패디 맥더미드. 당신이 뭘 찾고 있는지 내가 모르겠소?"

"알고 계시다니 굳이 말씀드릴 것도 없겠군요. 특히 선생님은 아주 정중한 신사 같으시니 말입니다. 저같이 가난한 젊은이한테 말도 걸어주시다니 이보다 더 훌륭하실 순 없죠(패디는 살짝 아첨을 할 생각이었다)."

"그렇다면 거기서 나와 구덩이 가장자리에 앉으시오."

그레이하운드가 이렇게 말하자, 패디는 바보처럼 개가 시키는 대로 했다. 하지만 신발이 성수로 만든 원 바깥에 닿기가 무섭게 그레이하운드가 달려들어 그를 라스 바깥으로 몰아냈다. 개의 입에서 불꽃이 뿜어져 나왔기 때문에 패디는 겁에 질려서 도망칠 수밖에 없었다.

하지만 다음 날 밤이 찾아오자, 패디는 돈의 존재를 확신하며 다시 라스로 향했다. 그리고 전과 같이 성수로 원을 그린 뒤 석판까지 파내려갔다. 그때 우리의 신사, 그레이하운드가 이 오래된 곳에 다시 나타났다.

"호오, 다시 왔군, 응? 하지만 약속하는데 나한테 다시 장난을 치려면 한참 기다려야 할 걸."

패디는 이렇게 말하고 석판을 다시 한 번 내리쳤다.

"글쎄, 패디 맥더미드. 돈을 원한다면 가져야지. 하지만 말해보시오. 얼마면 만족하겠소?"

패디는 수염이 난 턱을 긁적이며 뜸을 들이다가 말했다.

"얼마나 주시려고요?"

예의를 갖추는 편이 좋을 것 같았다.

"당신이 합리적이라고 생각하는 것만큼 주겠소, 패디 맥더미드."

"거참, 얼마가 충분하냐고 묻는 것처럼 좋은 질문도 없네."

패디는 혼자 중얼거리다가 대답했다.

"5만 파운드라고 합시다(10만 파운드를 불렀어도 좋았을 것이다. 분명이 짐승에게는 돈이 엄청나게 많을 테니 말이다)."

"좋소."

그레이하운드는 잠시 사라졌다가 금화가 가득 든 항아리를 두 발사이에 들고 돌아왔다.

"와서 계산해 보시오."

패디는 움직이기를 거부하며 개한테 오라고 했다. 그러자 개가 항아리를 신성하고 축복받은 원의 가장자리로 밀어주었다. 패디는 항아리를 당겨 손에 넣은 뒤 기뻐하며 자기 집까지 쉬지 않고 달려갔다. 그러나 집에 오자 금화들은 모두 작은 뼛조각들로 변해버렸고, 패디는 노모의 비웃음을 샀다. 패디는 이 사기꾼, 그레이하운드에게

복수를 맹세하고 다음 날 밤, 다시 라스로 가서 전과 같이 그레이하
운드 씨를 만났다.

"또 왔소, 패디?"

"그래, 이 악당아. 여기 묻힌 돈을 꺼낼 때까지는 절대 안 나갈 생
각이다."

"오! 물론 그러겠지, 패디 맥더미드. 당신이 용감하고 배짱 있는
사람이란 걸 알았으니 이 추운 데서 나가 나와 함께 지하로 내려갈
의향이 있다면 부자로 만들어 주겠소."

실제로 하얀 눈이 누구 하나 죽일 기세로 펑펑 쏟아져 내리고 있
었다.

"그랬다가는 아씨 마을을 다시 볼 수 없을지도 모르지. 네놈이 주
는 거라곤 오래된 뼈뿐이니까. 아니면 이번에는 내 뼈를 부러뜨리려
고 들 수도 있잖아. 그것도 싫긴 마찬가지거든."

"명예를 걸고 말하는데, 난 당신 친구요. 자기 생각에만 사로잡혀
있지 말고 날 따라오면 한 재산 챙기게 될 거요. 거기 그대로 있다가
는 죽는 날까지 거지꼴을 면하지 못할 테고."

그러고도 이런 얘기, 저런 얘기를 나눈 끝에 놀랍게도 패디는 그
레이하운드의 말을 따르기로 했다. 라스 한가운데에 아름다운 계단
이 나타났다. 계단을 따라 아래로 내려가 이리 돌고, 저리 돌고 꼬불
꼬불한 길을 따라가자, 렌스터 공작의 저택보다 더 호화로운 저택이

나왔다. 저택 안의 탁자와 의자는 모두 순금으로 만들어져 있었다. 패디는 기뻤다.

자리에 앉자 아름다운 아가씨가 마실 것이 담긴 유리잔을 가져다 주었다. 하지만 한 모금 입에 넣자마자 사방에서 끔찍한 비명소리가 들려왔다. 그리고 전에는 아름다워 보였던 사람들이 모두 정체를 드러냈다. 바로 화가 잔뜩 난 '좋은 사람들(요정들)'이었다. 패디가 자신을 보호하려고 축복의 기도를 입에 담기도 전에, 요정들은 패디의 팔과 다리를 붙잡고 강가에 담처럼 높이 선 산꼭대기로 데려가 그를 아래로 집어던졌다.

"사람 살려!"

패디가 이렇게 외쳤지만 아무 소용없는 헛된 외침이었다. 패디는 바위 위에 떨어져서 다음 날 아침까지 죽은 듯이 거기 누워 있었다. 그 후 사람들은 그를 콜홀 언덕을 둘러싸고 흐르는 개울에서 발견했다. '좋은 사람들'이 패디를 그곳에 데려다 놓았기 때문이다. 그날 이후 죽는 날까지 패디는 세상에서 제일 기이한 사람이 되었다. 몸을 반으로 접힌 것처럼 구부리고 걸었으며, 귀가 있어야 할 곳에(주님의 가호가 있기를!) 입이 있었기 때문이다.

7. 골레러스 부인

크로프턴 크로커

어느 화창한 여름날 아침 동이 틀 무렵, 딕 피츠제럴드는 스메뤽 항구의 바닷가에 서서 파이프 담배를 피우고 있었다. 높다란 브랜든 산 뒤로 태양이 서서히 떠오르고 빛이 들면서, 짙은 바다도 녹색으로 물들어가기 시작했다. 딕의 입꼬리에서 새어나오는 담배연기처럼 골짜기의 안개도 구불구불한 모양으로 말리며 서서히 걷히고 있었다.

"그야말로 좋은 아침이군."

딕은 파이프를 입에서 빼고 반질반질한 대리석 묘비처럼 고요한 먼 바다를 바라보며 말했다. 그리고 조금 뒤 다시 입을 열었다.

"이것 참, 정말이지 다른 사람한테 말하는 것처럼 혼잣말을 하다니 진짜 외롭기 짝이 없네. 대답해 줄 사람 하나 없다니. 있다고 해도 내 목소리에서 태어난 메아리뿐이니! 나한테 행운이 있어서, 아니 어쩌면 불운일지도 모르지만."

딕은 우울한 미소를 지었다.

"어쨌든 아내가 생긴다면 이렇게 살지는 않을 텐데 말이야! 이 넓은 세상에서 부인 없는 남자는 뭐가 되냔 말이야? 술 한 방울 없는 술병, 음악 없는 무도회, 왼쪽 날이 없는 가위, 바늘 없는 낚싯줄, 이런 모자란 것들하고 똑같지. 안 그래?"

딕은 이렇게 말하며 해변의 바위로 시선을 돌렸다. 바위는 대답을 할 수 없었지만, 케리 지방의 바위가 늘 그래왔듯 꼿꼿하게 서서 대담한 자태를 드러내고 있었다.

그런데 놀랍게도 바위 밑에 아름다운 아가씨가 앉아서 바다를 닮은 녹색 머리카락을 빗고 있었다. 머리카락을 적신 소금물이 아침 햇빛을 받아 양배추 요리 위에 녹인 버터를 끼얹은 것처럼 반짝였다.

딕은 곧바로 이 아가씨가 메로우일 것이라고 짐작했다. 한번도 메로우를 본 적은 없었지만, 바다 사람들이 물속으로 내려갈 때 쓰는 작은 마법의 모자(cochallín draíocht)가 옆에 놓여 있었기 때문이다. 일단 이 모자를 빼앗으면 메로우가 바다로 돌아갈 힘을 잃는다는 이야기를 들은 적이 있었다. 그래서 딕은 전속력으로 모자를 낚아챘다. 이 소리를 듣고 메로우는 보통 사람과 마찬가지로 자연스럽게 고개를 돌렸다.

모자가 없어진 것을 안 메로우의 두 뺨 위로 짠 눈물이 — 의심할 여지없이 두 배로 짠 눈물이 — 흘러내렸다. 메로우는 갓 태어난 아기처럼 부드러운 목소리로 낮게, 그리고 서럽게 울었다. 메로우가 왜 우는지 알고 있으면서도 마법의 모자를 돌려주지 않기로 굳게 결심한 딕은 너무 슬퍼하지 말라고 아가씨를 달래며 어떤 행운이 다가올지 지켜보기로 했다. 가여운 마음이 드는 것도 사실이었다. 아가씨는 말없이 눈물로 뺨을 흠뻑 적시고 그의 얼굴을 바라보았는데, 이런 모습을 보면 딕뿐만 아니라 그 지방 사람들처럼 평생 고운 마음씨로 살아온 사람이라면 누구나 동정할 수밖에 없었을 것이다.

"울지 말아요, 아가씨."

딕 피츠제럴드가 말했다. 하지만 메로우는 말 안 듣는 아이처럼 더 서럽게 울었다.

딕은 그녀 곁에 앉아서 위로하듯 손을 잡아주었다. 특별히 흉한 구석 없는 손이었다. 오리의 발처럼 손가락 사이에 작은 물갈퀴가 있을 뿐이었고, 그마저도 달걀 속껍질처럼 희고 얇았다.

"아가씨 이름이 뭐예요?"

대화를 나눌 요량으로 딕이 물었다. 하지만 아가씨는 대답하지 않았다. 딕은 메로우가 말을 못하거나, 자기 말을 알아듣지 못한다고 확신했다. 그래서 위로할 수 있는 유일한 방법이라 생각하며 손을 꼭 잡아주었다. 어디에서나 통하는 표현이었다. 사람이든, 물고기든 이 의미를 이해하지 못할 여자는 세상에 없었다.

메로우도 이런 방식의 대화를 그리 불쾌하게 여기지 않는 것 같았다. 울음을 뚝 그치더니 입을 연 것이다.

"당신!"

메로우는 딕 피츠제럴드의 얼굴을 쳐다보았다.

"당신, 날 먹을 거예요?"

"딩글에서부터 트랄리까지 있는 빨간 페티코트와 체크무늬 앞치마를 모두 걸고 맹세하는데……."

딕이 놀라서 펄쩍 뛰며 말했다.

"차라리 날 잡아먹고 말겠어요, 아가씨! 당신을 잡아먹을 거냐고요? 알겠다, 분명 못생기고 추한 도적 같은 물고기가 아가씨의 그 예쁜 머릿속에 그렇게 말도 안 되는 생각을 집어넣었군요! 오늘 아침 아주 깔끔하게 빗어 내린 녹색 머리카락이 눈부신, 그 예쁜 머릿속에 그런 생각을 불어넣다니!"

"당신, 날 먹지 않으면 어떻게 할 건가요?"

딕의 머릿속에 '아내'라는 말이 떠올랐다. 처음 흘깃 봤을 때 이미 예쁜 줄 알았지만 말을 하고 나니까, 그것도 진짜 사람 여자들하고 똑같이 말을 하고 나니까 그녀를 사랑하지 않을 수 없었던 것이다. 게다가 남편을 부르듯 당신이라고 하니, 완전히 빠져들 수밖에 없었다.

"자기."

딕은 짤막하게 부르는 메로우의 방식을 따라하려고 애쓰며 말했다.

"자기한테 약속할게요. 당장, 이 축복받은 아침에 세상 앞에서 자기를 피츠제럴드 부인으로 만들어 드릴게요. 그러고 말고요."

"그런 거라면 두 번 말할 필요도 없어요. 기꺼이 당신의 아내가 되어드릴게요, 피츠제럴드 씨. 하지만 괜찮으시다면 머리를 틀어 올릴 때까지 기다려 주세요."

아가씨가 아주 만족스럽게 머리를 올리는 데는 시간이 걸렸다. 아마도 낯선 사람들이 쳐다볼 것이 신경 쓰인 모양이었다. 머리를 다 매만지고 나자, 메로우는 주머니에 빗을 넣고 고개를 숙여 바위 밑에서 찰랑이는 물에게 몇 마디 말을 속삭였다.

딕은 바닷물 위에 속삭인 말이 바람 한 줄기가 잔물결을 일으키듯 넓고 먼 바다로 퍼져나가는 것을 바라보았다. 너무나도 놀라운 광경이었다.

"바닷물에 말을 한 거예요, 자기?"

"그래요."

메로우는 아주 무심하게 대답했다.

"집에 계신 아버지께 기다리지 마시고 아침을 드시라고 전했어요.

제가 가지 않으면 불안해하실 테니까요."

"그럼 아버지는 누구신가요, 사랑스런 자기?"

"뭐라고요! 저희 아버지를 모르신단 말이에요? 파도의 왕이 당연하잖아요."

"그럼 자기는 진짜 왕의 딸이란 말이에요?"

딕은 두 눈을 크게 뜨고 아내가 될 메로우를 제대로 살펴보았다.

"오, 아버지가 왕이라니! 자기만 있으면 난 이제 부자로군요. 분명 자기 아버지는 바다 밑에 돈을 어마어마하게 가지고 있겠죠!"

"돈, 돈이 뭐죠?"

"갖고 싶을 때 있으면 좋은 거죠. 그럼 자기가 명령하면 물고기들이 알아듣고 뭐든 가져다주나요?"

"네 맞아요. 제가 원하는 걸 가져다줘요."

"그럼 사실대로 말할게요. 저희 집에는 지푸라기로 만든 침대밖에 없는데, 생각해보니까 왕의 딸한테는 도저히 어울리지 않을 것 같거든요. 그러니까 기분 나쁘게 생각하지 않으신다면 훌륭한 깃털 침대에 새 담요 두 장까지 가져다 달라고 하면 — 아차, 무슨 소리를 하는 건지? 어쩌면 바다 밑에는 침대 같은 게 없을지도 모르겠네요?"

"좋아요, 피츠제럴드 씨. 원하시면 얼마든지요. 저한테는 굴 양식장[67]이 열네 개나 있답니다. 어린 굴들 뒤편에 막 기르기 시작한 거 하나는 빼더라도요."

"그래요?"

딕은 조금 당혹스러운 표정으로 머리를 긁적였다.

"내가 말한 건 깃털 침대지만, 어쨌든 자기 것도 누워 자기도 하고, 먹기도 하고 양쪽으로 편리한 건 사실이니까 꽤 괜찮은 계획이 군요. 그 두 가지 일을 동시에 하지는 않으니까요."

하지만 침대가 있든 없든, 돈이 있든 없든 딕 피츠제럴드는 메로우와 결혼하기로 결심했고 메로우도 그러기로 했다. 그러므로 둘은 해변을 가로질러 골레러스를 떠나 우연히도 그날 아침 피츠지본 신부님이 와 계셨던 발린러니그까지 갔다.

"결혼을 하고 싶으면 자네와 내 의견이 일치해야지, 딕 피츠제럴드."

신부님은 아주 침울한 표정이었다.

"물고기랑 결혼하겠다고? 주님 저희를 도우소서! 이 비늘투성이 물고기를 어서 자기들 종족한테 돌려보내게. 이 아가씨가 어디에서 왔든 내가 해줄 수 있는 충고는 이게 달세."

딕은 손에 든 마법의 모자를 탐나는 듯 바라보고 있는 메로우에

---

67 침대를 뜻하는 'bed'는 굴이 무리지어 있는 곳이나, 굴 양식장을 가리킬 때도 쓰인다.

게 건네기 직전까지 갔다가 조금 생각한 끝에 다시 말했다.

"제발요, 신부님. 이 아가씨는 왕의 딸이에요."

"왕 오십 명을 아버지로 뒀다 해도 절대 결혼시켜주지 않을 걸세. 이 아가씨는 물고기라니까."

"제발요, 신부님."

딕은 목소리를 낮춰서 애원했다.

"이 아가씨는 달처럼 상냥하고 아름답단 말이에요."

"해와 달과 별을 다 합친 것만큼 상냥하고 아름답다고 해도, 딕 피츠제럴드!"

신부님이 오른발을 구르며 말했다.

"자넨 이 아가씨랑 결혼 못 해, 물고기니까."

"하지만 아가씨는 바다 밑에 어마어마하게 많은 금을 가지고 있어서 달라고만 하면 가져다준대요. 결혼만 하면 저는 부자가 된다고요."

딕은 음흉하게 신부님을 쳐다보았다.

"누구든 일만 제대로만 해주면 노고가 아깝지 않게 해줄 수 있다고요."

"오! 그럼 상황이 완전히 달라지는구먼. 이제 자네 말이 납득이 가는군. 왜 이 이야기부터 하지 않았나. 아무렴, 결혼해야지. 이 아가씨가 지금보다 열 배는 더 생선 같더라도 말이야. 돈이란, 자네도 알다

343

시피 요즘처럼 힘든 시기에는 거절할 수 없는 거야. 다른 사람들과 마찬가지로 나도 좀 받아야겠어. 그런다고 자네 문제를 상담해 주느라 받은 고통은 절반도 사라지지 않겠네만."

그렇게 피츠지본 신부는 딕 피츠제럴드와 메로우를 맺어주었다. 깨가 쏟아지는 신혼부부라면 다들 그렇듯, 딕과 메로우도 서로에게 만족하며 골레러스로 돌아왔다. 딕에게는 모든 일이 다 잘 풀렸다. 덕분에 그는 언제나 밝은 세상에서 지냈다. 메로우는 최고의 아내가 되었고, 둘은 더할 나위 없이 만족하며 함께 살아갔다.

출신을 고려했을 때, 피츠제럴드 부인이 분주하게 집안일을 해내고 세심하게 아이들을 돌보는 모습은 놀라울 정도였다. 결혼하고 3년을 꼭 채울 무렵에는 어린 피츠제럴드도 많이 태어났다. 아들이 둘, 딸이 하나였다.

한 마디로 말해, 딕은 행복한 사내였다. 그리고 자신이 가진 것에 주의를 기울일 정도의 분별력만 있었어도 죽는 날까지 행복했을 터였다. 그러나 딕 말고도 수많은 남자들이 가진 것을 소중히 여길 만큼 현명하지 않다.

어느 날, 딕은 트랄리에 볼일이 있었다. 그는 아내에게 다녀올 때까지 집에서 아이들을 잘 보고 있으라고 당부한 뒤 집을 나섰다. 아내는 할 일이 많으니까 자기 낚시 도구를 건드리지 않으리라 생각하면서 말이다.

딕이 집을 나서자마자 피츠제럴드 부인은 집 청소를 시작했다. 그러다가 그물을 끌어내리게 되었는데, 그물이 가리고 있던 벽에 작은 구멍이 있었다. 그리고 그 안에 그녀의 마법 모자가 들어 있었다. 부인은 모자를 끄집어내 바라보았다. 파도의 왕인 아버지가 생각났다. 왕비인 어머니도 생각났고 형제자매들도 생각났다. 돌아가서 가족들을 만나고 싶었다.

부인은 조그만 의자에 앉아 바다 밑에서 보냈던 행복한 나날들을 생각했다. 그러고는 아이들을 바라보다가 불쌍한 딕이 자기를 얼마나 사랑하는지 생각했다. 자기가 떠나면 그가 얼마나 슬퍼할지 생각했다.

"하지만 영영 헤어지는 건 아니잖아. 다시 돌아올 테니까. 이렇게 멀리 떨어져 살다가 아버지, 어머니를 뵈러 간다는데 누가 날 비난하겠어?"

부인은 일어나서 문 쪽으로 가다가 도로 돌아와 다시 한 번 요람에 잠든 아기를 바라보았다. 부드럽게 입을 맞추자 곧바로 눈물이 흘러나와 아기의 장밋빛 뺨으로 떨어졌다. 메로우는 눈물을 닦은 뒤, 어린 딸에게 동생들을 잘 돌보고 엄마가 올 때까지 착한 아이가 되어야 한다고 당부했다. 그리고 바닷가로 나갔다.

바다는 차분하고 매끄러웠으며, 오로지 햇빛만 반사되어 반짝이고 있었다. 희미하게 달콤한 노랫소리가 들려왔다. 밑으로 내려오라고 권하는 노래였다. 그때까지의 생각과 감정이 모두 마음 밖으로 흘러넘치고, 딕과 아이들은 순식간에 메로우의 머릿속에서 사라졌다. 메로우는 마법의 모자를 머리에 쓰고 물속으로 뛰어들었다.

그날 저녁 집으로 돌아온 딕은 아내가 보이지 않자, 어린 딸 캐슬린에게 엄마한테 무슨 일이 있었냐고 물어보았다. 하지만 딸은 대답할 수 없었다. 그래서 딕은 이웃들에게 아내의 행방을 물었다. 그랬더니 아내가 삼각모처럼 생긴 이상한 모자를 손에 들고 바닷가로 내려갔다는 것이 아닌가. 딕은 집으로 다시 돌아와 마법의 모자를 찾아보았다. 모자는 온데간데없었고, 그 순간 어떻게 된 일인지 알 수 있었다. 몇 년이 흐르도록 딕 피츠제럴드는 아내가 돌아오기만을 기다렸지만, 다시는 아내를 만날 수 없었다. 그래도 딕은 결코 재혼하려 하지 않았으며, 언제나 메로우가 조만간 돌아올 것이라고 생각했다. 아내의 아버지인 파도의 왕이 억지로 딸을 붙잡아두고 있다고밖에 생각할 수 없었기 때문이다.

"그러니까 제 아내는 남편과 자식을 저버릴 사람이 절대 아니란 말입니다."

딕은 이렇게 말했다. 딕과 함께 지냈던 시절, 메로우는 모든 면에 있어서 너무나도 좋은 아내였다. 따라서 오늘날까지 이 고장에서는 좋은 아내의 본보기로서 골레러스 부인이라는 이름 아래 그녀의 이야기가 전해지고 있다.

예이츠의 문화적 독립 운동,
아일랜드 요정 이야기

부록

—

아일랜드 요정의 분류

아일랜드의 요정은
무리를 짓는 요정과 홀로 지내는 요정,
이렇게 두 부류로 크게 나뉜다.
전자는 대체로 마음씨가 착하지만,
후자는 빈틈없이 냉혹하다.

무리 짓는 요정들

여기에 속하는 요정들은 무리를 지어 살며,
사람들과 마찬가지로 싸우기도 하고 사랑하기도 한다.
땅에 사는 요정들, 쉬오크(Sidheóg, '작은 요정'이란 뜻)와 물에 사는 요정,
메로우(아일랜드 식으로 적으면 모루아(Moruadh),
'바다의 처녀'라는 뜻, 남성형은 불명)로 나뉜다.
하지만 나는 때에 따라 땅의 요정과 물의 요정 모두 쉬오크로 부를 수 있다고 본다.
어떤 마을에서 주민 전체가 빨간 모자를 쓴 물의 요정이
백파이프 연주하는 소리를 들었는데, 정말로 아주 '작은 요정들'이었다는
이야기를 접한 바가 있기 때문이다.

Sidheóg
쉬오크

엄밀한 의미로 쉬오크는 신성한 가시나무 덤불이나 푸른 라스에 나타나는 요정을 말한다. 아일랜드 전역에는 배수로를 파서 얼마간의 땅을 빙 둘러싼 곳이 존재하는데, 과거에 요새나 양을 치는 우리 역할을 했으리라 여겨진다.

이곳은 라스(rath, 원형 토성, 아일랜드어로는 라^{ráth}), 포트(fort, 요새), '로열티(royalty, 왕국)' 등 다양한 이름으로 불린다. 땅의 요정들은 여기에서 짝을 짓고, 또 자식들을 맺어주면서 산다. 아일랜드에는 요정들의 꾐에 빠져 그들이 사는 미지의 세계로 빠져 들어갔다는 사람들이 많이 있다.

요정들의 음악 소리를 들었다는 사람들은 더 많은데, 사람이기에 느끼는 걱정과 기쁨이 마음속에서 사라질 때까지 이 음악을 들은 농민들은 위대한 현자, '요술사(Fairy Doctor)'가 되거나 위대한 음악가 또는 시인이 되었다.

위대한 음유 시인 카롤란(Carolan) 역시 요정들이 사는 라스에서 잠을 자면서 곡을 수집했다고 한다. 요술사도, 시인도 되지 못한 이들은 1년 하고 하루가 지나면 세상을 떠나게 된다. 그리고 이후로는 영원히 요정들과 함께 산다고 한다.

쉬오크는 대체로 선하다. 하지만 마녀에게나 어울릴 법한 아주 악질적인 습관이 있다. 사람의 아이를 훔치고, 그 자리에 천 살이나 이천 살쯤 먹은 빼빼 마른 요정을 대신 남겨두고 오는 것이다.

3년에서 4년 전, 자기 마을 교구 신부님의 활약으로 요정이 훔쳐간 아이를 다시 돌려주었다는 내용의 기고문이 아일랜드의 한 신문에 실린 일이 있다. 가끔은 아이가 아닌 어른도 잡혀간다. 슬라이고 주, 콜로니 마을 근처에 사는 할머니가 젊은 시절에 요정들에게 잡혀간 적이 있다는 이야기를 들었다. 7년 뒤 고향으로 돌아왔을 때 할머니에게는 발가락이 하나도 남아있지 않았다고 한다. 요정들과 춤을 추느라 다 닳아버렸던 것이다.

가끔씩 땅의 요정들에 의해 실제로 해를 입은 사람들 이야기도 들려오는데, 거의 대부분 그런 일을 당할 만한 경우에 해당되었다. 내가 지금 머물고 있는 다운 지역 근방에서도 지난 6개월 사이에 사람 둘이 요정에게 살해되었다고 한다. 쉬오크가 깃든 가시나무덤불을 파헤친 사람들이었다. [영어식 표기: Sheoque]

Merrow
Moruadh의 영어식 표기

메로우

메로우는 '물에 사는 요정들'로 흔히 보인다고 한다. 한 시골 아주 머니한테 마을 어부들이 메로우를 본 적 있냐고 물어본 적이 있다. "사실 메로우를 보고 싶어 하지 않는답니다. 메로우는 항상 악천후를 불러오거든요"라는 대답이 돌아왔다.

때때로 메로우는 뿔이 없는 작은 암소의 모습을 하고 바다에서 나온다. 원래 모습을 하고 있을 때는 물고기의 꼬리를 가지고 있으며, 아일랜드어로 코홀린 드리오흐트(cochallin draíocht)라고 부르는 빨간 모자를 쓰고 있다(영어식 표기는 cohuleen driuth - 옮긴이 주).

남자 메로우는 크로커에 의하면 이빨과 머리카락이 녹색이고, 눈은 돼지의 눈과 같으며, 코는 빨갛다. 반면, 여자 메로우는 아름다우며 녹색 머리카락의 동족 연인보다는 잘생긴 남자 어부들을 더 좋아하는 경우도 간혹 있다고 한다.

18세기 밴트리 근방에 물고기처럼 온몸이 비늘로 덮인 여자가 살았는데, 전해오는 이야기에 따르면 메로우와 인간의 자손이라고 한다. 나 자신은 남자 메로우의 기괴한 생김새에 관한 이야기를 들은 바가 없기에 어쩌면 이는 먼스터 지방 고유의 전설에 불과할지도 모른다고 생각한다.

홀로 지내는 요정들

홀로 지내는 요정들은
어떤 면에서는 모두 음침하며 두려운 존재이다.
하지만 개중에는 쾌활하고 화려한 옷을 입는 요정도 있다.

Leipreachán
(Leith bhrogan에서 유래), 한 짝 구두장이
레프라한

산울타리 밑에 앉아 구두를 꿰매는 모습으로 목격된다. 붙잡으면 금화가 담긴 항아리를 가져오게 시킬 수 있다. 레프라한은 구두쇠라서 엄청난 재산이 있기 때문이다. 하지만 잠시라도 눈을 뗐다가는 연기처럼 사라져버린다. 악령의 자식이며 타락한 요정이라고 전해진다.

맥애널리에 의하면, 각 줄마다 단추가 일곱 개 달린 빨간 외투를 입고 삼각모를 쓰며, 이 모자의 뾰족한 끝을 딛고서 팽이처럼 빙글 빙글 돈다고 한다. 도니골 지방에서는 큰 모직 외투를 입는다고 전해진다. [영어식 표기: Leprechaun]

Clúrachán

오키어니에 의하면 클러우르 칸Clobhair-ceann

클루라한

일부 작가들은 클루라한이 레프라한의 다른 이름이라고 생각한다. 레프라한이 밤에 구두 만드는 일을 접어두고, 흥청망청 술을 마실 때 부르는 이름이라는 것이다. 클루라한은 밤새도록 남의 집 포도주 저장고에서 술을 훔쳐 먹고는 양이나 양치기 개를 타고 달리는 것이 일이라, 아침이 되면 진흙투성이가 되어 숨을 헐떡거린다.

[영어식 표기: Cluricaun]

Gean canogh
사랑을 속삭이는 자
걈 카노

레프라한과 비슷한 유형의 요정이나 대단한 게으름뱅이라는 점
이 전혀 다르다. 언제나 입에 파이프를 물고 외로운 산골짜기에 나
타나, 양치는 처녀나 우유 짜는 처녀에게 구애하며 시간을 보낸다.

[영어식 표기: Gonconer 또는 Ganconagh]

Fear Dearg
붉은 사람

파르 댜르그

이 세계의 심술궂은 장난꾼이다. 「요정의 마법」은 내가 슬라이고
에서 들은 이야기를 그대로 받아 적은 것인데, 아마도 파르 댜르그
의 소행일 것이다. 홀로 지내며 심성이 악한 편인 요정들 중 파르 댜
르그보다 더 크고 미련한 녀석은 없다. 다음에 다루는 요정과 마찬
가지로 악몽을 주관한다. [영어식 표기 Far Darrig]

Púca
숫염소를 뜻하는 poc에서 일부 유래

메로우

푸카는 몽마(夢魔)의 일족으로 보인다. 사람의 모습으로 나타나는 일은 거의 없으며, 한두 차례 기록된 일화는 아마도 파르 댜르그를 착각해서 빚어진 실수일 것이다. 푸카는 보통 말이나 황소, 염소, 독수리, 혹은 당나귀의 모습을 하고 있다.

사람을 태우고 도랑이며 강이며 산을 뛰어다니는 것을 좋아하나, 아침이 밝아오면 몸을 흔들어 사람을 떨쳐내 버린다. 특히 술 취한 사람 괴롭히기를 좋아한다. 술에 취한 사람의 꿈은 푸카가 다스리는 왕국과 같기 때문이다.

때때로 그는 짐승이나 새가 아닌 예상치 못한 모습이 되기도 한다. 킬케니의 코흐나푸카 언덕에 나타나는 푸카는 양털뭉치 모양을 하고, 밤이면 근처 들판 위를 굴러다닌다. 이때 나는 윙윙 소리 때문에 가축들이 겁에 질리곤 하는데, 아직 길들여지지 않은 어린 말은

가장 가까이에 있는 사람에게로 달려가 지켜달라는 듯 어깨에 얼굴
을 파묻기도 한다. [영어식 표기 Pooka]

Dullahan
둘라한

제일 섬뜩한 존재이다. 머리가 없으며, 그 머리를 팔 밑에 끼고 다닌다. 종종 목 없는 말이 끄는 검은 마차, 코슈테보우르$^{cóiste\text{-}bodhar}$를 모는 모습으로 목격된다. 이 마차가 덜컹거리며 집 앞을 지나갈 때 문을 열었다가는 얼굴에 피 한 대야를 뒤집어쓰는 수가 있다.

또 이 마차가 어떤 집 앞에서 멈추면 그 집에 죽음이 찾아온다는 징조이다. 얼마 전, 해 뜰 무렵에 코슈테보우르가 슬라이고 지방을 지나갔다고 한다. 직접 봤다고 믿고 있는 선원한테서 이 이야기를 들은 적이 있다. 또 내가 아는 한 마을에도 1년에 몇 번씩 이 마차가 덜컹거리며 지나가는 소리가 들려온다고 한다.

Leannán sidhe
요정 정부

랴난 쉬

인간 남자의 사랑을 구하는 요정이다. 거절당하면 그 남자들의 노예가 된다. 하지만 사랑을 얻게 되면, 반대로 남자들이 랴난 쉬의 것이 되어 자신을 대신할 사람을 찾기 전까지는 영영 도망칠 수 없게 된다.

랴난 쉬는 연인의 생명을 빨아들여 살기 때문에, 그녀의 연인들은 점차 말라 죽게 된다. 아주 최근까지 게일인 시인 대부분이 랴난 쉬를 데리고 있었다. 자신의 노예들에게 영감을 불러일으키는 랴난 쉬는 실로 게일인들의 뮤즈였다.

그러나 이 악한 요정 때문에 그녀의 연인들, 즉 게일인 시인들은 젊은 나이에 죽음을 맞이해야 했다. 그래도 랴난 쉬는 멈추지 않고 저세상으로 그들을 데려간다. 죽음도 그녀의 힘을 어쩌지 못하기 때문이다. [영어식 표기 Leanhaun Shee]

Fear Gorta

배고픈 자

파르 고르타

기근이 들면 토지 곳곳에 나타나 구걸을 하고, 도와주는 사람들에게는 행운을 나누어 주는 비쩍 마른 요정이다. [영어식 표기: Far Gorta]

Bean-sidhe
여자 요정
반쉬

이 요정은 성격이 전반적으로 선한 편이며 파르 고르타와 마찬가지로, 일반적인 유형의 홀로 지내는 요정들과는 차이가 있다. 원래는 홀로 지내는 요정이 아니었으나, 슬픈 이별을 겪으면서 무리 짓던 요정이 홀로 지내는 요정이 된 것으로 보인다.

이 이름에 대응되는 파르 쉬^{Fear Sidhe}, 즉 남자 요정은 비교적 드문 편이다. 반쉬는 많은 사람들이 아는 대로 아일랜드의 오래된 가문에 죽음이 찾아오면 나타나서 곡을 한다. 가끔은 그 집안의 원수라서 승리감에 도취되어 소리를 지르는 경우도 있지만, 가문의 친구인 경우가 훨씬 많다.

반쉬가 하나 이상 와서 울 때는 예외 없이 죽음을 앞둔 이가 아주 성스럽거나 용감하다는 뜻이다. 때에 따라 의심할 여지없이 무리 짓는 요정들에 속하는 반쉬도 있다. 한때 아일랜드의 공주였으며 그

후에는 먼스터의 여신, 지금은 쉬오크인 클리나가 이런 사례로서 가장 권위 있는 골동품 수집가들에게 언급된다.

1849년, 오도노반이 친구에게 보낸 편지가 〈더블린 대학 매거진〉에 인용된 일이 있다.

"1798년, 렌스터에서 우리 할아버지가 돌아가셨을 때 클리나가 머나먼 톤 클리나에서부터 할아버지를 애도하러 왔다네. 그 후로는 그녀가 우리 집안사람을 애도하기 위해 곡하는 것을 들은 적이 없네. 하지만 나는 그녀가 기근 때문에 사망한 수많은 오언 모어 일족의 죽음을 애도하며, 그녀의 고향인 드러마리크의 산중에서 여전히 울고 있으리라 믿고 있네."

반면, 승리의 환호성을 지르는 반쉬는 요정이 아니라 고인의 조상에게 부당한 일을 당한 사람의 유령이라고 여겨지는 일이 많다. 간혹 반쉬는 언제까지나 고향을 떠나지 못하며 바다를 건널 수 없다고 말하는 사람들도 있는데, 이는 틀린 발언이다. 저명한 인류학 저술가에게서 이와 정반대되는 경험을 들었기 때문이다.

그는 1867년 12월 1일, 중앙아메리카의 리페르타드 근방에 있는 피탈이란 곳에서 말을 타고 숲 속으로 깊이 들어가다가 반쉬의 울음소리를 들었다. 연한 노란색 옷을 입고 소리 높여 우는 것이 박쥐 소리와 비슷했다고 한다. 이때 반쉬는 그에게 아버지의 죽음을 알리러 왔다고 한다. 그는 프랑스인 동행과 바이올린의 도움을 빌어 반쉬의 울음소리를 다음과 같이 기록했다.

그리고 1871년, 그는 런던의 퀸즈 스퀘어, 데번셔 스트리트에서 다시 한 번 반쉬의 곡소리를 들었다. 이번에는 그의 장남의 죽음을 알리는 곡소리였다. 마지막으로 1884년, 퀸즈 스퀘어, 이스트 스트리트 28번지에서 반쉬를 목격하고 울음소리를 들었을 때는 어머니가 돌아가셨다고 한다.

반쉬는 먼스터 동부 지방에서는 바^{badh} 또는 보와(bowa)라고 불리며, 소설가 존 바님은 그의 작품 속 반쉬에게 바훈허^{Bachuntha}라는 이름을 붙이기도 했다. [영어식 표기: Banshee]

기타 요정과 정령들

앞에서 언급한 요정들 외에도 홀로 지내는 요정이 더 있지만,
일일이 구분해서 설명하기에는 확실하게 알려진 바가 너무 적다.
집 요정도 있는데, 아마도 「리 강의 타이그」에 나오는 요정일 듯싶다.
도깨비불의 일종인 워터시리(Water Sheerie)도 있고,
형체가 없이 빛나는 소울스(Sowlth)도 있다.
숨겨진 보물을 지키는 호수의 용,
페이슈트Péist(피아슈트Piast 또는 베스티아Bestia)도 빼놓을 수 없다.
그 밖에 다운 지방의 습지에 살면서 부주의한 사람들을 파멸로 이끄는
보 멘 요정(Bo men fairy)도 있다.
이들은 특별한 종류의 해초로 내리치면 쫓아낼 수 있다.
나는 보 멘 요정이 스코틀랜드 이주자들과 함께 아일랜드로 건너온
스코틀랜드 요정이 아닐까 의심하고 있다.
마지막으로 일부 지역에서 타이브시Taibhse라고 불리는
큰 유령 무리가 있다.

————

이 정도가 아일랜드 민속 신앙에서 내가 접한 요정 혹은 정령에
해당된다. 이 밖에도 발견되지 않은 요정들이 더 많이 있을 것이다.

1891년, 다운 주(州)에서
— W. B. 예이츠

내 책들이 가는 곳

—

내가 모은 모든 말,
그리고 내가 쓴 모든 말이여,
지칠 줄 모르는 날개를 펼치고
쉼 없이 날아가기를.
그대 슬프고 슬픈 마음에 이르러
밤이면 그대에게 노래를 들려주기를.
물이 흐르는 곳 너머에서도,
폭풍으로 어두운 밤에도, 별이 빛나는 밤에도.

1892년 1월 런던에서
— W. B. 예이츠

주석

① 아일랜드의 시인, 비평가, 화가인 조지 러셀(George William Russell) **- 옮긴이 주**.

② 파라켈수스(Paracelsus)*부터 엘리파 레비(Eliphas Levi)**에 이르기까지 신비주의자들은 자연에 존재하는 정령을 놈(gnome), 실프(sylph), 샐러맨더(salamander), 운디네(undine)로 분류한다. 순서대로 땅, 공기, 불, 물의 정령이다.
엘리파에 의하면 각 정령들의 왕은 콥(Cob), 파랄다(Palada), 진(Djin), 힉스(Hicks)라고 불린다. 놈은 욕심이 많고 우울한 성격이다. 신장은 두 뼘밖에 안되지만, 몸을 쭉 늘이면 거인처럼 커지기도 한다. 실프는 변덕스럽고 금세 화를 낸다. 인간보다 훨씬 크고, 힘도 세서 바람의 정령이 되었다. 샐러맨더는 분노에 차 있으며 자신만만한 성격이다. 겉모습은 길쭉하고 야위었으며 메말라 보인다. 반면, 운디네는 부드럽고 차가우며 변덕스럽고 냉정하다. 생김새는 사람과 흡사하다. 샐러맨더와 실프는 한곳에 정착해 살지 않는다.

많은 이들이 공허의 바깥 어딘가에서 영혼이 끊임없이 새어나간다고 믿는다. 이 영혼들은 사람의 모습을 할 때까지 많은 형태를 거치는데, 이것이 자연의 정령이다. 정령들은 눈에 보이지 않고, 아주 가끔 모습을 드러낸다. 우리가 외적인 요소, 본체에서 사는 반면 정령들은 내적인 요소에 깃들어 산다. 일부는 끊임없이 우주를 떠다닌다. 행성이 움직이면서 생겨나는 흐름을 타고, 여기 저기 떠다니는 것이다.

이에 일부 장미십자회*** 회원은 점성술이 많은 것을 예지해 줄지도 모른다고 생각했다. 지구 주위의 흐름에 기복이 있기 때문에 그 본질에 따라 감정과 변화가 생긴다는 것이다.

정령들은 사람의 모습 외에도 동물이나 새와 같은 모습을 하는 일도 많다. 특히 새와 같은 모습을 한 부류는 정령의 가르침을 구하고자 숲에서 단식을 하던 인디언 용사들의 목격담에 나오는 것과 꼭 같다. 이들은 항상 사람들을 — 일부 사람들을 — 친절하게 대하지만, 파라켈수스는 이렇게 말한다.

"정령들은 독단가처럼 자만하고 자기 의견만 내세우는 부류, 과학자, 술고래, 대식가를 혐오하고 상스럽거나 툭하면 싸우려 드는 부류는 모두 싫어한다. 하지만 꾸밈없고 아이처럼 순진하며, 순수하고 진실한 사람은 좋아한다. 허영과 위선이 적은 사람일수록 정령들이 쉽게 접근할 것이다. 반대의 경우, 정령들은 야생동물과 마찬가지로 사람을 피할 것이다."

· 옮긴이 주 ·

* 필리푸스 아우렐로우스 파라켈수스(Philippus Aureolus Paracelsus): 스위스의 연금술사이자 의사로 당시의 일반적 의학 지식을 거부하고, 연금술을 접목해 약을 개발하는 등 의학계에 큰 반향을 일으켰다.

** 엘리파 레비(Élephas Lévi): 프랑스의 낭만주의 시인이자 신비주의자.

*** 장미십자회(Rosenkreuzer): 중세 독일의 신비주의 철학자이자 의사인 크리스티안 로젠크로이츠가 만든 신비주의 비밀 결사로 연금술, 마법 등 비밀스러운 지식을 공유했다.

③ 새뮤얼 퍼거슨 경: 새뮤얼 퍼거슨 경은 아일랜드의 위대한 시인으로 아일랜드 사람들에게는 잘 알려져 있다. 그러나 영국의 독자들은 아마도 퍼거슨 경의 이름을 들어본 적이 없을 것이다. 아일랜드 식 영어로 쓴 문학을 비평하는 사람들이 아일랜드와 관련된 모든 사안을 주도적으로 평가하기보다는 단순히 영국인들의 의견을 따르는 데 만족했기 때문이다. 영어권 독자들 중에는

아일랜드계보다 앵글로 색슨계가 더 많다는 점을 염두에 두었던 것이다.

④ 라스(아일랜드 식으로 발음하면 라ráth − **옮긴이 주**) 포트, 로열티라고 한다. 얼마간의 땅을 둥글게 판 배수로로 감싸고 있으며 대부분의 경우 땅을 파내려 가면 돌로 만든 공간이 나오는데, 모르타르를 바르지 않고 벌집 모양으로 돌을 쌓아 천장과 벽을 만들었다.

옛 켈트 족은 이 땅 주위로 벽을 쌓아 자신들과 가축(소)을 지켰고, 겨울이 되면 돌로 만든 공간에 들어가서 지냈다. 지하 공간은 죽은 사람을 묻는 장소로도 쓰였다. 포트를 '데인의 포트'라고 부르는 사람들도 있는데, 이는 '다난(투아하 데 다난)'을 잘못 이해한 것이다.

요정들은 사람들의 방해를 받지 않도록 오래된 라스 안에 거처를 정했다. 요정을 찾으려고 라스를 뒤지는 사람이 있다면 이내 기르는 소가 병에 들거나, 본인 혹은 가족 중 누군가가 병에 걸리게 된다. 라스 근처에서는 종종 부싯돌로 만든 화살촉이 나온다. 바로 '요정의 화살'이다. 요정들이 화가 났을 때 사람이나 소에 던지는 것으로 알려져 있다.

⑤ 여기에서 루즈모어가 잠이 드는 'moat'는 물을 채운 해자가 아니라, 고분이나 무덤을 뜻한다. '데 루안, 데 모르트, 아구스 데 캐딘'은 게일어로 '월요일, 화요일, 그리고 수요일도'라는 뜻이다. '데 헤나'는 금요일이다. 크로커는 이야기꾼들이 루즈모어의 이야기를 전하며 이 가사를 다음과 같은 가락(크로커에 의하면, 아주 오래된 음악)에 맞춰서 노래했다고 한다(예이츠는 '데 헤나'가 목요일이라고 적었으나, 게일어를 몰라서 착각한 부분으로 보인다. 원래 뜻대로 금요일로 바로 잡았다. 또 본문과 주석에서 수요일을 데 캐딘이 아닌 데 다딘으로 적은 부분도 원래 발음대로 적었다. 가사를 게일어로 적으면 다음과 같다. Dé Luain, Dé Máirt, agus Dé Céadaoin. 잭 매든이 덧붙인 부분은 Dé hAoine라고 적는다 − **옮긴이 주**).

더글러스 하이드 씨는 코노트 지방에서 이 이야기를 들었는데, 요정들이 부른 노래 가사는 "피인, 피인, 아 피인, 피인 고 랴, 아구스 랴피인(pingin, pingin, dhá pingin, pingin go leith, agus leathphingin)"였다고 한다. '1페니, 1페니, 2페니, 1페니 반과 반 페니'라는 뜻이다.

⑥ 이 시에 나오는 장소는 슬라이고 부근에 있다. 더 나아가 슬라이고 주의 로세스는 요정이 나오는 곳으로 아주 유명하다. 특히 암초가 살짝 튀어나온 곳이 있는데, 누구든 그곳에서 잠이 들면 바보가 되어 깨어날 위험이 있다고 한다. 요정들이 영혼을 가져가버리기 때문이다.

⑦ 무리 짓는 요정들은 녹색 옷을 입고, 홀로 지내는 요정들은 빨간 옷을 입는다. 맥애널리에 의하면 레프라한이 입는 빨간 재킷에는 단추가 일곱 줄 달려 있고, 각 줄마다 단추도 일곱 개씩이라고 한다.

또 아일랜드 서부 해안 지대에서는 빨간 재킷 위에 모직 옷을 덧입으며 얼스터 지역에서는 삼각모를 쓰고, 유별나게 짓궂은 장난을 칠 때면 담 위로 펄쩍 뛰어오른 뒤, 뾰족한 모자 위에 발끝으로 서서 균형을 잡고 빙글빙글 돈다고 한다.

맥애널리는 녹색 옷을 입은 요정들과 빨간 색 옷을 입은 요정들이 싸우는 광경을 보았다는 농부의 이야기도 전한다. 이 농부는 녹색 옷 요정들 쪽이 승기를 잡기 시작하자, 빨간색 위로 녹색이 올라가는 모습에 기분이 좋아져서 크게 소리를 질렀다. 그 순간, 요정들은 모두 사라지고 농부는 배수로에 던져졌다.

⑧ S. C. 홀 부부가 제공한 반쉬의 곡소리를 기록한 악보이다.

⑨ 반쉬와 둘라한, 죽음의 마차 이외에도 다른 징조들이 있다. 내가 아는 한 가족은 채찍이 찢어지는 것으로 죽음이 다가왔음을 알 수 있었다. 레이븐(큰까마귀)이나 다른 새의 환영이 나타나는 경우도 있다. 1848년 반란 운동에 참여했던 맥마누스가 위독한 동생 곁을 지키고 있을 때에도 독수리와 비슷한 새가 창문으로 들어와 죽어가는 동생의 가슴 위에 올라앉았다고 한다.
두 사람은 공포에 사로잡혀서 감히 새를 쫓아내지 못했다. 새는 영혼이 육신을 떠날 때까지 반짝이는 눈을 하고 가슴 위에 웅크려 있었다. 이는 가장 불길한 징조로 여겨진다. 맥마누스의 경험담은 작가 레퍼뉴에 의해 이야기로 만들어졌다. 나에게는 레퍼뉴의 이야기가 맥마누스와 그의 동생이 경험한 일을 바탕으로 하고 있다는 사실을 밝힐 만한 확실한 근거가 있다.

요정, 그 신비한 존재 속에 투영된 삶

아일랜드의 역사는 수난의 역사라고 해도 과언이 아니다. 고유의 신화와, 종교, 그리고 언어(게일어)를 가지고 있던 켈트인의 나라 아일랜드는 4세기, 성 패트릭의 적극적인 노력으로 가톨릭을 믿는 나라가 된다. 종교가 비극이 된 것은 12세기 이래 아일랜드에 영향력을 행사해 온, 잉글랜드의 왕 헨리 8세가 본격적으로 아일랜드를 침공한 이후의 일이었다.

잘 알려진 바와 같이, 헨리 8세는 첫 번째 아내와 이혼하기 위해 가톨릭을 버리고 영국 국교회를 설립했다. 잉글랜드 내에서도 신교와 구교의 대립으로 많은 피가 흘렀듯, 아일랜드에서도 종교를 지키기 위한 반발과 신교를 강요하는 탄압이 반복되었다. 그리고 그 결과, 가톨릭을 근절한다는 명목 하에 아일랜드의 토지는 영국인과 소수의 신교도들 손으로 넘어갔고 아일랜드 고유의 문화를 가르치는 일이 금지되었다.

그래도 가난한 소작농들은 여전히 종교를 포기하지 않았다. 프랑스 혁명, 미국의 독립 등에 영향을 받으며 독립을 향한 아일랜드 사람들의 노력 역시 끊임없이 이어졌다. 하지만 큰 성공을 거두지 못했고 오히려 1801년, 브리튼 왕국으로 영국에 합병되는 처지가 되고 만다.

아일랜드 인구의 대부분을 차지하고 있던 농민들은 감자에 의존해서 살아갔다. 재배하는 작물들이 대부분 영국으로 보내졌기 때문이다. 그들에게 허락된 식량은 척박한 땅에서도 잘 자라는 감자와 기르는 소에게서 짠 우유가 대부분이었다. 이런 사정은 이 책에 실린 이야기들에서도 쉽게 찾아볼 수 있다.

그러나 1845년, 감자마름병이 퍼지면서 대기근이 시작되었다. 수많은 농민들이 먹을 것이 없어 굶어 죽어 갔지만, 이들이 재배한 밀을 비롯해 소고기, 버터 등 대량의 식량들이 영국으로 실려 갔다. 군대까지 동원해 식량 운반이 원활히 이루어지도록 도왔던 영국 정부는 아일랜드 빈민 구제에는 적극적으로 나서지 않았다.

도움의 손길은 턱없이 부족했고 그 결과 7년이나 이어진 '감자' 기근 동안 200만 명이 죽거나 아일랜드를 떠났다. 기근이 시작될 무렵 아일랜드 인구가 800만이었다는 점을 생각해보면 얼마나 참혹

한 상황이었는지 짐작해볼 수 있다. 영국의 처사에 한을 품은 아일랜드 사람들은 간절히 독립을 꿈꾸게 되었다.

예이츠의 문화적 독립 운동,
아일랜드 요정 이야기

이런 분위기 속에서 아일랜드 문예 부흥 운동이 일어났고, 그 중심에 윌리엄 버틀러 예이츠가 있었다. 외가가 있던 슬라이고 지방에서 어린 시절을 보낸 예이츠는 어린 시절부터 농민들 사이에 전해 내려온 민담을 많이 접했던 것으로 보인다. 그때의 영향인지 청년 예이츠는 아일랜드 본연의 켈트 문화를 되살림으로써 신교와 구교로 나뉜 아일랜드를 통합하고 영국에 의해 억압되어 있던 민족의식을 높일 수 있다고 생각하게 되었다. 농민들의 나라, 아일랜드에서 농민들의 이야기가 민족의 정체성이 되어야 한다고 생각한 것이다.

예이츠에게 농민들은, 산업화의 물결 속에서 상상력을 잃고 바쁘게만 살아가는 도시 사람들과 달리, 전통을 지켜나가며 삶의 본질을 순수하고 담담하게 받아들이는 이상적인 존재였다. 그가 '시대정신'이라고 표현한 당시의 지식인들이 허황된

것으로 치부할 '요정'에 대한 믿음이 그러한 농민들의 특징을
가장 극적으로 드러냈다고 볼 수 있을 것이다.

　이후로 예이츠는 켈트 신화와 민담의 영향을 받은 작품 세계를
선보이게 되는데, 그 출발점이 바로 1888년에 출판된 『아일랜드 농
민의 요정담과 민담(Fairy and folk tales of the Irish peasantry)』이다. 예
이츠는 더글러스 하이드 등의 도움을 받아 여러 작가들이 수집한
민담을 선별하고 서문과 각 장의 서문, 주석을 작성했다.
　그리고 4년 뒤인 1892년에 『아일랜드 요정 이야기(Irish fairy tales)』
를 펴내면서 이 두 권의 책이 "대표적인 아일랜드 민담 모음집"이
될 것이라고 자부한다. 그에게 민담은 단순한 이야기에 그치는 것이
아니라, "그 시대의 가장 꾸밈없고, 가장 기억에 남을 사고(思考)가
응집"된 것으로 "위대한 예술이 뿌리내리는 토양"이었다.

　『요정을 믿지 않는 어른들을 위한 요정 이야기』는 예이츠가
편집한 이 두 권의 민담집에 실린 요정 이야기만 따로 담아낸
책이다. 매스미디어에 의해 한두 가지 이미지로 고정된 '요정'
이 아닌, 전통과 문화 속에 살아 숨 쉬던 진짜 요정들의 이야
기이다.

'아일랜드의 옛 신(神)'이라고도 하고, '추방당한 천사'라고도 하는 이 요정들은 타이그 오케인처럼 방탕한 이들에게는 벌을 내려 깨달음을 준다. 한편으로는 마음씨 좋게 손님을 대접한 처녀가 사랑하는 사람과 맺어지게 돕기도 한다. 이들은 멀게만 느껴지는 신과 달리, 숲과 들, 강과 바다에 살면서 사람들의 생활과 가까이 얽혀 있다. 그리고 언제까지나 가난을 모른 채 즐거이 음악을 연주하고 춤을 추는 존재이다.

이 소박하고 재미있는 이야기를 읽어나가다 보면, "정말 요정이 존재했을까?" 하는 의문이 생기지 않을 수 없다. 그러나 신비한 '신사'들의 존재 유무보다 더 중요한 것은 요정들에게 '생명'을 부여한 이는, 아니, 생명을 부여할 수 있었던 이는 오로지 아일랜드에 사는 평범한 사람들이었다는 점이다. 그들에게 요정들이 살아 있는 존재였기에 억압 속에서 사라질 위기에 처한 아일랜드의 문화도 살아 있을 수 있었던 것은 아닐까?

1923년 노벨 위원회는 예이츠에게 아일랜드의 첫 노벨상을 수여하며, 그의 작품을 두고 "매우 예술적인 형태로 아일랜드 전체의 혼을 표현한 탁월한 시"라고 평가했다. 그리 낯설게 들리지 않는 아일랜드의 역사를 돌이켜볼 때, 우리에게도 많은 것을 느끼게 해주는 평이 아닐 수 없다.

민중의 삶이 투영되었으며, 그들이 고달픈 삶 속에서 해학과 희망을 잃지 않을 수 있게 했던 요정 이야기. 그렇기에 더욱 특별한 아일랜드의 요정 이야기를 읽고 보니, 우리 땅에 살던 요정들(혹은 도깨비들)은 어디로 갔는지 문득 궁금해진다.

2016년 9월
김혜연

요정을 믿지 않는 어른들을 위한
요정이야기

초 판 1쇄 인쇄 | 2016년 9월 30일
초 판 1쇄 발행 | 2016년 10월 10일

엮은이 | W. B. 예이츠 • 옮긴이 | 김혜연
펴낸이 | 조선우 • 펴낸곳 | 책읽는귀족

등록 | 2012년 2월 17일 제396-2012-000041호
주소 | 경기도 고양시 일산동구 호수로 336
(백석동, 브라운스톤 103동 948호)

전화 | 031-908-6907 • 팩스 | 031-908-6908
홈페이지 | www.noblewithbooks.com
E-mail | idea444@naver.com

출판 기획 | 조선우 • 책임 편집 | 조선우
표지 & 본문 디자인 | twoesdesign

값 20,000원
ISBN 978-89-97863-68-6 (03380)

이 도서의 국립중앙도서관 출판예정도서목록(CIP)은
서지정보유통지원시스템 홈페이지(http://seoji.nl.go.kr)와
국가자료공동목록시스템(http://www.nl.go.kr/kolisnet)에서
이용하실 수 있습니다.(CIP제어번호: CIP2016022238)